Andreas Heyer (Hrsg.)

Diskutieren über die DDR

Festschrift für Siegfried Prokop, Band 1

Andreas Heyer (Hrsg.)

Diskutieren über die DDR

Festschrift zum 75. Geburtstag von Siegfried Prokop, Band 1

Andreas Heyer, Dr. phil., Jahrgang 1974. Er arbeitet zu den politischen Utopien der Antike und der Neuzeit sowie zur Epoche der französischen Aufklärung. Seit 2012 ist er der Herausgeber der „Nachgelassenen Schriften Wolfgang Harichs". Der erste Band dieser Edition erschien 2013 unter dem Titel „Hegel zwischen Feuerbach und Marx". Zahlreiche Monographien und Aufsätze zu den genannten Forschungsschwerpunkten sowie zur Philosophiegeschichte der DDR.

Die Deutsche Nationalbibliothek verzeichnet diese Publikation in der Deutschen Nationalbibliographie.

Alle Rechte vorbehalten. Nachdruck, auch auszugsweise, fotomechanische Wiedergabe, Publikation im Internet oder anderen Medien, Verwertung in Film, Funk und Fernsehen, Übersetzung, nur mit vorheriger schriftlicher Genehmigung des Autors.

Herstellung und Verlag:
BoD - Books on Demand, Norderstedt
ISBN 978-3-7392-1172-5
2015

Inhaltsverzeichnis

ANDREAS HEYER S. 07
Diskutieren über die DDR
Vorwort

KARL-HEINZ SCHULMEISTER S. 14
Siegfried Prokop – unermüdlich auf den Spuren
der Kulturbundgeschichte unterwegs

CARL-JÜRGEN KALTENBORN S. 26
Biblische Tiden-(Er)Kenner

STEFAN BOLLINGER S. 28
"Revolution" – Die Karriere eines Begriffs nach
dem Ende des Ostblocks

MARIO KEßLER S. 48
Zwischen Verdrängung und Erinnerung.
Das Novemberpogrom 1938 in der Presse und
Geschichtsforschung der DDR

PETER JOACHIM LAPP S. 67
Die Dresdener Prozesse gegen Hans Modrow
wegen „Anstiftung zur Wahlfälschung"

ALFRED KOSING S. 77
DDR-Sozialismus zwischen Stalinismus
und Reformbestrebungen

STEFAN DORNUF S. 120
Zur deutschlandpolitischen Konzeption
der „Lukács-Schule".
Georg Lukács, Leo Kofler, Wolfgang Harich

MANFRED BOGISCH S. 123
Nachdenken über deutsche
Geschichte 1945-1948/49

HEINZ KARL S. 135
Die DDR.
Leistung, Grenzen, Lehren

HERBERT WÖLTGE S. 151
Gelehrte in den Wirren der Wendezeit.
Ein Zeitzeugendokument zum Plenum
der AdW 1989/1992

HERBERT HÖRZ / HERBERT WÖLTGE S. 166
Gespräch über die AdW 1989/1992

HERBERT WÖLTGE S. 192
Beschlusssache Gelehrtengesellschaft.
Neun Bilder aus der Vorzeit der Leibnizsozietät

ANDREAS HEYER

Diskutieren über die DDR. Vorwort

Am 22. Februar 1940 wurde Siegfried Prokop geboren. Aus Anlass seines 75. Geburtstages entstand der Plan, sein Leben und sein beeindruckendes sowie umfangreiches wissenschaftliches Werk mit der vorliegenden Festschrift zu würdigen.

Vor 5 Jahren veröffentlichte Detlef Nakath bereits einen Band zu Ehren des 70. Geburtstages – *DDR-Geschichte: Bilder und Zerrbilder*.[1] In dieser Tradition stehen die beiden Bände *Diskutieren über die DDR* und *Diskussionen aus der DDR*, mit denen den zwei wichtigsten Forschungsfeldern von Siegfried Prokop der letzten Jahrzehnte entsprochen werden soll.

Die Geschichte abseits des gängigen Mainstreams und unter Durchbrechung der vorgegebenen und/oder gewünschten Deutungsmuster kritisch zu befragen ist das grundlegende Prinzip der Arbeiten Siegfried Prokop – seit den ersten Jahren seiner Tätigkeit als Wissenschaftler und akademischer Lehrer an der Berliner Humboldt-Universität. Durch seine undogmatischen Zugänge zu dogmatisierten Tatsachen, Prozessen und Zeitabläufen hat er mit seinen Werken einen bleibenden Platz in der Wissenschaftsgeschichte unserer Zeit eingenommen. Doch dieser Anspruch war nie ausschließlich wissenschaftlich-akademischer Natur. Bereits kurz nach der Wende fand

---

[1] Detlef Nakath (Hrsg.): *DDR-Geschichte. Bilder und Zerrbilder. Siegfried Prokop zum 70. Geburtstag*, Berlin, 2010.

Siegfried Prokop den Weg in die Alternative Enquete-Kommission Deutsche Zeitgeschichte (AEK), deren Vorsitzender er in der Nachfolge Wolfgang Harichs von 1994 bis 1996 war. Ebenso ist sein Engagement in der RLS zu nennen. Noch heute ist er politisch und publizistisch aktiv.

* * * * *

Es ist ein wirklicher Glücksgriff, dass der Band mit dem Aufsatz *Siegfried Prokop – unermüdlich auf den Spuren der Kulturbundgeschichte unterwegs* von Karl-Heinz Schulmeister eröffnet werden kann. Dieser berichtet darin von dem Beginn der Arbeiten Siegfried Prokops am großen Projekt der Aufarbeitung der Geschichte des Kulturbundes und spannt einen Bogen bis hin zu den Publikationen der letzten Jahre, die maßgeblich durch Siegfried Prokop vorangetrieben wurden.[2] Nachdem Karl-Heinz Schulmeister seinen Beitrag abgegeben hatte, erschien noch der Band *Einheit im Geistigen?*, in dem Siegfried Prokop und Dieter Zänker die frühen Protokolle des Präsidialrates des Kulturbundes (aus den Jahren der SBZ) der Öffentlichkeit vorstellen.[3]

Carl-Jürgen Kaltenborn hat für den Jubilar Denkanstöße zum Thema Geschichte, dem Umgang mit dem Wissen von der Vergangenheit, verfasst, deren meines Erachtens wichtigste Aussage darin zu sehen ist: „Von Vergangenem können wir erzählen, von Zukünftigem träumen, das Erhoffte vorbereiten, dafür Weichen stellen, entscheiden aber nur jetzt." Ein Gedanke, der das Schaffen von Siegfried Prokop treffend beschreibt bzw. charakterisiert.

Mario Keßler, einer der renommierten Historiker unserer Tage, analysiert in seinem Aufsatz *Zwischen Verdrängung und Erinnerung. Das Novemberpogrom 1938 in der Presse und Geschichtsforschung der DDR* die Rezeption und Interpretation des Novemberpogroms in der DDR. Mit Stefan Bollingers Beitrag (*"Revolution" – Die Karriere eines Begriffs nach dem Ende des Ostblocks*) liegt zudem eine Auseinandersetzung über den Begriff der

---

[2] Weitere biographische Details bietet die Einleitung (*Würdigende Gedanken zum 70. Geburtstag von Prof. Dr. Siegfried Prokop*) Nakaths zu dem Band: Nakath (Hrsg.): *DDR-Geschichte*, a. a. O., S. 9-16. Dort auch der Aufsatz von Fritz Vilmar: *Ein linker Intellektueller. Laudatio für Siegfried Prokop*, S. 17-24.

[3] Prokop, Siegfried; Zänker, Dieter (Hrsg.): *Einheit im Geistigen? Protokolle des Präsidialrates des Kulturbundes, 1945-1948*, Berlin, 2015. Dem Band ist eine ausführliche Einleitung Siegfried Prokops (S. 8- 62) beigegeben.

Revolution vor. Einen überaus wichtigen und innovativen Einblick in die offizielle „Aufarbeitung" der DDR-Geschichte bieten die Ausführungen von Peter Joachim Lapp zu dem Thema *Die Dresdener Prozesse gegen Hans Modrow wegen „Anstiftung zur Wahlfälschung"*.

Alfred Kosing beschäftigt sich seit mehreren Jahren intensiv mit der Analyse der Geschichte des Sozialismus/Marxismus im Allgemeinen und der Geschichte der DDR im Besonderen. Er hat einen langen Beitrag zum Thema *DDR-Sozialismus zwischen Stalinismus und Reformbestrebungen* verfasst, der die Geschichte der DDR einordnend zu interpretieren sucht. Zur Seite zu Stellen ist Kosings Thesen der Aufsatz *Nachdenken über deutsche Geschichte 1945-1948/49* von Manfred Bogisch, der mit den Jahren der SBZ über die Vorgeschichte der DDR reflektiert. Heinz Karl widmet sich ebenfalls der DDR, ihren Leistungen und ihren Grenzen. Ihm ist ein spannender Aufsatz gelungen, der neben den inhaltlichen auch methodische Fragen fokussiert. Stefan Dornuf schließlich äußert sich in seinem Text *Zur deutschlandpolitischen Konzeption der „Lukács-Schule"*.

Herbert Wöltge wirft in seinen beiden Aufsätzen ein umfangreiches und verschiedene Perspektiven umfassenden Licht auf die Phase der Auflösung der Akademie der Wissenschaften sowie ihre Nachfolgeorganisation. Zudem kommt ein *Gespräch über die AdW 1989/1992* zum Abdruck, welches er mit Herbert Hörz über die AdW führte. In allen Texten werden die damaligen Hoffnungen und Ängste deutlich, die Fehler, die auf allen Seiten gemacht wurden, die politischen Determinanten, die vor 1989 das Geschehen genauso bestimmten wie nach 1989.

* * * * *

In den letzten Jahren hat sich der Umgang mit der DDR, die Aufarbeitung ihrer Geschichte, einerseits intensiviert und andererseits ist der Ton rauer geworden. Eine etwas merkwürdige Entwicklung, die auch im politischen Bereich ihre Wurzeln hat.

Die Debatte um den Begriff des „Unrechtsstaates" liegt schon wieder einige Monate zurück und zeigte vor allem noch einmal auf, dass es jede Geschichtsschreibung nicht mit abstrakten Gebilden, sondern mit Menschen, ihren Emotionen und Erfahrungen zu tun hat. Dabei war aber die ganze Debatte von Anfang an absurd. Über Begriffe sollen sich die

Philosophen streiten, sie haben das studiert, kennen sich da aus. Es ist nicht hilfreich, wenn Politiker aller Couleur (von der Linken bis zur CSU) ihre naiven und unreflektierten, vor allem historisch völlig unbeschlagenen Meinungen in die Diskussionsarenen werfen. Damit ist keinem genutzt, ganz im Gegenteil. Hinter solchen Auseinandersetzungen verschwinden dann sehr schnell (und zwar erneut von den Politikern aller Lager gewünscht) die eigentlich notwendigen Diskussionen.

Wenn der Versuch unternommen wird, die DDR zu vermessen, zu beurteilen, ihre Erfolge und Verfehlungen zu benennen, dann müssen die Maßstäbe für dieses Unterfangen aus der Geschichte und der Reflexion über diese entnommen werden. Damit es dann wissenschaftlich und moralisch brauchbare Maßstäbe werden (ja, beides kann zusammen fallen), ist nur eine Anforderung an sie zu stellen: Sie müssen universell anwendbar sein von einem neutralen Standpunkt aus. Das heißt, um ein konkretes Beispiel zu nennen, sie müssen auch auf die Bundesrepublik bezogen werden können, um überhaupt sinnvoll zu sein.

Anders formuliert. Es ist wichtig und notwendig, daran zu erinnern, dass in der DDR, einem Staat, der sich eigentlich die freie Entfaltung aller auf die Fahnen geschrieben hatte, einzelne Individuen und ganze Gruppen unterdrückt, an eben ihrer Selbstverwirklichung gehindert wurden – die Bandbreite reicht dabei von dem Wunsch, die DDR zu verlassen, um im Westen ausgebeutet zu werden (Jean-Jacques Rousseau: Der Mensch hat natürlich das Recht, Fehler zu machen.), bis hin zu dem Recht auf freie Wahl des Studienplatzes. Und genau dies war in der DDR eben nicht für jeden möglich. Und an dieser Stelle kommt dann der Umkehrschluss, also die Anwendung auf die Bundesrepublik. Wenn man in der DDR als Akademiker- oder Oppositionellenkind keinen Studienplatz (oder überhaupt einen EOS-Platz bekam), so kann man heute wegen sozialer Unterprivilegierung nicht studieren, aus rein materiellen Gegebenheiten. Der politischen Unterdrückung in der DDR, dem Aufstand von 1953, korrespondieren dann die Kommunistenverfolgungen und der Essener Blutsonntag (1952) im Westen. Nur ein begriffliches Raster, eine Untersuchungsmethode, die beides im Blick hat, kann Ernst genommen werden, wissenschaftliche Relevanz verlangen bzw. einfordern.

Ziel einer solchen Aufarbeitung darf aber nicht die Entschuldung sein nach dem bekannten Muster – die anderen haben doch aber auch, es diente doch dem Frieden, ich habe doch nur

Befehle befolgt, es war doch verboten nach unserem Recht usw. Die Erfahrung vielmehr sollte uns hier dahin führen, gerade als Linke (das sei der Partei gleichen Namens deutlich gesagt) jegliche Formen von Repression und Unterdrückung, von Bespitzelung und Militärgewalt anzuprangern. Denn eine „gute Sache", die ihrer bedarf, verliert den Anspruch, als eine solche angesehen zu werden. Und die Aufgabe des Historikers ist es, zu zeigen, wie die jeweiligen Systeme mit ihren Mechanismen und Institutionen entstanden, in welchen Konstellationen, mit welchen Hoffnungen und Hypotheken.

Es ist sicherlich kein Zufall, dass angesichts dieser Konstellation die Totalitarismustheorie Hochkonjunktur hat. Wo sie herkommt, wissen wir alle – sie verdankt ihre „Entstehung" der Rechtfertigung des Anti-Kommunismus und führte ihren „Erfinder" in die Schaltzentrale der Macht, in die Reagan-Administration. Heute ist sie kaum mehr als ein Mittel, mit Hilfe ihrer Anwendung die DDR ausschließlich von ihrem Ende her zu beurteilen und so den emanzipativen Stachel ihrer Entstehung mitsamt ihren menschlichen und vorwärtsweisenden Versprechen (in wie weit diese eingelöst wurden, ist eine andere Frage) zu verschleiern.

Über die Totalitarismustheorie wurde viel diskutiert – zumeist darüber, wie sie noch „besser" zu machen sei. Im Prinzip läuft sie ja darauf hinaus, dass man eine vermeintliche Gleichheit von faschistischen und sozialistischen Staaten eruieren zu können meint, weil diese sich auf verschiedenen Ebenen gleichen würden. Etwas banal formuliert: In der HJ trug man braune Hemden, in der FDJ blaue, beides uniformiert, Fazit – es ist gleich. Dass die Pfadfinderhemden auch brauch sind, die Hemden der Manager mit Nadelstreifen versehen, das ist dann irrelevant. Herausgeschält werden soll das totalitäre Moment, eines Umgreifen aller Lebensbereiche, das aber auch die Demokratie bezeichnet. Denn diese umschließt ja auch in Totalität alles und jeden mit ihrer Idee.

Die Totalitarismustheorie steht und fällt freilich mit einer Voraussetzung, die sie stillschweigend vornimmt, aber nicht begründet: Dass Sozialismus und Faschismus als zwei Seiten derselben Sache von der Demokratie zu unterscheiden sind. Denn auf diese Weise verschwindet der große Unterschied zwischen Kapitalismus und Sozialismus, zwischen Egoismus und Gemeinwohlverpflichtung. Nicht zuletzt zielt der Sozialismus ja in der Perspektive auf einen weltweiten Kommunismus, der alle inkludiert, während faschistische Regime immer auf Exklusion setzen, etwa nach Rasse und Religion, ebenso demokratische Systeme, etwa nach Klasse und Ideologie. Demokratie und Sozialismus wiederum einigt gegen den Faschismus die Fähigkeit zum lernen, zur Fehlerkorrektur. Und nicht zuletzt vergleiche man, quantitativ und qualitativ, wie viele Kriege Faschismus, Kapitalismus, Demokratie und der real existierende Sozialismus jeweils begonnen, zu verantworten haben. Es ist also nicht so einfach, wie es scheint.

Die zentrale Frage ist letztlich, ob der Faschismus wirklich von der Demokratie unterschieden werden muss oder nicht vielleicht doch nur einen Sonderfall der Demokratie darstellt, also die Herrschaft des Kapitals, das seine formaldemokratische Fassade fallen lässt – um es ganz einfach zu formulieren. Die Geschichte scheint dies durchaus zu bestätigen. Dabei muss gar nicht so sehr die deutsche Entwicklung in den Blick genommen werden mit ihrem Dreisprung von Weimar über Hitler nach Bonn. Denn der (aus freien und geheimen Wahlen hervorgegangene) Nationalsozialismus behielt zwar zahlreiche Institutionen der bürgerlichen Demokratie bei – vom Privateigentum bis zur Polizei. Aber er markierte eben auch durchaus echte Einschnitte, die in der Bundesrepublik mühsam wieder gekittet werden mussten. Doch der Blick nach Europa (Spanien, Griechenland, Italien etc.) zeigt, dass es problemlos möglich ist, den Dreisprung Demokratie, Faschismus, Demokratie zu vollziehen. Sozialismus, auch der halbe der DDR, markiert in diesem Sinne einen echten Bruch mit dem klassischen geschichtsphilosophischen Verlaufsschema.

Im Kontext dieser Überlegungen können meines Erachtens die Beiträge dieses Bandes gewinnbringend gelesen werden. Denn sie legen gerade nicht Schablonen auf die DDR-Geschichte, sondern untersuchen diese von verschiedenen Standpunkten aus. Kontrovers, als Teil einer Diskussion, also ganz im Sinne Siegfried Prokops.

* * * * *

Der zweite Band dieser Festschrift, der zeitgleich erscheint, druckt dann unter dem Titel *Diskussionen aus der DDR* in seinem Schwerpunkt mehrere Beiträge ab, die sich mit Wolfgang Harich (im weiteren Sinn) beschäftigen. So vor allem die Aufsätze von Alexander Amberger, Heiner Halberstadt, Robert Steigerwald und Camilla Warnke. Studien von Klaus Körner, Dieter Schiller und Ines Weber ergänzen das gezeichnete Bild in verschiedene Richtungen und aus unterschiedlichen Perspektiven.

Wenn man, so wie ich etwas jüngeren Jahrgangs, sich mit der Geschichte und Philosophie der DDR beschäftigt, dann hört man oft, wie wichtig es sei, dass auch die nachkommenden Generationen sich mit diesem wichtigen Thema auseinandersetzen. Dies wäre aber nicht möglich, ohne jenen Pfaden und Spuren zu folgen, die bereits vorzufinden sind, von anderen, den Vorangehenden hinterlassen wurden.

In den letzten Jahren habe ich Siegfried Prokop als einen überaus hilfsbereiten und freundschaftlichen Wissenschaftler kennen gelernt, der sich vor allem immer um die Förderung der akademischen Jugend bemühte und ihr mit Rat, Tat und Unterstützung zur Seite stand. Von daher ist es mir eine große Freude, ihm mit dieser Festschrift ein Stück dieser positiven Einstellung zurück geben zu können.

Andreas Heyer im Juli 2015

KARL-HEINZ SCHULMEISTER

Siegfried Prokop – unermüdlich auf den Spuren der Kulturbundgeschichte unterwegs

I.

Siegfried Prokop würdigte zum 100. Geburtstag von Walter Bartel dessen Leben und Werk. In seinem Beitrag zur Festschrift dieses bedeutenden Zeitgeschichtlers heißt es: „Walter Bartel war als Referent beliebt, weil er äußert lebendig sprechen konnte. Da die Rednerpulte für ihn ohnehin meistens zu hoch waren, bewegte er sich freisprechend im Raume, was in dieser Zeit die meisten Redner nicht konnten. Er war ein Agitator und Propagandist im besten Wortsinne."[1]

So wie es Siegfried Prokop ausdrückte, habe ich Walter Bartel bei seinen Vorlesungen und in den Seminaren erlebt. Er war von kleiner Statur und immer quicklebendig. Er hat uns Fernstudenten an der Humboldt-Universität für die Zeitgeschichte begeistert. Seine Reden über die Geschichte der deutschen Arbeiterbewegung waren sehr aufschlussreich, nie langweilig und für das eigene Studium außerordentlich anregend.

Ich kann mich an Seminare erinnern, die spannend verliefen. Für Referate bekamen wir Themen, die kaum erforscht waren, ich musste über die Revolutionstheorie Lenins sprechen und sollte die Revolutionen von 1848 und 1918 in Deutschland vergleichen. Es war eine ungeheure Fleißarbeit, die zu bewältigen war. Daran kann ich mich heute, 50 Jahre später noch erinnern. Auch daran, wie Walter Bartel aus dem Stegreif seine Analysen

---

[1] Siegfried Prokop, Siegfried Schwarz (Hrsg.), Zeitgeschichtsforschung in der DDR, S. 20.

vortrug. Als Historiker, gestandener Kommunist und Antifaschist wurde Walter Bartel auch mein Vorbild.

Als es um meine Abschlussarbeiten ging, führte er mit mir ein ausführliches Gespräch. Ich war seit 1946, also bereits 15 Jahre Mitarbeiter im Kulturbund. Deshalb schlug Walter Bartel vor, ich sollte mich mit der Kulturbund-Geschichte und der Rolle der Intellektuellen beschäftigen. Zunächst erwartete er einen Artikel „Zum Kampf der antifaschistischen deutschen Intelligenz gegen Faschismus und Krieg in der Periode 1933 bis 1945".[2] Danach sollte ich meine Diplomarbeit „Zur Entstehung und Gründung des Kulturbundes zur demokratischen Erneuerung Deutschlands"[3] anfertigen.

So trugen Prof. Walter Bartel und sein Stellvertreter Dr. Percy Stulz wesentlich dazu bei, dass ich mich mit der Geschichte des Kulturbundes beschäftigt habe. Diese Studien haben mir große Freude bereitet und auch entsprechende Anerkennung gebracht.

Nach einem zehnjährigen Studium konnte ich 1967 eine außerplanmäßige Aspirantur an der Humboldt-Universität zu Berlin beginnen. Diese traditionsreiche hohe Bildungsstätte wurde für weitere Jahre meine zweite Heimat. Für meine Dissertation zum Kulturbund, der ersten dieser Art, erhielt ich kluge Hinweise von Anton Ackermann, Alexander Abusch, Walter Bartel, Sergej Tjulpanow, Heinz Willmann und anderen. Schließlich konnte ich neben meiner beruflichen Tätigkeit als Erster Bundessekretär des Kulturbundes 1975 meine Promotion mit der Note „Magna Cum Laude" ablegen. 1977 erschien im Dietz-Verlag meine erweiterte Doktorarbeit unter dem Titel „Auf dem Wege zu einer neuen Kultur – Der Kulturbund in den Jahren 1945 – 1949"[4]. Damit war ein erster Schritt für eine Geschichte des Kulturbundes getan. Es folgte 1978 noch eine weiter Doktorarbeit von Gerhard Schmidt „Der Kulturbund in Frieden und Demokratie in den Jahren 1948/49" Band 1 und Band 2 von 1984. Aber leider gelang es damals nicht, weitere Arbeiten zur Kulturbundgeschichte ins Leben zu rufen. Das Interesse war nicht so stark ausgeprägt, so dass lange Zeit nichts geschah.

---

[2] Siehe: Wissenschaftliche Zeitschrift der Humboldt-Universität zu Berlin, 1/1965, S. 141-153.
[3] Diese Staatsexamensarbeit erschien 1965 in Berlin in einer neuen Reihe der „Schriften zur Geschichte des Deutschen Kulturbundes".
[4] Dietz-Verlag Berlin 1977. Bis dahin waren nur wenige Schriften über den Kulturbund erschienen: „Zwei Jahre Kulturbund", Berlin 1947 von Heinz Willmann; und von Karl Kneschke „Zehn Jahre Kulturbund zur demokratischen Erneuerung 1945-1955, Berlin (Ost).

Während von einer Wissenschaftlergruppe eine Geschichte des FDGB und der FDJ ausgearbeitet und veröffentlicht wurden, geschah für den Kulturbund, obwohl seine internationale Anerkennung ständig zunahm und seine Rolle für die DDR nach drei Jahrzehnten sichtbar größer wurde, nichts. Also musste etwas geschehen! Die Kulturbundgeschichte als Forschungsgegenstand musste endlich erkannt und ernst genommen werden. An die Bemühungen von Walter Bartel musste angeknüpft werden. So versuchte ich, die Professoren Kurt Hager und Gregor Schirmer für diese Aufgabe zu interessieren. Es traf sich gut, dass mein Freund Prof. Gregor Schirmer, der gleichzeitig mein Stellvertreter in der Kulturbundfraktion der Volkskammer war, in die Abteilung Wissenschaften des Zentralkomitees der SED als Stellvertreter berufen wurde. In dieser Eigenschaft konnte er auf die Forschungspläne der Universitäten Einfluss nehmen und Historiker der Humboldt-Universität für die Ausarbeitung einer Geschichte des Kulturbundes interessieren.

Gleichzeitig bemühte sich Prof. Siegfried Prokop von sich aus, diese Lücke zu schließen. Von ihm ging Mitte der 80er Jahre die Initiative aus. Am 19. Januar 1988 fanden sich bei Gregor Schirmer zusammen: Ernst Diehl, Walter Schmidt, Willibald Gutsche, Karl-Heinz Schulmeister, Horst Haase, Heinrich Gemkow, Ute Mohrmann und Siegfried Prokop. Es geht um das Schreiben einer Geschichte des Kulturbundes. Es wurden inhaltliche Aspekte und Fragen der organisatorischen Verankerung von verschiedenen Seiten her erörtert. Am Schluss wird entschieden, dass Siegfried Prokop die Verantwortung für das Projekt übernimmt: Konzeption alsbald, ebenso Arbeitsbeginn. Abschluss bis etwa 1995.[5] Er lud mich zum Seminar ein, wo wir über die Vorgeschichte der Gründung des Kulturbundes und die ersten Jahre seiner Tätigkeit lebhaft diskutierten. Die Studenten waren sehr interessiert und Prof. Siegfried Prokop warb leidenschaftlich für viele noch unerforschte Themen der Intelligenzpolitik der DDR. Ich weiß nicht mehr, ob wir mehrere Seminare durchführten. Ich erinnere mich nur noch an den Anfang dieser Zusammenarbeit. Meine Freude war groß, und ich war von Siegfried Prokop sehr beeindruckt und sah in ihm den kompetenten Forscher und zukünftigen Koordinator der Kulturbundgeschichte, denn er war überzeugt von dieser Aufgabe.

Es folgten noch einige Beratungen mit Prof. Siegfried Prokop. Das Präsidium des Kulturbundes berief am 6. April 1989 eine Historische Kommission, die Prof. Siegfried

---

[5] Privatarchiv Siegfried Prokop.

Prokop unterstützen sollte, denn im Kulturbund gab es genug interessierte Historiker, zum Beispiel die Vizepräsidenten Dr. Heinrich Gemkow und Dr. Günther Wirth, die Professoren W. Gutsche und Helmut Meier, die im Vorstand der Gesellschaft für Heimatgeschichte tätig waren. Alle begrüßten es sehr, dass Prof. Siegfried Prokop und mit ihm die Humboldt-Universität die Initiative für die Erforschung der Kulturbundgeschichte übernahm. Klarheit herrschte auch darüber, dass es eine sehr anspruchsvolle Aufgabe sei, dass nur ein Kollektiv von Historikern diese Tätigkeit meistern könnte.

Das Präsidium des Kulturbundes rief damals alle Leitungen der Organisation, der Verbände und Gesellschaften dazu auf, ihre eigene Geschichte zu erforschen. Dabei blieb es. Zu diesem Zeitpunkt ahnten wir noch nicht, dass das Ende des Kulturbundes der DDR bereits bevorstand.

II.

Die Zeit der Wende, die Rückkehr zur alten kapitalistischen Ordnung, war für viele Bürger mit Schwierigkeiten verbunden. Die Erfahrungen der DDR waren nicht mehr gefragt, die Leistungen wurden in Frage gestellt bzw. geleugnet. Es musste alles grundsätzlich im westlichen Sinne geändert werden. Es konnte nicht sein, dass etwas gut war. So begannen gegen Leitungskräfte, auch gegen Intellektuelle, Verleumdungs-Kampagnen, der Verdacht wegen Korruption oder unnütze Überprüfungen, ob akademische Titel rechtmäßig erworben wurden.

Prof. Siegfried Prokop und ich mussten damals unser Recht vor dem Arbeitsgericht bzw. Sozialgericht durchsetzen. In den 90er Jahren standen die Sicherung der materiellen Lebensgrundlagen und die Meisterung des Alltags im Vordergrund. Trotzdem oder gerade deswegen waren wir bemüht, unsere Forschungsprojekte weiter zu führen. Es fanden viele Gespräche statt, wir trafen uns bei Vorträgen in der „Hellen Panke" bzw. in der Rosa-Luxemburg-Stiftung und waren uns einig, dass wir die Geschichte der DDR und des Kulturbundes aufarbeiten müssen. Es ging uns darum, die Leistungen, aber auch die Fehler kritisch und differenziert darzustellen.

Von Anfang an gehörte Siegfried Prokop zu den Persönlichkeiten, die dazu ermunterten und entsprechende Anregungen gaben. Er ging uns bei der Ausarbeitung der Zeitgeschichte voran, sprach auf Kolloquien und publizierte seine Studien. Er hatte auch Beziehungen zu Verlagen und Institutionen. Bei unseren Begegnungen sprachen wir natürlich auch über die Notwendigkeit der Fortsetzung der Forschungen zur Kulturbundgeschichte. Ihm ist es letzen Endes zu verdanken, dass 2005 in Potsdam eine erste Konferenz zur Kulturbund-Historiographie stattfinden konnte. Das Präsidium des Kulturbundes e.V. und die Rosa-Luxemburg-Stiftung Brandenburg waren die Veranstalter. Ich denke, dass der Inhalt der Konferenz auch nach 10 Jahren, aus der Sicht des Jahres 2015, Bestand hat. Prof. Siegfried Prokop als Initiator stellte Fragen und hielt auch ein Hauptreferat. In seinem Vorwort schrieb er:

„Was verstanden die Akteure unter demokratischer Erneuerung? Wo lagen die Vorzüge einer Organisation, die den barbarischen Verwüstungen des NS-Regimes mit Kultur begegnen wollte? Wo lagen die Grenzen dieser Organisation? Zumindest in den ersten Jahren war der Kulturbund eine demokratische, vielleicht sogar pluralistische Organisation, die dem Geist im Lande wieder einen Platz erstritt. Doch sehr schnell erstickte der Kalte Krieg jede grenzüberschreitende Wahrheit. Im Osten war Kritik nicht mehr gefragt und im Westen sah sich der Kulturbund nicht nur einmal mit Verbot konfrontiert. Die Kolloquiumsteilnehmer waren sich der unbestreitbaren Tatsache bewusst, dass die Unterwerfung unter den Führungsanspruch der SED und das Weltanschauungsmonopol des Marxismus-Leninismus dem Kulturbund in der DDR schweren Schaden zufügte. Aus den Personalveränderungen im 'Aufbau-Verlag' und im 'Sonntag' kann 1956/57 abgelesen werden, wie rigoros der kritische Geist aus Redaktionen und Verlagen in die Gefängnisse verbannt wurde. Trotz der erlittenen Verluste bot aber der Kulturbund, der aus vier Gesellschaften und über vierzig Arbeitsgemeinschaften bestand, einen strukturierten Raum für offene(re) Debatten. In der inneren Widersprüchlichkeit des Kulturbundes verbarg sich hinreichend Potenzial für die sachliche Austragung von Meinungsverschiedenheiten und kreatives Herangehen an gesellschaftliche Probleme. Der Kulturbund würde die Turbulenzen der Wende wohl kaum überstanden haben, hätte er nicht auch eine emanzipatorische Rolle in der DDR spielen können." [6]

Es ist der Verdienst von Siegfried Prokop und Dieter Zänker, dass das Protokoll dieser Konferenz als Band 1 einer Reihe zur Geschichte des Kulturbundes erschienen ist. Erstaunlich und erfreulich, dass schon zwei Jahre später der 2. Band erschien. In dem

---

[6] Herausgeber: Siegfried Prokop, Dieter Zänker, Verlorene Träume, Kai Homilius Verlag, Berlin, 2007, S. 9/10.

Geleitwort erwähnt Siegfried Prokop, dass in diesem Band spezielle Studien dem Gründer und langjährigem Präsidenten Johannes R. Becher gewidmet sind, „dessen deutschlandpolitisches Konzept schon wenige Jahre nach Gründung an überwindbare Grenzen stieß.

Die eskalierende Konfrontation der Siegermächte und die Ausrichtung der gesellschaftlichen Entwicklung in der Sowjetischen Besatzungszone bzw. frühen DDR auf das stalinistische Gesellschaftsmodell führte schon bald zu Ausgrenzungen und zum Rückzug prominenter Mitglieder aus der Arbeit des Kulturbundes. Weil Becher seinen Kulturbund auch als ein gesamtdeutsches Forum, als eine Brücke zwischen den auseinanderdriftenden Ufern der einheitlichen deutschen Kulturnation sah, geriet er immer wieder in Konflikt mit der offiziellen Parteilinie. Aber auch die Zurückweisungen der anderen Seite, das Verbot des Kulturbundes im Amerikanischen und Britischen Sektor von Berlin und die verweigerten deutsch-deutschen Gespräche im Kalten Krieg zeigten ihm nachdrücklich die Grenzen seiner Wirkungsmöglichkeiten. Ohnmächtig musste er der Verfolgung 'feindlicher Einflüsse' (Becher) in dem Kulturbundunternehmen 'Aufbau-Verlag' und 'Sonntag' zusehen und zog sich schließlich verbittert aus allen Ämtern zurück."[7]

In dem Buch stellt Prof. Schiller neue Forschungen vor, die einerseits die großen Leistungen des Dichters, aber andererseits die Versäumnisse und Schwächen deutlich machen. Schiller ist zweifellos einer der führenden Forscher der DDR-Kulturpolitik und – Literatur, ein exzellenter Kenner des Lebens und Werkes Johannes R. Bechers.

Wenn man über Prof. Siegfried Prokop als führenden Zeithistoriker schreiben will, muss man unbedingt zwei weitere Bände anführen, in denen ausführlich die Krisen des Kulturbundes dargestellt werden. Ich meine einerseits das Werk über „Intellektuelle in den Wirren der Nachkriegszeit"[8] und andererseits das umfassende Buch „1956 – DDR am Scheideweg – Opposition und neue Konzepte der Intelligenz".[9]

---

[7] Dieter Schiller: Überparteilich, nicht neutral – Fragmente zur politischen Geschichte des Kulturbundes zur demokratischen Erneuerung Deutschlands; Herausgeber: Prokop/Zänker, Kai Homilius Verlag, Berlin 2009, S. 8.
[8] Siegfried Prokop: Intellektuelle in den Wirren der Nachkriegszeit. Die soziale Schicht der Intelligenz der SBZ/DDR von 1945-1955, Kai Homilius Verlag, Berlin.
[9] Kai Homilius Verlag, Berlin, 2006.

In diesen ausführlichen Studien wurde das Wirken von W. Janka, G. Just, W. Harich und anderen gewürdigt. Sie spiegelten das Denken vieler Intellektueller, auch das von Johannes R. Becher wider, die mit der mangelnden Aufarbeitung des Stalinismus und der Nichterörterung der Fehler unzufrieden waren. Prof. Siegfried Prokop untersucht die widerspruchsvollen Debatten im Präsidialrat und anderen Führungsgremien des Kulturbundes. Es sind gewissermaßen Standardwerke zur Lage der Intelligenz und der Politik im Jahre 1956. Wobei zum Kulturbund gesagt werden kann, was dessen Analyse der Lage der Intelligenz und die daraus resultierenden Vorschläge anbelangt, er wohl auf der Höhe der Zeit stand. Leider wurden jedoch weder die vierzehn Leitsätze des Jahres 1953 noch die Empfehlungen von 1956 und damit die historischen Lehren nicht beachtet.

Was die Produktivität des Forschers Siegfried Prokop betrifft, so kommt 2014 noch ein Dokumentenband über die ersten Jahre des Kulturbundes hinzu. Diese 40er Jahre demonstrieren überzeugend die Gleichrangigkeit der Ideen von Demokratie, Sozialismus und Christentum. Mit dieser Pluralität des geistigen Lebens, mit diesen Gedanken einer Auferstehung traten Johannes R. Becher und seine Freunde im Kulturbund an und erreichten beachtenswerte Erfolge. Leider scheiterte diese Politik des offenen Dialogs durch den Kalten Krieg.

Würde man alle diese Werke von Siegfried Prokop zusammen zählen, so steht eine fünfbändige Kulturbundgeschichte vor uns, auf die wir, erst recht aber der Autor, mit Stolz blicken können. Eine immense Arbeit, eine beachtliche Leistung, die ohne große Förderung, nur durch das persönliche Engagement des Historikers entstanden ist. Über den Kulturbund hinaus kommen noch zwei weitere Bände über die Geschichte der Intelligenz[10] hinzu. Somit ist dieses Thema, wie kaum ein anderes, aufgearbeitet. Es dürfte in Zukunft Aussicht auf ein Standardwerk haben. Alle diese Werke künden, davon, dass wir Siegfried Prokop als einen der fleißigsten und bedeutenden Experten der Zeitgeschichte bezeichnen können.

Ich kenne keinen anderen Historiker der DDR, der seit der Wende als Forscher und kritischer Zeitzeuge, als Herausgeber und Publizist ein so umfassendes Werk vorlegen konnte.

---

[10] Siegfried Prokop: Intellektuelle in den Wirren der Nachkriegszeit. Die soziale Schicht der Intelligenz der SBZ/DDR von 1945-1955, Kai Homilius Verlag Berlin.

III.

Als Vorsitzender der Alternativen Enquetekommission „Deutsche Zeitgeschichte" hat Prof. Siegfried Prokop sehr viel getan, um das Leben und Werk seines Vorgängers Wolfgang Harich zu würdigen und zu pflegen.

Der streitbare Harich war sicherlich eine widerspruchsvolle Persönlichkeit der Geschichte der DDR. Einerseits war er eine beeindruckende Erscheinung, ein kluger Philosoph und Denker, der nachhaltige Wirkungen erzielen konnte. Andererseits schienen manche Äußerungen und Forderungen von ihm unrealistisch, sogar absurd und unheimlich. Prof. Siegfried Prokop und ich haben ihn in unterschiedlichen Zeiten persönlich erlebt.

Ich stimme Siegfried Prokop zu, wenn er feststellt, dass „Harich zu den großen deutschen linken Intellektuellen in unserem Jahrhundert" zählt, dass er „das breite Spektrum vom antifaschistisch geprägten Bildungsbürgertum seines ehrenwerten Elternhauses über die grüne Bewegung bis hin zum undogmatischen Kommunismus"[11] verkörpert.

Als Mitarbeiter des Kulturbundes habe ich Harich in den 40er und 50er Jahren als stürmischen jungen Mann einige Male als Diskussionsredner im Klub der Kulturschaffenden im Aufbau-Verlag erlebt. 1957, ich war gerade Erster Bundessekretär, gehörte es zu meinen Pflichten, zu begründen, weshalb Harich aus dem Präsidialrat des Kulturbundes ausgeschlossen werden musste. Vorher hatten Klaus Gysi, Erich Wendt und Karl Kleinschmidt über den Prozess gegen Janka und Harich berichtet. Ich hielt ihn damals für arrogant und überheblich, für verwirrend und verrannt, aber ich übersah die Vorgänge nicht genügend. 32 Jahre später, 1989, klüger geworden, habe ich mich im Namen des Präsidiums des Kulturbundes bei Wolfgang Harich für den damaligen Ausschluss entschuldigt und auf einer Pressekonferenz seine Rehabilitation bekannt gegeben.

Als wir nach der Wende in den 90er Jahren Gespräche führten, spielte dies zu meiner Verwunderung überhaupt keine Rolle mehr, im Gegenteil. Sein Prozess, seine Verurteilung seien in Ordnung gewesen, so seine erste Bemerkung. Jetzt ginge es um eine sehr viel ernstere Aufgabe. Harich sagte, es sei inzwischen deutlich geworden, dass die vom Deutschen Bundestag eingesetzte Eppelmann-Kommission nicht zur Versöhnung der

---

[11] Siegfried Prokop: Ein Streiter für Deutschland, Auseinandersetzung mit Wolfgang Harich, edition ost, Berlin, 1996, S. 25.

Deutschen in Ost und West, nicht zur Wahrheit über die DDR beitragen würde. „Jegliche positiven Leistungen der DDR werden negiert. Da wäre zu erinnern an die großen kulturellen Leistungen im ärmeren Teil Deutschlands, von Bertolt Brecht bis Walter Felsenstein. Und was ist mit dem im sozialen Bereich Erreichten?"[12]

Deshalb würde er, Wolfgang Harich, zur Aufarbeitung der DDR-Geschichte eine Alternative Enquetekommission „Deutsche Zeitgeschichte" mit entsprechenden Gruppen bilden. Ich sollte die Gruppe „Kultur und Künste" organisieren und alles Mögliche zur Verteidigung der Kultur der DDR unternehmen. Als ich zögerte, sagte er, dass der Kulturbund dazu berufen sei, denn er wäre eine leistungsstarke Kulturorganisation und müsse diese historische Aufgabe übernehmen. Dies sei im Sinne vieler bedeutender antifaschistischer Künstler, auch im Geiste Johannes R. Bechers notwendig. Die Partei (die PDS oder die Linke) könne es nicht, sie sei viel zu sehr mit sich und ihrer eigenen Vergangenheit beschäftigt. Ich sollte ein Arbeitsprogramm vorlegen und ihn informieren. Eine Ablehnung käme für ihn nicht in Frage.

So haben wir uns über zwanzig Jahre intensiv mit den Leistungen und Fehlleistungen der DDR-Kultur beschäftigt. In dieser Gruppe, die auch von Prof. Dr. Eberhard Röhner, Dr. Jürgen Harder und Horst Laude geleitet wurde, haben Vertreter der früheren Parteien, der Ministerien, der Künstlerverbände, der Verlage und Medien gearbeitet. Darunter viele Wissenschaftler und Forscher verschiedener Bereiche, zum Beispiel Werner Mittenzwei, Horst Haase, Dieter Schiller, Arno Hochmuth, und Werner Kühn. Es wurden viele kulturelle Bereiche analysiert, zahlreiche Vorträge erarbeitet und mit den Fachleuten ausführliche Debatten geführt. Daraus entstanden auch einige wichtige Publikationen.

Ohne die energische Aufforderung und die ständige Ermutigung durch Wolfgang Harich, Siegfried Prokop und Gerhard Fischer wäre die Alternative Enquetekommission nicht so erfolgreich gewesen.

Die besondere Tätigkeit, die Siegfried Prokop für Harich geleistet hat, wird sicherlich von anderen Autoren gewürdigt werden. Ich will nur als Fakt erwähnen, dass Siegfried Prokop als Nachfolger von Harich die Alternative Enquetekommission weiter geführt hat. Viele wertvolle Zusammenkünfte fanden statt, die beispielhaft waren. Unter Siegfried Prokops

---

[12] Neues Deutschland, Report vom 21. 6. 1994.

Leitung stand auch das Gedenkkolloquium am 21. März 1996 im Ribbeck-Haus zu Berlin, wo viele Freunde und Mitstreiter sich zur Rolle Harichs äußerten. Ein großartiger Auftakt!

Siegfried Prokop wurde auch Autor einer Harich-Biografie „Ich bin zu früh geboren"[13] – ein beeindruckendes Buch. Inzwischen hat Siegfried Prokop in Archiven so manches Dokument über Harich ans Licht geholt.[14] Das Werk von Harich als Philosoph, Ökologe, Literaturhistoriker ist sehr umfangreich und muss als Gesamtwerk erst erschlossen werden. Aber Siegfried Prokop kommt das Verdienst zu, einen Anfang zur Erschließung des Lebens und Werkes gemacht zu haben.

IV.

Durch unsere gemeinsame Tätigkeit an der Kulturbundgeschichte wurden Siegfried Prokop und ich Freunde. Natürlich fühlten wir uns auch durch vielfältige Kulturtraditionen der DDR eng miteinander verbunden. Mit der Pflege dieser humanistischen Traditionen versuchen wir auch etwas zu bewirken. So führte uns der Weg nach Bad Saarow, am „Märkischen Meer", wo einst Johannes R. Becher sein „Traumgehäuse" hatte und heute nur noch das schöne Denkmal von Fritz Cremer an den Dichter erinnert. Aktive Bürger, wie Dr. Peter Grabley, Dr. Angela Grabley, Hans Bentzien, Prof. Dr. Ute Mohrmann und Burkhard Teichert haben sich bereits in der Vergangenheit um dieses Denkmal gekümmert. Im September 2013, am Tag des Offenen Denkmals hatte sich eine größere Gemeinde am Denkmal getroffen und anschließend Vorschläge für die Pflege des Werkes von Johannes R. Becher erarbeitet. Das war für viele Becherfreunde eine Ermutigung. Es ist eine Schande, wie hier und da mit den kulturellen Schätzen und Errungenschaften der DDR umgegangen wird. Wie viele kulturelle Einrichtungen abgewickelt bzw. vernichtet wurden.

In Bad Saarow wurde das kleine Becher-Haus und das in der 80er Jahren entstandene bescheidene Becher-Museum nicht nur geschlossen bzw. abgerissen, sondern an Privatleute verkauft. Der Becher-Klub im Ort wurde ebenfalls abgewickelt, eine Schande, dass dies zugelassen wurde. Der Lyriker Johannes R. Becher war ein bedeutender deutscher Dichter des zwanzigsten Jahrhunderts, ein Schriftsteller von europäischem Rang. Allein sein umfassendes Frühwerk, seine expressionistischen Gedichte fanden weltweite Anerkennung.

---

[13] Dietz Verlag, Berlin, 1997.
[14] Siehe Siegfried Prokop: Verschollenes Dokument entdeckt: Wolfgang Harichs „Vademekum für Dogmatiker". Was befähigt Marxisten?, in: Neues Deutschland vom 9./10. 7. 2005.

Viele Dichter, wie Thomas und Heinrich Mann, Klaus Mann, Hermann Hesse, Ricarda Huch, Arnold Zweig, Bernhard Kellermann, Leonhard Frank, Maxim Gorki, Martin Anderson Nexö und Konstantin Fedin sahen in Johannes R. Becher einen bedeutenden Schriftsteller. In Ostdeutschland verschwanden alle Klubs, Bibliotheken und Schulen, die seinen Namen trugen. Welch ein Skandal! Welch barbarischer Akt, der fast schon an die faschistische Bücherverbrennung des Jahres 1933 erinnert.

In Bad Saarow steht am Strand das Denkmal von Johannes R. Becher und muss dort bleiben. Sein „Traumgehäuse", heute als Abstellraum genutzt, müsste neu entstehen bzw. für Literaturinteressierte zugänglich gemacht werden. Seit der Wende sind im Ort über hundert Villen und Paläste, eine wirklich „blühende Landschaft" in der herrlichen Natur entstanden. Kein Ort - Nirgends für das „Traumgehäuse" von Becher? Ein Armutszeugnis für Deutschland oder etwa gar gewollt? Das spannende Leben und umfangreiche Werk des Dichters lebendig zu halten, sehen viele Bürger als ihre Aufgabe an. Es ist erfreulich, dass Prof. Dr. Siegfried Prokop sich für diese Aufgabe engagiert hat. Am 24. April 2014 sprach er auf einem Klub-Abend des Fördervereins „Kurort Bad Saarow" im neuen „Scharwenka Kulturforum" in der Moorstrasse 3 über „Becher und die Nationalhymne".

Der Vortrag war sehr inhaltsreich, die Veranstaltung gut besucht, die Diskussion lebhaft und für zukünftige Veranstaltungen anregend. Zunächst erinnerte Prof. Siegfried Prokop an die historischen Tatsachen: „Das 'Lied der Deutschen' von Hoffmann von Fallersleben war 1922 von dem sozialdemokratischen Reichspräsidenten Friedrich Ebert zur Nationalhymne gemacht worden. Gesungen wurde es nach der Melodie 'Gott erhalte Franz den Kaiser', die Joseph Haydn 1797 komponiert hatte. Es war von Anfang an umstritten. Friedrich Nietzsche bezeichnete die erste Strophe schon 1848 als 'blödsinnigste Parole der Welt', Kurt Tucholsky nannte sie 1929 'einen törichten Vers eines großmäuligen Gedichts'. Mit der Annahme des Grundgesetzes im Mai 1949 war in der Bundesrepublik keine Entscheidung über die Hymne gefällt worden. Es gab Versuche, eine neue zu schaffen."[15]

Danach erläuterte Siegfried Prokop, wie die Nationalhymne von Johannes R. Becher und Hanns Eisler 1949 entstanden ist, welche Rolle die Hymnen in den beiden deutschen Staaten spielten. Er machte auch darauf aufmerksam, dass Bertolt Brecht ebenfalls einen

---

[15] Siehe auch Siegfried Prokop: Und nicht über, und nicht unter andern Völkern. Wie die beiden deutschen Staaten zu ihren Hymnen kamen und warum Brechts Kinderhymne so beliebt ist, in: Neues Deutschland vom 9./10. 10. 2010.

Text formulierte, die sogenannte „Kinderhymne". „Brechts 'Kinderhymne' war zu allererst ein Gegenentwurf zum Deutschlandlied. Dem 'Deutschland, Deutschland über alles' setzte es den Vers entgegen: 'Und nicht über und nicht unter andern Völkern wolln wir sein'. Hatte Hoffmann von Fallersleben noch von einem Großdeutschland geträumt – 'von der Maas bis an die Memel, von der Etsch bis an den Belt' – hielt sich Brecht an die vom Potsdamer Abkommen festgelegten Grenzen: 'von der See bis an die Alpen, von der Oder bis zum Rhein'. 'Es gibt wohl keine Hymne, die die Liebe zum eigenen Land so schön, so rational, so kritisch begründet, und keine, die mit so versöhnlichen Zielen endet.' In der Zeit des 'Beitritts' setzten sich Bürgerinitiativen und verschiedene Medien für die 'Kinderhymne' als neue gesamtdeutsche Nationalhymne ein."[16] So sprach Prof. Siegfried Prokop die Gewissheit aus, dass die Debatte um eine neue deutsche Nationalhymne immer erneut aufflammen wird.

Dem Jubilar wünsche ich bestmögliche Gesundheit und weiterhin viel Erfolg als Forscher über die deutsche Geschichte des vergangenen Jahrhunderts.

---

[16] Ebenda.

CARL-JÜRGEN KALTENBORN

Biblische Tiden-(Er)Kenner

Leicht überlesbar – innerhalb einer ermüdenden Aufzählung von Kriegern aus Israels Stämmen, die sich nach König Sauls Tod zu Hebron auf Davids Seite schlugen – eine merkwürdige Notiz im biblischen Buch 1. Chronik 12,32 . Sie handelt von solchen aus Issaschar, *„die erkannten die Unterscheidung der Zeiten, um zu erkennen was Israel zu tun hat"*. Hebräische Kurzschrift präsentiert Gedanken in Keimform.

„Zeiten-(Er)Kenner" ist das Synonym für *Weise*, die Perserkönig Ahasveros (laut Esther 1,13) um Rat fragt. Auch hier erscheint Zeit im Plural.

Dass alles *seine* Zeit hat, weiß KOHELET/der „Versammler" (3,1-8). Zu erkennen, wann welcher Punkt auf der Tagesordnung steht, ist Weisheit.

Nicht wir haben Zeit. Auch hat die Zeit nicht uns. Bestimmte Vorgänge haben die ihre. *Wofür jetzt* Zeit ist, haben wir zu erkennen; umringt von der alles bestimmenden Gewissheit, die der Psalmist (31,16) dem ICH-WERDE-DASEIN (unsere Verdeutschung des unaussprechbaren hebräischen Gottesnamens!) zubetet: *„In deiner Hand meine Zeiten!"*

Vor diesem Hintergrund ermuntert ein Paulusschüler (im neutestamentlichen Kolosserbrief 4,5) „*in Weisheit vor denen draußen*" zu wandeln" und den rechten Zeitpunkt „*auszukaufen*".

In diesem Kontext läßt sich eine vom mutmaßlichen Originaltext abweichende Verschreibung in Römer 12,11f. verstehen. In dieser Text-Variante wird aus der Aufforderung:"Dienet dem *Kyrios* !" der Imperativ: "Dienet dem *Kairos*!" (Dabei ist zu beachten, dass „*Kairos*", anders als „*Chronos*", nicht die mit Hilfe von Uhren messbare, gleichmäßig verrinnende Zeit meint, sondern den entscheidenden Zeitpunkt innerhalb eines bestimmten Ablaufs). Es geht um das, was auf der Tagesordnung steht, das, *was dran ist*. Erkenne ich diesen „*Kairos*", w e r de ich *meine Zeit*.

Wie in nachgelieferter „Zeit-Lupe" oder im Zeit-Raffer präsentiert KOHELET (9,11-18) Zeit und Schicksal als alle Wertskalen auf den Kopf stellende, uns entgegentretende, uns widerfahrende Faktoren. Für jeden dieser Faktoren gibt es eine *bestimmte* Zeit, für die Liebe wie für den Hass, für den Krieg wie für den Frieden, für das „Steine Sammeln" wie für das „Steine Werfen". Es gilt zu erkennen, wofür sich das jeweilige Jetzt unserer Existenz eignet; denn wir leben weder in der Vergangenheit noch in der Zukunft, sondern immer nur im Jetzt. Wer es erfasst, ist *geistesgegenwärtig*.

Von Vergangenem können wir erzählen, von Zukünftigem träumen, das Erhoffte vorbereiten, dafür Weichen stellen, entscheiden aber nur jetzt.

Wegen Zeitüberschreitung können wir uns Zeitfehler einhandeln. Auf Nachspiel-Zeit sollten wir nicht spekulieren. Sie liegt nicht in unserem Ermessen, sondern in der Hand des „Zeitmessers" (Ps.31,16).

Zeit*vertreib* ist jedenfalls ein Unding. Ehe wir jedoch, trotz hohem Zeit-Aufwand, durch Hektik in Zeit-Not geraten, hilft eine Aus-Zeit, die heilsam sein kann, besonders in einer Epoche, die von rasendem Stillstand befallen zu sein scheint.

STEFAN BOLLINGER

"Revolution"

Die Karriere eines Begriffs nach dem Ende des Ostblocks

Die Jahre 1989/91 waren reich an Erschütterungen. Die Welt änderte sich, nicht unbedingt zum Besseren. Mauern fielen, Regierungen stürzten, Verwaltungen und Wirtschaftsunternehmen brachen zusammen. Vor allem aber: Scheinbar stabile, festgefügte, durch ausgebaute Sicherheitsapparate geschützte und von zahlreichen Funktionäre getragene Staaten des Ostblocks warfen innerhalb von Wochen ihre unverbrüchliche Treue zum Sozialismus und zur Solidarität untereinander über Bord. Millionen Parteienmitglieder und zahlreiche loyale Bürger vergaßen über Nacht ihre sozialistischen Ideale, verdrängten die Einsichten nicht nur des Parteilehrjahres über den Charakter des Kapitalismus. Die Befreiung der Menschheit als hehres Ziel verkam in kürzester Zeit zur Entfesselung des egoistischen Individuums, in dem nur der Stärkere, Verlogenere, Gerissenere triumphierte.

In der Rückschau fasziniert das rasante Tempo dieses Wandels, für den die DDR vermeintlich idealtypisch ist und sich doch gravierend von den mittelosteuropäischen, schon weit sozialismusabstinenteren Nachbarn unterscheidet. Die machten ihre euphorischen Reformerfahrungen 1956, 1968 oder 1980 und waren durch die welt- und machtpolitischen Realitäten mittels Panzern und Kriegsrecht auf den Boden der Tatsachen brutal zurückgeworfen worden. Gleichwohl waren diese Wochen im 1989 und 1990 in der DDR, auch in anderen osteuropäischen Ländern, ebenso in der zweiten Hälfte des

Jahrzehnts in der Perestroika-Sowjetunion, Zeiten eines zunächst demokratisch-sozialistischen Aufbruchs von politisch bewusstwerdenden Bürgern und Parteimitgliedern. Frei von Dogmen und Strukturen feierten sie eine Zeit der Anarchie und der Selbstbestimmung. Sie wählten ihre Direktoren, gründeten neue Parteien und Plattformen in den alten, stellten Kandidaten und Programme auf. Es war endlich praktizierte Demokratie und das Suchen nach neuen, menschlichen Lösungen. Es war ein wirkliches Experiment, ohne Sicherheitsleine und doch ohne wirkliches Recht auf Irrtum. Denn sie bekamen schnell die Antwort auf all ihr Hoffen und Sehnen – den nackten Kapitalismus. Nur keine Experimente! Im Osten Deutschlands wohl abgefedert und doch zerstörerisch, im Osten Europas in seiner frühkapitalistischen landnehmenden, Menschen auch physisch zerstörenden Form. Anpassung, Opportunismus waren die Konsequenz.

Das "Ende der Geschichte" mit Marktwirtschaft und parlamentarischer Demokratie ward versprochen und doch begann eine Zeit permanenter Umbrüche und Zerstörung – von Machtverhältnissen, Biografien, Volkswirtschaften und Staaten.

Eine seltsame Renaissance

Revolution ist "in". Seien es neue Automodelle, freakige Musik, coole IT-Lösungen oder neue Waschmittel – heute wird mit Begeisterung das einstige Tabu-Wort "Revolution" gebraucht. Es ist Schlagwort und nicht mehr mit Angst ob der Unterwanderung, der Beseitigung der westlichen Werten und Freiheiten verbunden.

Ein kurzes Innehalten mag sich allerdings der Tatsache vergewissern, dass die scheinbar so flächendeckende Abstinenz, ja Feindlichkeit gegenüber Revolutionen – gegenüber jenen Revolutionen, die von Kommunisten, Linken, nationalen Befreiungsbewegungen initiiert wurden – immer eine Blindstelle hatte. Denn von "konservativen Revolutionen" wurde angesichts des vermeintlich spontanen Siegeslaufs des italienischen und noch mehr des deutschen Faschismus (letzterer gerne in der Camouflage des "Nationalsozialismus" vorgeführt), mit Abscheu oder auch Begeisterung gesprochen. Die "Töchter der amerikanischen Revolution", jener ultrakonservativen Frauenorganisation in den USA, hatten immer ein anderes Revolutionsverständnis im Hinterkopf – das des Bewahrens und militanten Verteidigens der westlichen Gesellschaft, des Kapitalismus in seiner reinen Form und seiner nationalistischen Ausprägung. Denn jene Revolutionen, auf die sich dieses

"Revolutionsverständnis" berief waren die US-amerikanische des 18. Jahrhunderts ab 1776, waren die bürgerliche Umwälzung auf den britischen Inseln in ihrer Einhegung als "Glorious Revolution" 1688, waren die mehrfach gebrochenen Revolutionen der Bourgeoise in Frankreich und die bürgerlichen Umwälzungen des 19. Jahrhunderts insbesondere in Westeuropa. Wer da mehr nachhalf, die Demokraten oder diejenigen, die die Umwälzung in der machtpolitischen Dimension mit "Blut und Eisen" besorgten, das kümmerte wenig. Hauptsache eine neue Wirtschafts- und Eigentumsordnung, der Kapitalismus und die sie tragenden Klassen triumphierten – unter der Fahne der Freiheit.

Der Schlüssel für diese seltsame Vielgestaltigkeit des Phänomens "Revolution" liegt in der Frage und den Antworten begründet, um welches Revolutionsverständnis es geht. Hier soll keine Exegese des Begriffs und der Theorien von "Revolution" vollzogen werden. Das sprengte den Rahmen dieser Abhandlung. Hier wird unter diesem Begriff der Umsturz, der Aufstand, die Rebellion, aber auch die Massenbewegung subsumiert – unabhängig von den konkreten Organisationsformen, Strukturen, Erfolgen oder Misserfolgen.

Denn augenscheinlich reicht es nicht, über einen radikalen Umbruch, ein Aufbegehren der Massen, eine Hochzeit von Intellektuellen und Organisationen, ein Neuausrichten von Eliten oder ihres Austauschs oder ihrer Neubildung, gar eine gewaltsamen Veränderung von Macht-, vielleicht Eigentumsverhältnissen, von spontanen oder dekretierten Umwerten der Werte einer Gesellschaft zu reden. Bei aller möglichen Ähnlichkeit von Methoden, Organisationsstrukturen, Propagandamechanismen, vielleicht gar von Fahnen, Uniformen oder Losungen muss genauer hingesehen werden. Es geht um den Inhalt eines solchen Umbruchs, seine Richtung, seine Akteure – und entscheidend – seine tatsächlichen Nutznießer.

Blaupause Oktoberrevolution

Im 20. Jahrhundert war unbestritten die (sich oft auch nur so verstehende) sozialistische Revolution der zentrale Bezugspunkt für theoretische und noch mehr praktisch-handfeste Auseinandersetzungen mit der Revolution. Die einen wollten sie – um (fast) jeden Preis. Die anderen sahen in ihr den Untergang der heilen Welt. Schon mit der Pariser Kommune und vor allem mit der siegreichen russischen Oktoberrevolution 1917 waren die Muster dieser Revolution für alle sichtbar. Schnell verallgemeinerten zumindest radikale Linke die

Erfolgsfaktoren (unter Berücksichtigung der Fehler) zur Blaupause für jeden neuen Anlauf zur Errichtung einer solidarischen, demokratischen, friedlichen Gesellschaft. Für sie war unstrittig, dass sich diese nur mittels eines gewaltsamen Umsturz mit festen Regeln von der Eroberung des Telegrafenamtes bis zur Besetzung der Banken vollziehen konnte. Auch wenn den russischen Revolutionäre zunächst die Besonderheit ihres Weges bewusst war und sie vor mechanischem Nachahmen warnten, waren ihre Schüler und schließlich auch sie selbst künftighin wenig kreativ. Der russische Weg sollte der allgemeingültige sein.

Sie brauchten – besonders mit Blick auf Westeuropa, später auch auf Chile – lange, um zumindest über einen friedlichen Weg in einer anderen politischen Großwetterlage auch nur nachzudenken. Der favorisierte, weil einmal erfolgreiche russische Weg bedurfte einer breiten Massenstimmung für den Umsturz eines abgewirtschafteten Kapitalismus und seiner Eliten. Idealerweise waren die Rufe nach Frieden, Brot, Arbeit und oft auch Boden besonders wirksam. Es waren existentielle Forderungen, für die die Benachteiligten und Unterdrückten bereit waren, ihr Leben in die Bresche zu werfen. Tiefe gesellschaftliche Krisen, in der Regel in Gefolge eines großen Krieges oder Bürgerkrieges, boten den Nährboden für eine straff organisierte kommunistische Partei, für die Politisierung der Massen, für neuen Machtorgane – mustergültig die Sowjets – und den schließlichen radikalen Vormarsch. Mit der Eroberung der politischen Macht sollten die Grundlagen für das Umgestalten der Gesellschaft, für die Gewinnen der ökonomischen und ideologischen Macht, der alsbald zementierten Hegemonie gewonnen werden.

Dabei bewegte die Revolutionäre, d.h. die Intellektuellen und Parteiführer, auch viele ihrer Genossen und Sympathisanten wenig, ob die Bedingungen für einen solchen Umbruch schon reif genug waren. Das "Sie hätten nicht zu den Waffen greifen müssen" war für sie illusionär und weltfremd. Zu groß war das erlebte Chaos, die Barbarei eines aus den Fugen geratenen Kapitalismus. Ob die materiellen Ressourcen wirklich genügten, ob die demokratischen Erfahrungen vorhanden waren, ob das Bewusstsein der Arbeiterklasse und der Gesellschaft ausreichten – das waren Fragen, oft eigentlich unlösbare Herausforderungen, die sich erst im Werden und Wachsen dieses sehr realen, sehr pragmatischen Sozialismus als einer nicht- und antikapitalistischen Gesellschaft in feindlicher Umwelt zeigen sollte.

Die Vergesellschaftung, hier richtiger die Verstaatlichung der Produktionsmittel, der Fabriken und Banken sollten die Basis für neue Formen des Wirtschaftens sein. Beim Eigentum hörte aber für jeden Kapitaleigner und seine bezahlten intellektuellen Klopffechter, aber auch für viele verblendete einfache Bürger der Spaß auf. Genau diese Enteignung der bisherigen Kapitalisten und Großgrundbesitzer sowie das Ausschalten der Eliten waren aber national – und wie sich ab 1917 zeigten sollte schnell auch international – Anlass für verbissenen, zähen Widerstand gegen diese neuen Maßregeln. Die alten Mächte stellten sich gegen den Aufstieg der kleinen Leute, der Arbeiter und Bauern zu den – unter Führung einer kommunistischen Partei – bestimmenden Kräften der Gesellschaft. Bürgerkriege, Interventionen, eine lang anhaltende System- und Blockkonfrontation begleiteten diese Revolution für die Mehrheit der Menschen, für deren Bildung, Zugang zur Arbeit, zum Gesundheitswesen, zu deren – wenn auch bescheidenen – materiellen Wohlstand. Dies bedeutete sieben Jahrzehnte lang immer ein Bewegen am Rande eines Krieges, vier Jahrzehnte auch die Möglichkeit des gemeinsamen nuklearen Untergangs der kämpfenden Klassen, Staaten, vielleicht der Menschheit.

Dabei ist zu bedenken, dass diese sozialistischen Revolutionen auf einen wegweisenden Vorgänger zurückgreifen – jene bürgerlich-demokratischen Revolutionen, die unter der Losung "Freiheit – Gleichheit – Brüderlichkeit" seit dem späten 18. Jahrhundert der Bourgeoisie zum Durchbruch verhalfen. Auch sie waren Revolutionen, in denen es um Eigentumsverhältnisse, um die politisch-rechtliche Absicherung der kapitalistischen Produktionsweise und des Eigentums, letztlich um die Macht ging. Sie mobilisierten breite Volksmassen, konnten insbesondere in den französischen Revolutionen zwischen 1789 und 1848 mehr und mehr auf den vierten Stand, auf die sich entwickelnde Arbeiterklasse als aktive Kämpfer zurückgreifen. Die hofften genau auf diese Freiheiten und die Gleichheit, sahen sie in Arbeit und besserem Leben verwirklichbar und wurden doch immer enttäuscht. Aber es waren eben insgesamt Umbrüche – ob als Revolution zunächst erfolgreich oder nicht, eher evolutionär wirkend – die zuerst einer Klasse zu Dienste waren, die Eigentums- und Machtverhältnisse veränderten und doch eine Ausbeuterordnung auf höherem, auch durchaus politisch freierem Niveau errichtete und festigte.

Hier aber waren die Verkleidungen, die Losungen für jene greifbar geworden und wohl ausprobiert, die nicht die Kernfrage nach der Gleichheit und der Freiheit der Arbeitenden und Ausgestoßenen stellte, sondern diese nur als Kanonenfutter, als Wahlvolk nutzte: Mit überschaubaren, begrenzten sozialen Wohltaten und jener politischen Restriktionen, die eine eigenständige politische Bewegung der arbeitenden Klassen möglichst lange zu unterdrücken oder schließlich zu domestizieren suchte im Interesse des Kapitals und für überschaubare Brosamen, die zudem andere beizusteuern hatten – in den abhängigen Staaten und Gebieten, in den Kolonien, in den eroberten Regionen imperialistischer Expansionspolitik.

Revolutionen in feindlicher Umwelt

Sich sozialistisch verstehende Revolutionen in Osteuropa, Ostasien und Lateinamerika, aber auch nationale Befreiungsbewegungen und -revolutionen in Asien und Afrika, die sich dem sowjetisch oder chinesisch geführten Realsozialismus verpflichtet sahen – sie alle hatten mit inneren Feinden zu kämpfen und mit einer in den Hochzeiten der System- und Blockkonfrontation tödlichen, auch nuklearen Bedrohung. Das hatte etwas mit ihrer Vorgeschichte zu tun. Es waren meist aus Kriegs- und Bürgerkriegssituationen hervorgehende, teilweise national gefärbten Umbrüche. Das betraf die Prozesse, wie sie sich in Russland, China, Vietnam, auf Kuba vollzogen und die ihre innere Stabilität nicht zuletzt aus dem nationalen, auch nationalistischen Kontext bezogen. Das war problematischer in den Umbrüchen, die unter starkem Einfluss der sowjetischen oder chinesischen Schutzmacht von nationalen kommunistischen Parteien vollzogen wurden. Die einstigen Losungen und Erwartungen von der zu erringenden Freiheit, dem gesellschaftlichen (und individuellen) Wohlstand, den demokratischen Gestaltungsmöglichkeiten wurden wesentlich durch diese Rahmenbedingungen überlagert.

Dass, was als stalinistische (oder auch maoistische) Regime in den Sprachgebrauch einging, war – bei allen nationalen Unterschieden und aller historischen Wandlung, Anpassung und Abschwächung – der Versuch, sich diesen Realitäten zu stellen. Wobei genau diese Umsetzung, dieses Verhaltens in einer "belagerten Festung" dazu beitrug, von dem eigentlichen sozialistischen Anspruch immer mehr pragmatisch abzurücken. Vieles wurde auf das Morgen, auf die Zeit nach dem endgültigen Sieg über den inneren und noch mehr äußeren Klassenfeind vertagt. Materielle Verbesserung ja, wenn es ging. Massenmobilisierung unbedingt, aber die politische Partizipation sollte beschränkt auf das unmittelbare Lebensumfeld und die Akklamation für die richtige Politik der Partei bleiben. Ein Zuviel an Demokratie – Bestandteil der Reformprojekte der 1960er Jahre in der CSSR

("Prager Frühling" 1968), partiell etwa auch in der Ulbrichtschen DDR in Gestalt des NÖS 1963-70) – kollidierte mit der Gefahrenanalyse, dass die Macht der Partei geschwächt und dem Gegner Tür und Tor geöffnet würde. Grade die Entwicklungen in der CSSR, später in Ungarn und Polen sowie die Perestroika-Zeit bestätigten ungewollt diese Befürchtungen. Der demokratische Aufbruch der Gesellschaft ließ auch jene hervortreten, die mit einem wie auch immer gewandelten Sozialismus wenig am Hut hatten. Nur, dass mit dem ewigen Verzögern dieser Reformen der Rückhalt dieser Kritiker, richtiger dieser Feinde in der Gesellschaft größer, die Bereitschaft und Fähigkeit der prosozialistischen Kräfte sich ihrer zu erwehren geringer wurde.

Die Tücke der 3. Revolution

Der Blick auf die sozialistischen Revolutionen verweist auf ein zentrales Problem – einen Widerspruch: Die Machteroberung gelingt und wird auch mit Härte behauptet, die materiellen und demokratischen Erwartungen werden nicht oder nicht ausreichend erfüllt. Die Aufgaben des ersten Tages bringen nur kurzzeitig Erfolg, die Notwendigkeit des wirtschaftlichen Aufstiegs bleibt entscheidend. Das ist nicht allein die höhere Arbeitsproduktivität. Gemessen wird vom Bürger an dem, was es in den Geschäften für ihn zu kaufen gibt. Dafür liegen aber die Maßstäbe nicht im eigenen System, sondern werden in den entwickelsten kapitalistischen Staaten gesetzt. Gleichzeitig gibt es wachsende Erwartungen an die eigenen demokratischen Gestaltungsmöglichkeiten am Arbeitsplatz, in der Kommune, in der Gesellschaft.

Das Problem der "3. Revolution" seit Kronstadt (dort als Losung nach dem Februar und Oktober 1917), genereller einer antistalinistischen Revolution, die wirtschaftlichen Aufstieg und mehr Wohlstand bringen und die selbstgestaltet sein soll durchzieht seit 1921 die Geschichte des Realsozialismus. Die verkündete soziale Befreiung der Arbeiterklasse und der werktätigen Bauernschaft soll einhergehen mit ihrer politischen Emanzipation ohne eine bevormundende Partei – "Sowjets ohne Kommunisten" formulierten die Kronstädter. Die Ergebnisse fielen unterschiedlich aus. Nicht immer waren solche Revolutionen nur das Werk sozialismustreuer Kräfte, auch die blanke kapitalistische oder gar feudale Restauration, oft in nationalistischen oder religiösen Gewande, machte die Unterscheidung schwierig.

Aber genau solche prosozialistischen Erneuerungsversuche, antistalinistischen Revolutionen scheiterten immer wieder – auch dann, wenn selbst linke Intellektuelle, selbst die kommunistischen Parteien oder große Teile von ihnen bis in die Führungen hinein einen solchen Veränderungsprozess angingen. Die Entwicklungen in der CSSR 1968 und die gescheiterte Erneuerung zu einem nunmehr modernen, menschlichen, demokratischen Sozialismus in der finalen Krise des Ostblocks ab 1985 mit ihrem Umschlag 1989/91 belegen dies.

Allein China ging und geht einen anderen Weg. Trotzdem, diese antistalinistischen Revolutionen bestimmen die zweite Hälfte der Realsozialismus-Geschichte und sie blieben immer Teil der Systemauseinandersetzung. Jeder Reformversuch war eine politische Herausforderung und die berechtigte Angst vor unkontrollierten politischen Veränderungen hemmte dies. Dabei machen diese Revolutionen oder wohl meist richtiger Reformen "von oben" und bedingt von unten einen Formenwandel durch, der wesentlich mit dieser Systemauseinandersetzung und dem Verständnis der Diktatur des Proletariats zu tun hat. Sie wurden zu Versuchen einer friedlichen Umwandlung – einer Idee, die insbesondere Intelligenz und Teile der Partei und des Apparates faszinierte. Dabei wird schnell deutlich, es geht um einen Modellwechsel (des administrativ-zentralistischen hin zu einem demokratischen). Aber das Risiko eines Systemwechsels – nun unterhalb der Ebene einen Bürgerkriegs und eines 3. Weltkriegs – bleibt, wobei auch diese nicht völlig ausgeschlossen werden können.

Alte Menschenrechte und neue Technologien

Mit der KSZE 1975 lief der Realsozialismus in die Falle. Der Ostblock wollte geregelte Verhältnisse in der Systemauseinandersetzung, gesicherten Frieden, fairen Wettbewerb der Systeme im Sozialen wie im Wirtschaftlichen. Der Westen, lange zögerlich, nahm den neuartigen Fehdehandschuh an. Der wirtschaftlichen Überlegenheit schien er sich sicher. Aber er entdeckte die Achillesferse des Ostens – die Menschenrechte. Denn nun sollte es um den "Korb 3" der KSZE-Schlussakte, um Menschenrechte gehen. Der Taschenspielertrick dabei: Diese Menschenrechte wurden bewusst uminterpretiert und vereinseitigt auf die bürgerlichen der Versammlungs- und Organisationsfreiheit, der Press- und Reisefreiheit usw. Im Kern ging es aber immer nur darum, das eine für den Kapitalismus zentrale und unverzichtbare Menschenrecht – die unternehmerischen Freiheit

– zu schützen. Soziale Menschenrechte wurden zum Randthema degradiert. Eine politisch durchgezogene radikale Umverteilung der Einkommen und vor allem der Vermögen sollte ein für alle Mal ein Riegel vorgeschoben werden, damit jedem ernsthaften Sozialismus, der sich auf soziale Gerechtigkeit, gar Gleichheit stützen wollte. Für den Ostblock wurde die einseitige Sicht auf die sozialen Menschenrechte und das Negieren oder Suspendieren vieler bürgerlicher Menschenrechte zum Verhängnis. Sozialismus konnte und kann nur mit beiden Seiten im Interesse der Menschen funktionieren, wenn er Sozialismus sein will.

Diese Menschenrechtsargumentation sollte für weitere Auseinandersetzungen – zunächst mit dem Realsozialismus, nach dessen Ende aber auch in den Transformationsstaaten des Ostens wie in den bislang autoritär oder diktatorisch geführten Staaten eine zentrale Rolle spielen. Nach Menschenrechtsverletzungen in diesem Sinne brauchte dort nicht lange gesucht werden – wie eigentlich auch in den scheinbar so untadeligen westlichen Metropolen.

Allerdings war eine andere Ebene des Konflikts noch wesentlicher für das Verändern des sozialen Charakters, der Träger, der Organisationsformen und der Ziele solcher Revolutionen. Hatten einst sozialistische Revolutionsversuche ihren Schneid durchweg durch die besondere Rolle der Arbeiterklasse und ihrer (oft verfeindeten) Organisationen gewonnen, so war dies nun vorbei. Denn die 1960er Jahren stellen eine Zäsur dar. Die Arbeiter, ihre Organisationen und Parteien, ihr Marxismus gerieten in eine Krise, in die Defensive.

Die Veränderungen des Kapitalismus, generell der Produktionsweise, durch neue intelligenzintensive Produktionsmittel haben grundlegende sozialstrukturelle und wirtschaftsstrukturelle Folgen zumindest in den Metropolen, in West wie Ost. Es kommt zu einer Verlagerung zur Intelligenz, zu kleinbürgerlichen Kräften, die gelegentlich noch sozialistische Ideen reklamieren, aber eigentlich mehr und mehr durch individualistische, nationalistische, religiöse Formeln wenig getarnt einen Weg in einen modernen Kapitalismus anstreben. Grüne Parteien weltweit, aber besonders in Westeuropa, in Polen die unabhängige Gewerkschaft "Solidarnosc", in der CSSR die Bürgerrechtsbewegung "Charta 77", im Iran ein theokratischer Staat – die Erscheinungsformen sind vielfältig, kaum kompatibel. Sie sind aber allesamt Ausdruck für das Zurückweichen der Arbeiterbewegung und ihrer Parteien, ihrer latenten Krise und ihrer Unfähigkeit, die unverändert ausgebeuteten, ausgegrenzten Arbeitenden jenseits aller geschlechtlicher, sozialer, religiöser Zugehörigkeit für gemeinsame Ziele zu begeistern und zu organisieren.

Wobei dieser Kapitalismus in seiner neoliberalen Form sich ebenfalls ändert und die zentralen Forderungen der Krisenbewegungen gegen – beginnend in Gestalt der Studentenbewegung der 1960er Jahre – nun für ihn höchst effektiv umkehrt: Individuelle Selbstverwirklichung und Selbstbestimmung gegen gesellschaftliche, noch mehr staatliche, überhaupt politische Bevormundung. Der Triumph des Privaten.

Nebenprodukt oder Masterplan?

Diese ausführlichere Vorgeschichte ist insofern wichtig, weil sie Erklärungszugänge für eine neue spezifische Form "revolutionärer", vielleicht richtiger radikaler Gesellschafts- und das heißt vor allem Machtveränderungen aufzeigt. Es bildet sich ein Typ "friedlicher", "sanfter", "samtener Revolutionen" heraus – die mit dieser Begrifflichkeit und den ersten Resultaten die Methoden, nicht aber die Inhalte beschreiben. Die Veränderung von Eigentumsverhältnissen, die Schaffung entsprechender politisch-rechtlicher Rahmenbedingungen werden dabei zunehmend zu Nebenschauplätzen. Das unterscheidet sie von den einstigen bürgerlichen und dann den sozialistischen Revolutionen. Dabei ist dies eine Täuschung – in der Betrachtung und in der Realität. Nicht zuletzt dank der Veränderungen, die sich aus den gescheiterten und umfunktionierten, ursprünglich prosozialistischen, aber antistalinistischen Revolutionen ergaben. Denn der Systemwandel, der dabei herauskam, war immer ein Prozess der Enteignung der Gesellschaft zugunsten einstiger und neuer Privateigentümer, oft nicht einmal aus dem betreffenden Land, sondern aus jenen Staaten und Konzernen, die nun wesentlich die wirtschaftliche und gesellschaftspolitische Strategie überformen konnten. Heute finden diese "Revolutionen" sowieso nur noch in Ländern kapitalistischer Eigentumsform statt, vielleicht noch mit der besonderen Rolle eines politisch gesteuerten Staatskapitalismus

Die auf Verstaatlichung verkürzte Vergesellschaftung der Produktion im Realsozialismus sollte aufgehoben werden. Alle Gesellschaftsmitglieder, nicht nur die Staatsbürokratie, sollten nun umfassend partizipieren. Aber die eingeleiteten Reformprozesse führten in Osteuropa nicht zum Entstehen einer sozialistischen Marktwirtschaft mit gemischter Wirtschafts- und Eigentumsstruktur bei Dominanz des gesellschaftlichen (nun allerdings keineswegs nur allein Staats-)Eigentums und einer garantierten politischen Lenkung dieser Wirtschaft. Sondern diese Reformen schlugen parallel mit den politischen Veränderungen – sich gegenseitig befruchtend und beschleunigend – in einen tatsächlichen Wechsel der Eigentumsverhältnisse zugunsten einer – sicher national unterschiedlich gestalteten – kapitalistischen Mischwirtschaft um.

In ganz Osteuropa (und unter etwas anderen Vorzeichen in Ostasien) stellte sich dies als ein Prozess der radikalen Privatisierung dar, der nur in der Anfangsphase als Prozess der Volksaktien, Kupons oder Anteilsscheine, also der Individualisierung des Gesellschafts-/ Staatseigentums sich vollzog. In der Praxis wurden Eigentumsrechte an eine neue Klasse von Kapitalisten übertragen, oftmals aus der alten Funktionselite stammend, offenbar nicht selten auch von den alten Machtstrukturen im Interesse nicht des sozialistischen Gesellschaftsüberlebens, sondern des eigenen individuellen Überlebens organisiert. Aber auch sie blieben letztlich oft nur Marionetten eines größeren Spiels des Kapitals. Das Resultat war eine ursprüngliche Akkumulation im Geiste eines Francis Drakes, also eines Piratensystems. Die Privatisierung erfolgte hier oft verbunden mit einer zutiefst kriminellen Praxis und zu Lasten der eigentlichen Mehrheit des arbeitenden Volkes. Dessen nur formales Eigentum war weg und der Anteil am gesellschaftlichen Reichtum, auch nur an regulärer Arbeit und einer funktionierenden Sozialpolitik zerstob für viele.

Wohlgemerkt, die Krise von 1989/91 in den Ostblockstaaten war eine hausgemachte und ihr Abgleiten in eine mehr oder minder radikale kapitalistische Restauration und in Machtverhältnisse, die den bürgerlichen Kräften – unter welchen nationalistischen, populistischen, religiösen Losungen auch immer – Tür und Tor öffnete waren nur bedingt erfolgreich von außen vorbereitete und gesteuerte Prozesse. Das Leninsche Diktum von dem "Niemand und nichts kann uns zu Fall bringen außer unseren eigenen Fehlern" ist für die Vorgeschichte dieser Krise wie für das Handeln der tatsächlichen und zunehmend auch eher vermeintlichen prosozialistischen Kräfte in diesen Auseinandersetzungen zutreffend. Wobei das Spektrum der Handlungen, der teilweisen Machtbehauptungen und des Machtverlusts weit gefächert ist. Aber dieser Blick auf die inneren Ursachen entkräftet die Vorstellung, dass eingeschleuste Agenten oder wütend hetzende Westmedien alleine solchen Krisen und Massenbewegungen verursacht haben könnten. Diese Versuche waren während der ganzen Geschichte des Realsozialismus vorhanden. Folgenschwerer waren das Versagen der jeweiligen Führungen und zumindest die Enttäuschung der einfachen Bürger wie der Funktionseliten, die für sich keinen anderen Ausweg mehr sahen. Aber natürlich bleibt diese Außeneinwirkung, die sich nicht allein auf Hetze und Manipulation beschränkte, die oft die materiellen Wertmaßstäbe vorzugeben in der Lage war und die auch für reale Bedrohungen und Einflussnahmen sorgte. Sie konnten trefflich Katalysatoren innerer Widersprüche abgeben.

Aber all diese Umbrüche haben wesentliche Gemeinsamkeiten – in der Bestimmung einer tatsächlich notwendigen gesellschaftlichen Veränderung weg von der Allmacht einer Partei, deren Macht- und Wahrheitsmonopol, der geringen demokratischen Ausgestaltung der Gesellschaft, der weitgehend unflexiblen Wirtschafts- und Gesellschaftspolitik, einer übersteigerten Sicherheitspolitik, einem generell paternalistischen Staats- und Gesellschaftsverständnis.

Es waren Umbrüche, die parteiinterne Reformer und Wendehälse, vorausschauende Intellektuelle und eben politisierte, sich organisierende Basisbewegungen, Bürgerbewegungen, hervorbrachten. Aus einer oftmaligen Doppelherrschaft dieser Bewegungen auf der Straße und der vermeintlich noch regierenden Kommunisten gingen letztere als Verlierer hervor. Dies nicht zuletzt, weil sie aus Angst, Einsicht oder eigenem Reformeifer Machtpositionen räumten in Erwartung eben jenes demokratischen, pluralen Sozialismus oder auch eines aufgeklärten Kapitalismus, welche die neue Ordnung verkörpern sollten. In dieser Gesellschaft erwarteten sie für sich einen politischen und persönlichen Gestaltungsspielraum zu behalten.

Allen Beteiligten war klar und sie hielten sich daran: Es sollte ein Wandlungsprozess sein – vielleicht mit Ausnahme Rumäniens und den Besonderheiten der nationalen Erhebungen auf dem Balkan, im Baltikum und im Kaukasus –, der jenseits der Schwelle eines großen Konflikt mit den Unwägbarkeiten der Blockkonfrontation und damit einer nuklearen Katastrophe friedlich und zivilisiert vollzogen sein sollte. Das Betonen des friedlichen, gewaltlosen Charakters dieser Umbrüche blendet allerdings aus, dass auch ökonomische Gewalt, mediale Verunglimpfungen und Attacken, dass rechtliche Strukturen Veränderungen erzwingen und Verlierer leiden lassen. Und dies jenseits aller anfänglichen Euphorie. Auch wenn in Osteuropa im Herbst 1989 zunächst kaum Blut floss, spätestens die Zerfalls- und Neuformierungsprozesse im Ex-Jugoslawien zeigten, welchen Sprengstoff solche Konflikte haben.

Neue Kampfformen

In den Methoden und Formen der Konfliktaustragung finden die Lehren aus 1921, 1953, 1956 und 1968 massiv ihren Niederschlag. Unmittelbar nach dem letzten großen Krieg zwischen Kapitalismus und Realsozialismus in Vietnam 1964-1975 (und diverser Stellvertreterkriege in Asien, Afrika, Lateinamerika, im Nahen Osten) wird eine neue Ebene entdeckt, die die Risiken solcher inneren Umbrüche und der inhaltsleeren Hilfeversprechungen durch US-Administrationen oder Radio Free Europe aufheben sollen und gleichzeitig dem tödlichen Risiko der modernen Kriegsführung entsprechen. Warum mit dem Säbel rasseln, wenn es in den modernen Gesellschaften neue Einflussmöglichkeiten gibt.

Da sind zuallererst gewaltfreie Protest- und Organisationsformen, die die Studentenbewegung unter Rückgriff auf den Pazifismus wie der gewaltfreien Unabhängigkeitsbewegung Mahatma Gandhis zum neuen Leben erweckt. Staatliche Macht soll durch solche Formen paralysiert werden.

Das funktioniert aber nur, wenn die Protestierenden mediale Verstärker finden. Dazu bedarf es freier Medien, im betreffenden Lande und notfalls, eigentlich meist, jenseits der Grenzen. Das sind zu Zeiten der Blockkonfrontation schon die westlichen Medien, hier besonders Rundfunk und Fernsehen. Genau diese Mittel werden aber auch nach dem Ende der Blöcke und des Realsozialismus in den neuen Auseinandersetzungen zu den bestimmenden Mitteln. Wobei das gegenseitige Befruchten von Protestierenden und Medien selbst eine Eigendynamik entfaltet, die angeblich keine Steuerung notwendig macht. Mit dem Aufkommen des Internets und der sogenannten sozialen Medien gibt es eine weitere Potenzierung dieser neuen Handlungsmöglichkeiten, die nur bedingt durch einen staatlichen Gegner ausgeschaltet werden können.

Weniger beachtet, aber bahnbrechend ist schließlich die wirtschaftliche Dimension solcher Auseinandersetzungen, sowohl was das eigene Wirtschaftspotential des betreffenden Landes als auch die Möglichkeiten der Einwirkung von außen – sei es über Sanktionen, sei es über Embargos, sei es über Preismanipulationen. Eingebunden in eine kapitalistisch organisierte Weltwirtschaft, von wenigen Mächten und Mächtegruppen dominiert, bleiben kaum Spielräume für einen Ausbruch aus diesem Wirkungskreis.

Die Übergänge der Kampfformen wie der Kampfziele sind offensichtlich fließend. Im Kern sind es neue soziale Bewegungen, die in einem asymmetrischen Kampf staatlich organisierter Macht gegenüberstehen. David fordert Goliath heraus – so die scheinbar regelmäßige Konstellation, die bei dem einfachen Beobachter von vornherein Sympathien zuschreibt. Dabei sind die Schauplätze und Gelegenheiten dieser Auseinandersetzungen – zumindest beim alleinigen Herausstellen der Kampfformen – fast beliebig. Da gibt es zu Beginn der 1990er Jahre die "singenden Revolutionen" im Baltikum, die eine nationalistische, antisowjetische, aber eben auch antisozialistische Stoßrichtung haben. Da gibt es das Aufbegehren gegen die Macht Slobodan Milosevics als einer nur noch verbal linken, getragen von einem nationalistischen und antiwestlichen autoritären Machtklüngel. Da gab und gibt es eine dichte Folge von "orangenen" oder "Rosenrevolutionen" in den Nachfolgestaaten der Sowjetunion, insbesondere in der Ukraine und in Georgien, wo unterschiedliche Oligarchengruppen hinter den Kulissen um die Macht kämpfen. Da gibt es schließlich eine Welle von Aufständen im Rahmen des "Arabischen Frühlings", in der Diktatoren wie Muammar al-Gaddafi unter vordergründig westlichen Wunschszenarien (und mit westlicher Waffenhilfe) verjagt werden sollten. Vielleicht als Kollateralschaden werden aber auch durchaus prowestliche autoritäre Machthaber in Tunesien oder Ägypten auf einmal durch Massenbewegung vertrieben. Und schließlich in den jüngsten Tagen eine "Regenbogenrevolution", in der es um die Demokratisierung des Sonderverwaltungszone Hongkong in einer immer noch von einer kommunistischen Partei regierten, aber sonst strikt prokapitalistischen chinesischen Gesellschaft geht. Ähnlich auch der zwiespältige Weg des Aufbegehrens gegen Syriens Baschar al-Assads, der in den Anfängen auch Linke anderswo verleiten ließ, eine "Revolution adoptieren" zu wollen. Die Erfolgsbilanz nach dem Ende der Sowjetunion ist für die betreffenden Völker wie auch für die westlich dominierte "Weltgemeinschaft" fragwürdig. Bestenfalls wurden Machtgruppen ausgewechselt, vielleicht Wahlen abgehalten, wirtschaftlich und sozial kaum etwas bewegt oder öfter noch der Weg in den Abgrund beschleunigt. Im schlechtesten Falle entstanden nationalistisch und religiös verkleidete terroristische Organisationen, die weltweit auch ihre früheren Zahlmeister und Spiritusrektoren bedrohen. Das absehbare Resultat: "Failed States", gescheiterte Staaten als Grundlage für eine Weltordnung, in der zum Schluss wohl ein überforderter Weltsheriff mit seinen Deputies nur noch Chaos "verwalten" kann.

Diese spezifisch neuen Formen von Revolutionen, Massenbewegungen, Umstürzen von der Straße und den neuen Medien her werden heute gerne als "Farbrevolutionen" bezeichnet ob ihrer netten Adjektive und den entsprechenden Accessoires dieser Vorgänge – der Blumen, der Farben der Schals, der Logos. Es sind seit 1991 Vorgänge jenseits der klassischen Konfrontation von Ostblock und westlicher Welt, von Warschauer Pakt und NATO, von Sowjetunion und den USA. Nichtsdestoweniger scheinen sie mit fast allen Fasern noch mit dieser Bipolarität der Welt verbunden, scheinen sie diese Zusammenhänge wie die Konfliktlinien nur neu zu sortieren. Es ist naheliegend zu schauen, ob die Sieger des Kalten Krieges und deren Führungsmacht, die USA, in diese Auseinandersetzungen weit mehr involviert sind als es nach außen hin scheinen soll.

Gemeinsam sind den Akteuren all dieser "Revolutionen", meist eher Rebellionen und Massenbewegungen, dass sie gegen reale Probleme aufbegehren: Machtmissbrauch und Korruption, Verletzungen der demokratischen Spielregeln oder Verweigern von demokratischen Wahlen auf staatlicher oder anderer Ebene, eingeschränkte und oft zensierte Öffentlichkeit und Medien, Repression von Oppositionellen. All ihre Forderungen sind legitim, die Abstellung dieser Missstände, eine umfassende Demokratisierung der Gesellschaft, die Herstellung der bürgerlichen Freiheiten – und vielleicht auch die Verbesserung der sozialen und wirtschaftliche Lage, die Umsetzung der sozialen Menschenrechte sind unverzichtbar.

Zugeständnisse sind hier bereits möglich, wenn es zu kleinen Machtverschiebungen, zum Austausch von Führungspersonen und herrschenden Cliquen kommt. Aber es sind Veränderungen in einem bestehenden System. Grundsätzliche Fragen der Verfügung über die gesellschaftlichen Reichtümer, Strategien zur tatsächlichen Vergesellschaftung, also auch zur Enteignung, sind für derartige Auseinandersetzungen untypisch.

"Revolutionen" zur Perfektionierung des globalen Kapitalismus

Ähnlich wie bei den abgebrochenen, gestohlenen antistalinistischen Revolutionen gibt es ein Phänomen, das seitdem alle diese Auseinandersetzungen durchzieht. Neue soziale Bewegungen, Demokratiebewegungen, Bürgerrechtsbewegungen spielen mit ihren vielfältigen Organisations- und Kommunikationsmethoden eine Schlüsselrolle für das Aufdecken von Missständen in der Gesellschaft, für das Zuspitzen einer politischen Krise. Selbst vermeintlich oder tatsächlich freie Wahlen können von ihnen unterlaufen werden, wenn sie deren Ergebnis als Fälschung brandmarken oder auch nur denunzieren. Sie sind in der Lage, die bestehenden politischen Machtverhältnisse zu erschüttern und Regierungen zu stürzen, Parteien ins politische Aus zu drängen.

Ihre tatsächliche Stärke ist ihre Destruktivkraft – ihre Schwäche ist ihre faktische Instrumentalisierbarkeit durch politische Führer und Gruppierungen, die ihre jeweils eigenen Machtinteressen einbringen und durchsetzen. Nach dem Zusammenbruch des Realsozialismus und dem weitgehenden Zerstören oder Domestizieren der einst radikalen Linken wie auch der gemäßigteren Reformkräfte für einen wie auch immer gearteten Sozialismus haben derartige Bewegungen über die unmittelbaren Forderungen nach Rücktritt der Regierung, Bekämpfung der Korruption, Freilassung der politischen Gefangenen, Aufhebung der Zensur und nach freien Wahlen kaum verbindende gesellschaftspolitische Ziele. Die Ziele definieren meist Intellektuelle, noch mehr Technokraten und Manager, die vermeintlich mit ihren sauberen Händen eine neue Ordnung errichten würden. Sie alle tun dies nicht in einem luftleeren Raum.

Es sind seit den 1990er Jahren eine Folge von sog. "Farbrevolutionen", die das Muster von 1989 kopieren, die Prinzipien der friedlichen Konfliktaustragung – aber nun letztlich als Ausdruck konkurrierender Machtgruppierungen (in Osteuropa gerne als Oligarchengruppen bezeichnet, die über wirtschaftliche Macht und die Fähigkeit zur politischen Einflussnahme legal oder illegal besitzen). Die Protestierenden verkommen hier leicht zu missbrauchbaren Claqueuren, die schnell enttäuscht werden, wenn der Mann oder die Frau an der Spitze ausgewechselt wurde und sich ansonsten kaum etwas ändert.

Neu ist, das genau dieser Mechanismus gleichzeitig (und möglicherweise dominierend) zielgerichtet zur Etablierung einer neuen Weltordnung vorrangig im US-amerikanischen Interesse eingesetzt wird, wobei mittlerweile auch die EU (und Deutschland) eine aktive Rolle übernimmt. Dies geschieht vor dem Hintergrund eines neuen Verständnisses einer Weltordnung, die die alte ad acta legt. Hatten Jahrzehnte lang das relative Gleichgewicht der beiden Machtblöcke und der sie führenden Supermächte für einen Ausgleich gesorgt, für den Schutz ihrer Einflusszonen, so ist das nun anders. "Nationale Souveränität" und "territoriale Integrität" wie die "Nichteinmischung in die inneren Angelegenheiten" sind nur noch Relikte vergangener Zeiten der ausbalancierten Macht der Großen.

Es erfolgt zumindest ein dreifaches Umfunktionieren: Des respektierenden Völkerrechts souveräner Staaten zu einem interventionistischen Recht; des revolutionären Wandels zur Aufhebung sozialer und politischer Unterdrückung in eine scheindemokratische prokapitalistische Umwälzung im Interesse von Machtgruppen und das Umwidmen der pazifistischen Konzepte der Sozialen Verteidigung und des gewaltlosen Widerstandes in Methoden der Machtergreifung. Letztere steuern Theorien bei, die nun etwa in Gestalt des Handbuchs von Gene Sharp "Von der Diktatur zur Demokratie" zu Leitfäden dieser neuartigen "Revolutionen" werden.

Mit der zeitweilig unwidersprochenen Dominanz einer einzigen Supermacht als Weltpolizist kehrten die Möglichkeiten der kriegerischen Austragung von Konflikten auf die Tagesordnung zurück: "Humanitäre Interventionen" durch "Allianzen der Willigen", das massive Einmischen in innere Prozesse. Ausgang des ersten Jahrzehnts des 21. Jahrhundert verschiebt sich dies aber wieder, da nun Russland, noch mehr China und andere BRICS-Staaten die unilaterale durch eine multilaterale Weltordnung ersetzt sehen wollen.

Eine Einordnung vieler dieser Entwicklungen in eine mehr oder minder geschlossene US-amerikanische (und oft gemeinsamen mit deren Verbündeten in Westeuropa) globale Strategie liegt nahe. US-amerikanische Globalstrategien waren immer Bestandteil der Politik dieser überragenden Großmacht, die seit 1945 als nukleare Supermacht fast unwidersprochen und fast unaufhaltsam die Welt nach ihrem Gutdünken und im Interesse ihrer geopolitischen wie wirtschaftlichen Interessen zu gestalten sucht. In der Periode von 1949 bis 1989 – zwischen der ersten sowjetischen Nuklearexplosion und der Kapitulation Gorbatschows in Jalta sorgte der Kalte Krieg für viele Konflikte, aber auch für die Beibehaltung eines Status quo.

Die US-amerikanische Politik machte dabei seit Ausgang des 19. Jahrhunderts zumindest mehrere Entwicklungsetappen durch, in denen sie auch jenseits der großen Weltkriege ihre Macht auch durch die Beförderung von inneren Unruhen, das Anheizen von Putschen und Massenbewegungen und nicht selten durch offene oder verdeckte Interventionen auszuweiten suchte. Das eröffnete den frühen Imperialismus seit den 1890er Jahren u.a. mit Vorstößen von Hawaii 1893 über die Philippinen 1898 bis in den gesamten lateinamerikanischen Raum. Das setzte sich unter den Vorzeichen der Block- und Systemkonfrontation gegen den Kommunismus und die "Hand Moskaus" in massiven

Vorstößen gegen jegliche nationale und soziale Emanzipationsbewegungen im eigenen Einflussbereich fort. Das betraf z.B. den Iran 1953 und Guatemala 1954, Kuba 1961 und 1962 und Vietnam offen ab 1964, Panama 1903 und 1989 oder Grenada 1983. Mit dem Ende dieser Blockkonfrontation wurden diese Instrumentarien noch einmal vielfältiger. Die Bereitschaft zur großangelegten Kriegsführung im Nahen und Mittleren Osten 1991 (2. Golfkrieg) wie 2001 (Afghanistan) und 2003 (3. Golfkrieg) war schon fast selbstverständlich, aber eben auch die Nutzung der neuen Möglichkeiten "revolutionärer" Machtveränderungen in den Regionen – gerade gegen Russland und China – die als besonders sensibel angesehen werden.

Schließlich ist auf einen weiteren Aspekt zu verweisen, der diesen neuartigen Typ von Revolutionen mit den globalen Aktivitäten der USA und der EU verbindet. Das Handeln von neuen sozialen Bewegungen, Bürgerbewegungen udgl. ist eng verbunden mit einer eher privaten, zivilgesellschaftlichen Unterstützung. Hier zwischen Hilfe durch staatliche und halbstaatliche, auch geheimdienstliche Operationen und Organisationen sowie tatsächlich zivilgesellschaftlichen zu unterscheiden ist schwierig und soll wohl auch undurchschaubar sein. Zu verweisen ist auf die Tätigkeit politischer Stiftungen etwa der Parteien der BRD, die in zahlreichen Ländern die dortige Zivilgesellschaft fördern wollen. Die verbürgte Einflussnahme durch die Schulung und Finanzierung von Kräften vor Ort etwa in Portugal nach der "Nelkenrevolution" 1975 oder in Spanien nach dem Tode Francos 1976, die für die Putschisten wohlwollende Arbeit der Hanns-Seidel-Stiftung nach dem Putsch in Chile 1973, während andere Stiftungen auf Seiten der Opposition wirkten, die Zusammenarbeit mit örtlichen zivilgesellschaftlichen Strukturen in Russland oder der Ukraine, die gescheiterte Unterstützung der Konrad-Adenauer-Stiftung für die Opposition in Ecuador 2014 belegen dies. Das Bemerkenswerte der Arbeit dieser deutschen Parteistiftungen ist, dass von der staatlichen Finanzierung die Stiftungen alle relevanten Parteien von der CDU bis zur Partei Die Linke, also von Konrad-Adenauer-Stiftung bis zur Rosa-Luxemburg-Stiftung profitieren. Insofern richten sich Gegenmaßnahmen seitens Regierungen, die sich solcher Formen ihrer Ansicht nach inakzeptabler Einflussnahme erwehren – wie Ägypten oder Russland – dann direkt oder indirekt gegen das gesamte politische Spektrum. Ungewollte Solidarisierungen sind dann zwangsläufig.

Noch wirkungsvoller ist eine scheinbar staatsferne, private Förderung solcher Unterstützungsarbeit etwa in Gestalt der "Open Society Foundations" (seit 1994) des

Milliardärs, Spekulanten und "Weltverbesserers" George Soros. Als einer dessen Ableger ist die in Auseinandersetzung mit der Macht Milosevics in Serbien gegründete Organisation "Otpor!" (Widerstand!) (seit den späten 1990er Jahren), die gleichzeitig u.a. von einem staatlichen Finanzierungprogramm der US-Regierung namens "National Endowment for Democracy" gefördert wird. "Otpor!" ist aktiv bei der Propagieren und Einüben neuer, friedlicher Revolutionsmethoden an den Brennpunkten der Welt. All diesen Organisationen ist die Verwirklichung von Demokratie, Menschenrechten und einer entsprechenden Gesellschafts- und Wirtschaftsgestaltung gemein.

Nachdenkliches

Diese Befunde führen zu dem Schluss, dass bei genauerer Analyse vieles nicht so ist wie es scheint: Hehre Ziele und Ideale von freien Wahlen, demokratischer Öffentlichkeit, bürgerlicher Freiheiten nur als Vehikel der Machtpolitik der übriggebliebenen Supermacht und ihrer Verbündeten – und wohl auch der Gegner? Oder brauchen nicht Protestbewegungen, zivilgesellschaftliche Bewegungen, oppositionelle Parteien gegen autoritäre, gar diktatorische Machthabe Solidarität, wenn sie genau für diese Freiheiten kämpfen? Und wie sieht es mit dem Zusammenhang solcher Freiheiten mit der Lebenslage der breiten Bevölkerung aus, zumal in Zeiten neoliberaler Transformation von Volkswirtschaften zu Lasten eines Großteils der Bevölkerung.

Der Durchmarsch solcher Entwicklungen ist naheliegend. Der Zusammenbruch des Ostblocks hat die traditionellen, allerdings machtverwöhnten linken Parteien und Organisationen weitgehend diskreditiert, ihre Mitglieder und Funktionäre oft genug wendehälsig in das Lager der neuen Kapitalisten getrieben. Als Renegaten einer Idee sind sie dort zu "guten" Kämpfern für die Sache, die nun Profit um jeden Preis heißt, geworden. Linke Gegenmacht ist marginalisiert in den Transformationsländern, in der einstigen dritten Welt. Sie alle werden mehr und mehr Schauplatz im Ringen um Einflusszonen, Rohstoffe, Transportwege. Linke Parteien und Organisationen in den westlichen Metropolen bleiben Randerscheinungen. Viele haben die Erbschaft einer nach rechts abgewanderten Sozialdemokratie angetreten, die anderen sind marginalisiert. Und die geistig-politische Hegemonie ist schon vor dem Ende des Ostblocks weit nach rechts abgedriftet zu Individualismus, eigenem Überleben und Besserleben, Egoismus. Nur selten scheinen noch Reminiszenzen an andere Zeiten auf.

Also bleiben Sympathien für jeden Kampf gegen Macht und Machtmissbrauch, bleibt die kritische Frage nach den tieferen Mechanismen und Interessenlagen hinter den bunten und wohlfeilen Losungen und Logos, bleibt die nüchterne Analyse dessen, was für den einfachen Bürger, den einfachen Arbeiter und Angestellten, den einfachen Arbeitslosen herauskommt aus solchen "Revolutionen". Also vorsichtige Sympathie und viel Misstrauen. Solidarität wird immer neu politisch zu definieren sein und das "große Spiel" der USA und der westlichen Mächte berücksichtigen müssen. Es bleibt die Suche, das Ringen um eine linke geistige und organisatorischen Renaissance, die aus Fehlern lernt.

MARIO KEßLER

Zwischen Verdrängung und Erinnerung

Das Novemberpogrom 1938 in der Presse und Geschichtsforschung der DDR[1]

Der 9. November ist ein Tag vielschichtiger Erinnerungen in Deutschland. Am 9. November 1848 wurde der revolutionäre Demokrat Robert Blum in Wien erschossen. Am 9. November 1918 ergriff die Kieler Matrosenrevolte das kaiserliche Heer, was führte zum Waffenstillstand und zur Novemberrevolution führte. Der 9. November 1923 war der Tag des noch missglückten Hitler-Ludendorff-Putsches in München. Der 9. November 1989 war, wie vielen Zeitgenossen im Gedächtnis ist, die Öffnung der DDR-Staatsgrenze, der Berliner Mauer. Doch bleibt der 9. November 1938 vor allem mit der „Kristallnacht", der Reichspogromnacht, verbunden.

Am 9. November 1938 und den folgenden Tagen wurden in Deutschland und dem „angeschlossenen" Österreich, neuen Forschungen zufolge, etwa vierhundert Juden

---

[1] Dieser Aufsatz beruht teilweise auf, ist aber nicht identisch mit einer früheren Publikation des Verfassers: Der 9. November in der Erinnerungskultur der DDR, in: Friedrich-Ebert-Stiftung, Landesbüro Brandenburg (Hg.), Der 9. November als deutscher Gedenktag, Potsdam 1999, S. 27-36, wieder abgedruckt in: Mario Keßler, Ein Funken Hoffnung, Ein Funken Hoffnung. Verwicklungen: Antisemitismus, Nahost, Stalinismus, Hamburg 2004, S. 133-143. Eine kürzere englische Fassung des hier Gedruckten trug der Verfasser am 6. November 2014 an der Yeshiva University in New York und drei Tage später in der Synagoge der Congregation Shir Shalom in Buffalo auf Gedenkveranstaltungen aus Anlass des 75. Jahrestages der Pogromnacht vor.

ermordet, rund dreißigtausend verhaftet und in Gefängnisse oder Konzentrationslager gesperrt, über eintausend Synagogen wurden in Brand gesetzt und etwa siebzigtausend jüdische Läden zerstört.[2]

Im Folgenden wird ein Überblick zum Umgang mit diesem schrecklichen Ereignis in der Presse und Geschichtsforschung der DDR gegeben; die Bundesrepublik bleibt unberücksichtigt. Dabei stehen Veröffentlichungen im *Neuen Deutschland* im Mittelpunkt, doch werden auch repräsentative Publikationen von Historikern einbezogen.[3] Nicht berücksichtigt werden kann die Behandlung der Pogromnacht in Film und Fernsehen, obgleich Fernsehsendungen wie *Die Nacht der Pogrome* (1982) oder *Als die Synagogen brannten* (1988) ebenso wie Spielfilme, so *Professor Mamlock* (1961) oder *Jakob der Lügner* (1974) ein breites Publikum erreichten.[4] Auch die Darstellung in Museen und der Belletristik muss weitestgehend unberücksichtigt bleiben.[5] Das Gleiche gilt für Schul- bzw. Hochschullehrbücher.[6] Ebenso wenig können breitere Aspekte des Themas wie die

---

[2] Vgl. aus der umfangreichen Literatur Hermann Graml, Reichskristallnacht. Antisemitismus und Judenverfolgung im Dritten Reich, München 1988; Saul Friedländer, Das Dritte Reich und die Juden, Bd. 1: Die Jahre der Verfolgung 1933-1939, München 1998, Kap. 9.

[3] Vgl. auch Angelika Timm, Der 9. November in der politischen Kultur der DDR, in: Rolf Steininger (Hg.), Der Umgang mit dem Holocaust. Europa-USA-Israel, Wien 1994, S. 246-262; Katja Braschoß, Der 9. November 1938 im "Neuen Deutschland", unpublizierte Magisterarbeit, Freie Universität Berlin 1995; Walter Schmidt, Jüdisches Erbe deutscher Geschichte im Erbe- und Traditionsverständnis der DDR, in: Zeitschrift für Geschichtswissenschaft, 37 (1989), Nr. 8, S. 692-714; erw. Fassung: Jüdisches Erbe in der DDR, in: Manfred Weißbecker/Reinhard Kühnl (Hg.), Rassismus-Faschismus-Antifaschismus. Gewidmet Kurt Pätzold zum 70. Geburtstag, Köln 2000, S. 311-329; Harald Schmid, Antifaschismus und Judenverfolgung. Die „Reichskristallnacht" als politischer Gedenktag in der DDR, Göttingen 2004.

[4] Vgl. hierzu Christoph Classen, Faschismus und Antifaschismus. Die nationalsozialistische Vergangenheit im ostdeutschen Hörfunk, Köln 2004; Thomas Heimann, Bilder von Buchenwald. Die Visualisierung des Antifaschismus in der DDR, Köln 2005; Manuela Gerlof, Tonspuren. Erinnerungen an den Holocaust im Hörspiel der DDR, Berlin/New York 2010; Mark A. Wolfgram, „Getting History Right". East and West German Collective Memories of the Holocaust and War, Lewisburg, PA 2011.

[5] Vgl. zur Behandlung des Themas in der Belletristik Simone Barck, Antifa-Geschichten. Eine literarische Spurensuche in der DDR der 1950er und 1960er Jahre, Köln 2003. Eine Gesamtbibliographie aller zu „jüdischen" Themen in der DDR publizierten Bücher, Dissertationen und Diplomarbeiten findet sich im Anhang zu Detlef Joseph, Die DDR und die Juden. Eine kritische Untersuchung, Berlin 2010, S. 264-369. Die von Renate Kirchner zusammengestellte Liste enthält nicht weniger als 1086 Titel, wobei der Großteil auf belletristische Arbeiten entfiel.

[6] Für die DDR-Schulbücher vgl. Chaim Schatzker, Jude, Judentum und Staat Israel in den Geschichtsbüchern der DDR, Bonn 1994; Kurt Pätzold, Soll und Haben. Nazistische Judenverfolgung im DDR-Schulbuch, in: Neues Deutschland (im Folgenden: ND), 5. November 1998; Matthias Krauss, Völkermord statt Holocaust. Jude und Judenbild im Literaturunterricht der DD, Leipzig 2007.

Beziehung oder Nicht-Beziehung zwischen der DDR und Israel oder die ungelöste Fragen von Reparationen der DDR an Israel bzw. im Ausland lebende Leidtragende des Nazi-Antisemitismus hier erörtert werden.[7]

Prämissen der Erinnerungspolitik

Das politische Selbstverständnis der DDR und die Herausbildung der Prämissen ihrer Erinnerungspolitik wurden entscheidend durch die Erfahrung des deutschen Faschismus, des Nationalsozialismus, geprägt. Die Strategien zur Auseinandersetzung mit der faschistischen deutschen Diktatur und zur Überwindung von deren wirtschaftlichen, sozialen und politischen Folgen waren Bestandteil eines Neuordnungskonzeptes. Dessen Grundsätze waren: der Aufbau einer sozialistischen Gesellschaft, die Abkehr vom Nationalsozialismus sowie die Überwindung kapitalistischer Strukturen. Die DDR definierte sich als antifaschistischer Staat. Dies taten auch die in ihr maßgebenden politischen Gruppierungen durch die Berufung auf die Tradition des deutschen Widerstandes gegen Hitler.

Diese Legitimation über den Antifaschismus beinhaltete dabei eine doppelte Abgrenzung. Diese schloss neben dem Alternativanspruch im Verhältnis zur deutschen Vergangenheit der Jahre 1933 bis 1945 immer auch den Kontrast zur anderen konkurrierenden deutschen Staatsgründung ein. Die Haltung zur Bundesrepublik, die bis weit in die sechziger Jahre von der DDR als bloße Fortsetzung des nationalsozialistischen Regimes gesehen wurde, gehörte zu den entscheidenden Faktoren für die historische und politische Standortbestimmung der DDR. Begünstigend wirkten dabei die gravierenden Defizite in der bundesdeutschen Aufarbeitung der Vergangenheit, die personelle Kontinuität im Bereich des öffentlichen Dienstes und der Justiz sowie die erst relativ spät einsetzenden juristische Aufklärung und Ahndung von NS-Verbrechen. Die DDR griff diese Defizite auf und konnte sie auch zur Abwehr der westlichen Stalinismuskritik einsetzen. Somit war der Umgang mit Nationalsozialismus und Widerstand in beiden deutschen Staaten entscheidend durch diese Konstellation der politischen Systemauseinandersetzung geprägt.

---

[7] Vgl. für diese beiden miteinander verbundenen Aspekte Angelika Timm, Jewish Claims against East Germany. Moral Obligations and Pragmatic Policy, Budapest 1997; dies., Hammer, Zirkel, Davidstern. Das gestörte Verhältnis der DDR zu Zionismus und Staat Israel, Bonn 1997.

Von seinem Grundgehalt musste der Antifaschismus der DDR eine Projektion der Leiden, Lebenserfahrungen und Vorstellungswelt der Vertreter des kommunistischen Widerstandes auf die gesamte Gesellschaft sein. Die ideologische und kulturelle Hegemonie dieser Erfahrung einer Minderheit war Ausdruck der Dominanz dieser politischen Generation. Sie verfügte bis zuletzt über entscheidende Macht und Einfluss in der DDR. Diese Schicht beanspruchte aus der Beteiligung an der Opposition gegen Hitler und der eigenen, oft tragischen Verfolgungsgeschichte, Richtung und Ziel der politischen Neuordnung in der DDR zu bestimmen. Die kommunistischen Widerstandskämpfer sahen die eigenen politischen Wertmaßstäbe und Normen als verbindlich für die gesamte Bevölkerung an. Die Erfahrung von politischer Verfolgung im Nationalsozialismus führte bei dieser Generation zu Verhärtungen und Feindbildern. Damit ging auch ein Verlust an politischer Toleranz einher, was natürlich auch mit der Stalinisierung der KPD bereits in den zwanziger Jahren zusammenhängt. All dies übte nachhaltige Wirkungen auf die innenpolitische Atmosphäre der DDR aus. Aber diese Legitimation durch die antifaschistische Tradition diente der politischen Führung der DDR immer auch zur Kompensation von Defiziten, die bei der Akzeptanz des politischen Systems durch die Bevölkerung auftraten, bzw. bei der Nicht-Akzeptanz.

Die wissenschaftliche Aufarbeitung des Nationalsozialismus überdehnte die unleugbaren Zusammenhänge von Faschismus und Kapitalismus, wie sie die Komintern auf ihrem VII. Weltkongress 1935 bestimmt hatte. Bei der Bestimmung des Faschismus als „Diktatur der aggressivsten und reaktionärsten Kreise des deutschen Monopol- und Finanzkapitals" traten jedoch auch entscheidende Fragen in den Hintergrund, so die Frage nach der Massenbasis des Naziregimes, nach den korrumpierenden Faktoren sowie nach den Zusammenhängen zwischen der Nazi-Ideologie und der politischen Alltagsmentalität der Deutschen.[8] Die Führung der DDR lehnte, ausgehend von ihrem kommunistischen und antifaschistischen Selbstverständnis, somit auch jegliche Haftung für das NS-Regime und dessen Verbrechen ab.

Die Auseinandersetzung mit dem Holocaust bemaß sich in der DDR in hohem Maße an der Behandlung der jüdischen Frage in der Arbeiterbewegung, speziell der kommunistischen Arbeiterbewegung vor 1945. Die kommunistische Haltung gegenüber dem Antisemitismus

---

[8] Vgl. als noch immer beste Abhandlung zum Thema Leonid Luks, Entstehung der kommunistischen Faschismustheorie. Die Auseinandersetzung der Komintern mit Faschismus und Nationalsozialismus 1921-1935, Stuttgart 1984.

und der sogenannten jüdischen Frage vor Auschwitz berief sich vorwiegend auf die politisch-sozialen Dimensionen von Antisemitismus und jüdischer Emanzipation, ignorierte indes die ethnischen und religiösen Komponenten dieser Frage auch dort, wo diese besonders ins Gewicht fielen: in Osteuropa. Stattdessen wurde das alte kommunistische, aber keineswegs nur kommunistische Assimilationsparadigma als beinahe einzige Lösung zur jüdischen Frage angeboten.[9]

Das prägte auch die Sicht auf die nazistische Vernichtungspraxis. Deren Einmaligkeit und irrationale Motivation wurden, wenn auch nicht vollständig, so doch zum Teil verkannt. Denn auch nach Auschwitz gab es für die offizielle kommunistische Bewegung keine jüdische Frage, die nicht im Rahmen eines sozialistischen Staates ihre Lösung finden würde. Diese verengte Sicht fand ihren Ausdruck auch in der mangelnden Fähigkeit der politischen Führung der DDR, zum Staat Israel eine Beziehung herzustellen, obwohl natürlich dabei, neben anderen Faktoren, auch die außenpolitischen Rahmenbedingungen und die Politik der Sowjetunion eine entscheidende Rolle spielten. Deshalb wurde im Verhältnis zu Israel die Frage nach „Wiedergutmachung" als Grundlage einer noch so fragilen Versöhnung ausgeklammert. Denn als das „andere Deutschland" in Verlängerung der kommunistischen Traditionslinie lehnte die DDR auch jegliche „Wiedergutmachungs"-Leistungen an die Überlebenden des Holocaust im Ausland ab.[10] Paul Merkers Forderung, auch ins Ausland entsprechende Zahlungen zu überweisen, wurde zum Anlass genommen, ihn politisch auszuschalten und schließlich zu verhaften.[11] Die Auswirkungen der von antijüdischen Tendenzen geprägten stalinistischen „Säuberungs"-Politik zu Beginn der fünfziger Jahre, die auch die DDR in abgeschwächter Form erfassten, verringerten dann zusätzlich die Chancen einer differenzierten Auseinandersetzung mit der Judenfeindschaft in der deutschen Geschichte.

---

[9] Vgl. zusammenfassend vom Verfasser: Mario Keßler, Antisemitismus, Zionismus und Sozialismus. Arbeiterbewegung und jüdische Frage im 20. Jahrhundert, 2. Aufl., Mainz 1994.
[10] Vgl. Anm. 7 sowie Lothar Mertens, Davidstern unter Hammer und Zirkel. Die Jüdischen Gemeinden in der SBZ/DDR und ihre Behandlung durch Partei und Staat 1945-1990, Hildesheim 1997; Jeffrey Herf, Zweierlei Erinnerung. Die NS-Vergangenheit im geteilten Deutschland, Berlin 1998.
[11] Dies wurde vom Verfasser an anderer Stelle behandelt. Vgl. Mario Keßler, Die SED und die Juden – zwischen Repression und Toleranz. Politische Entwicklungen bis 1967, Berlin 1995, S. 85-99; ders., Antisemitismus in der SED 1952/53. Verdrängung der Geschichte bis ans Ende, in: Utopie kreativ, Nr. 85/86 (November/Dezember 1997), S. 158-166; Wiederabdruck in: Moshe Zuckermann (Hg.), Juden in der DDR, Göttingen 2002, S. 34-47; ders., Kommunismus und Antisemitismus in Deutschland: Der „Fall Merker", seine Vorgeschichte und seine Folgen, in: Ephraim Carlebach Stiftung (Hg.), Antisemitismus in Sachsen im 19. und 20. Jahrhundert, Dresden 2004, S. 193-206.

Zwischen Erinnerung und Verdrängung

In der unmittelbaren Nachkriegszeit wiesen führende KPD-Politiker verschiedentlich auf die Mitschuld großer Teile des deutschen Volkes an den Nazi-Verbrechen hin. So betonte bereits der Aufruf der KPD vom 11. Juni 1945, dass „in jedem deutschen Menschen das Bewusstsein und die Scham brennen [muss], dass das deutsche Volk einen bedeutenden Teil Mitschuld und Mitverantwortung für den Krieg und seine Folgen trägt. Nicht nur Hitler ist schuld an den Verbrechen, die an der Menschheit begangen wurden! Ihr Teil Schuld tragen auch die zehn Millionen Deutschen, die 1932 bei freien Wahlen für Hitler stimmten, obwohl wir Kommunisten warnten: ‚Wer Hitler wählt, der wählt den Krieg!'"[12]

In den Jahren 1946 bis 1948 dominierte insgesamt eine grundsätzliche Auseinandersetzung mit der Vergangenheit durch intensive Erinnerung. Dies unterschied sich deutlich von Äußerungen, die im Jahr zuvor in der kommunistischen Deutschen Volkszeitung zu lesen waren. Denn im Herbst 1945 waren die Juden zwar als Opfer namhaft gemacht worden, aber sie hätten angeblich nicht gekämpft und stünden somit in der offiziellen Hierarchie den Kommunisten nach.[13]

Bereits im ersten Jahr seiner Gründung, 1946, erinnerte das Neue Deutschland an die Pogromnacht. Auf der offiziellen Gedenkfeier der SED sprachen z.B. 1946 Ottomar Geschke, Mitglied des Parteivorstandes, und Julius Meyer.[14] Dieser war damals Vorsitzender der Jüdischen Gemeinde in Berlin und gleichzeitig Mitglied der SED. Er hob hervor, dass den Juden durch den Nationalsozialismus ein besonderes Unrecht angetan worden war. Im Jahre 1947 berichtete das ND in zwei Artikeln über Gedenkveranstaltungen zum 9. November. Beide Artikel bemühten sich um eine Analyse, die die ökonomischen Seiten des NS-Raubzuges an den Juden herausstrich.[15]

---

[12] Aufruf des ZK der KPD vom 11. Juni 1945, in: Dokumente und Materialien zur Geschichte der deutschen Arbeiterbewegung, Reihe III, Bd. 1, Berlin 1959, S. 15f.
[13] Vgl. Deutsche Volkszeitung, 3. Juli und 25. September 1945. Die DVZ war damals (vor Gründung des *ND*) das Zentralorgan der KPD.
[14] ND, 10. November 1946. Diese und die folgenden Angaben stützen sich, neben den Originalquellen vor allem auf die genannte, sehr instruktive Magisterarbeit von Katja Braschoß, Der 9. November 1938 im „Neuen Deutschland" (Anm. 3). Dort ist auch ein großer Teil der *ND*-Artikel im Faksimile abgedruckt.
[15] Vgl. Kristallnacht in Berlin, in: ND, 11. November 1947.

Auch die Forderung nach „Wiedergutmachung" wurde aufgeworfen. Sie sollte die Landtage in der Sowjetischen Besatzungszone in den nächsten Jahren immer wieder beschäftigen. Auf dem Gebiet der späteren DDR legten die Befehle der Sowjetischen Militäradministration in Deutschland (SMAD) Nr. 28 vom 8. Januar 1947 und Nr. 92 vom 22. April 1947 eine bevorzugte Behandlung der Verfolgten im Rahmen der Sozialversicherung fest. Aber eine Restituierung jüdischen Eigentums erfolgte nicht. Denn der SMAD-Befehl Nr. 64 vom 17. April 1948 sah vielmehr eine Überführung der von den Nazis „arisierten" und dann unter sowjetische Verwaltung gestellten Betriebe in Volkseigentum vor. Ausgewanderte Juden erhielten prinzipiell keinen Schadensersatz zugebilligt. Das ND berichtete, wie übrigens die gesamte deutsche Presse, auch von den antisemitischen Ausschreitungen, zu denen es im Herbst 1947 in allen vier Besatzungszonen Deutschlands gekommen war.[16]

Dementsprechend breit angelegt wurden dann 1948 die Gedenkveranstaltungen zum 10. Jahrestag der Reichspogromnacht. Es gab zahlreiche Veranstaltungen der Jüdischen Gemeinden, der Vereinigung der Verfolgten des Naziregimes (VVN) und der Kirchen, über die die Presse umfassend informierte. Paul Merker charakterisierte im ND die Pogrome als ein Mittel zur Ablenkung der betrogenen Volksmassen von ihrer eigenen Unterdrückung durch das Hitlerregime.[17] Der frühere Buchenwald-Häftling Walter Barthel betonte in einer Rede im Deutschen Theater in Berlin, die Pogromnacht habe nur geschehen können, weil es die deutschen Arbeiter 1918 versäumt hätten, die Herrschaft der Generäle, Thyssens und Krupps zu beseitigen.[18]

Im Jahre 1948 erschienen in der Sowjetischen Besatzungszone auch erste Arbeiten über die Ursachen und Hintergründe des Antisemitismus in Deutschland, in dessen Resultat ein Großteil des europäischen Judentums ermordet worden war: die beiden Broschüren von Stefan Heymann, einem Überlebenden der nazistischen Todesfabriken, und von dem aus englischen Exil zurückgekehrten Siegbert Kahn. Die beiden im Dietz-Verlag publizierten

---

[16] Vgl. die gesammelten Berichte und Zeitungsausschnitte im Generalsekretariat der Vereinigung der Verfolgten des Naziregimes (Hochschulgruppen), enthalten in: Stiftung Archiv der Parteien und Massenorganisationen der DDR im Bundesarchiv, Berlin (SAPMO-BArch), DY 30/V 278/2/139.
[17] Paul Merker, Die Hintergründe der Kristallnacht, in: ND, 11. November 1948. Für Berichte in den lokalen Medien vgl. Schmidt, Antifaschismus, S. 28f. sowie die in der vorherigen Anmerkung genannte Quelle.
[18] Vgl. Anna Wolff-Poweska, The German Democratic Republic's Attitude Towards the Nazi Past, Przeglad Zachodni, 64 (2011), Nr. 1, S. 96.

Schriften knüpften an die Erkenntnisse der Nürnberger Kriegsverbrecherprozesse an, besonders an die unheilvolle Allianz zwischen Naziführung und Teilen des deutschen Industrie- und Agrarkapitals. Sie verwiesen auf den historischen Platz und die soziale Funktion von Rassismus und Antisemitismus, denen sie, noch vor dem Antikommunismus, den zentralen Platz in Hitlers Ideologie zuwiesen.[19]

Zu dieser Zeit, im Jahre 1948, waren in Ostdeutschland fast 13.000 Personen wegen ihrer Beteiligung an Naziverbrechen verurteilt, während im dreimal größeren Westdeutschland nur 6.450 Personen aus diesem Grund im Gefängnis waren.[20] Doch veränderte sich zur selben Zeit die Politik der Sowjetunion gegenüber Israels von der Unterstützung bei der Staatsgründung zur offenen Feindschaft, als Stalin sehen musste, auf welche Sympathien der jüdische Staat unter sowjetischen Juden stieß. Zudem gingen seine – unrealistischen – Hoffnungen, Israel werde sich an die „Volksdemokratien", die sowjetischen Satellitenstaaten, anlehnen, nicht in Erfüllung. Nun sah er in den Juden *in toto* eine „Fünfte Kolonne" des Westens, und entsprechend brutal reagiert er mit der Verfolgung und Verhaftung sowjetisch-jüdischer Künstler und Wissenschaftler, mit der Inszenierung des antisemitischen Slánský-Prozesses in Prag sowie zuletzt mit der Verhaftung der jüdischen (und auch nichtjüdischer) Kreml-Ärzte, die für die Gesundheit der sowjetischen Führung Sorge trugen.

Dies blieb nicht ohne Auswirkungen auf die DDR, Stalins „Kronkolonie": Die seit 1950 zu beobachtende Welle an Parteiüberprüfungen, Verhaftungen, beruflichen Degradierungen und Parteiausschlüssen intensivierte sich während des gesamten Winters 1952/53.[21] Auch die Jüdischen Gemeinden, soeben noch mit staatlichen Zuwendungen bedacht, galten nun als heimliche Verbündete des Imperialismus. Zu Beginn des Jahres 1953 wurden die Büros der Gemeinden von MfS-Mitarbeitern durchsucht, Gemeindemitglieder verhaftet und verhört und verschiedentlich den Gemeindemitgliedern vorgeworfen, sie seien als Zionisten bereit und fähig, im Auftrage des amerikanischen Geheimdienstes zu arbeiten.[22] In diesem

---

[19] Vgl. Stefan Heymann, Marxismus und Rassenfrage, Berlin 1948; Siegbert Kahn, Antisemitismus und Rassenhetze. Eine Übersicht über ihre Entwicklung in Deutschland, Berlin 1948.
[20] Vgl. Sonia Combe, Mémoire collective et histoire officielle: le passé nazi en RDA, in: Esprit, Nr. 10 (Oktober 1987), S. 112.
[21] Vgl. neben der bereits angeführten Literatur vor allem Thomas Klein/Wilfriede Otto/Peter Grieder, Visionen. Repression und Opposition in der SED (1949-1989), 2 Bde., Frankfurt (Oder) 1996, bes. Bd. 1, 25ff., 219ff., sowie Thomas Klein, "Für die Einheit und Reinheit der Partei". Die innerparteilichen Kontrollorgane der SED in der Ära Ulbricht, Köln 2002.
[22] Vgl. Mertens, Davidstern, S. 55.

Zusammenhang wurde Paul Merker unterstellt, er habe jüdische SED-Mitglieder aufgefordert, den Gemeinden beizutreten. Merker wies dies zurück, aber der Vorwurf wurde wiederholt.[23] In der Tat waren zahlreiche Juden in der DDR vom US-amerikanischen Joint Distribution Committee materiell unterstützt worden; eine Tatsache, die den Parteioberen seit langem bekannt und von ihnen toleriert worden war. Doch dies galt nunmehr als zutiefst suspekt. Nach einer Gesprächsnotiz des Vorsitzenden der Jüdischen Gemeinden in der DDR, Julius Meyer, waren bereits im Dezember 1951 führende Gemeindemitglieder zur Sowjetischen Kontrollkommission bestellt und gefragt worden: „Woher bekommen Ihre Gemeinden ihre Anordnungen? Bekommen sie diese in der Weise wie die Kirche aus Rom? Haben sie Hirtenbriefe? [...] Ist Ihnen denn nicht klar, aus welchen Gründen ‚Joint' die Liebesgaben nach Deutschland bringt?"[24]

Seit Ende 1952 wurden die Gemeindebüros von Angehörigen des Staatssicherheitsdienstes durchsucht und die Akten beschlagnahmt.[25] Dies löste große Ängste unter den Juden aus. Leo Zuckermann, der zeitweilig Wilhelm Piecks Kanzleichef war, suchte Zuflucht in der Westberliner Wohnung von Heinz Galinski. Allein im Januar 1953 flohen 400 Juden in den Westen, darunter Zuckermann und Meyer. Der amerikanische, in Berlin tätige Rabbiner Nathan Peter Levinson drängte Galinski, die Juden in der DDR aufzufordern, diese zu verlassen. Nach anfänglichem Zögern willigte Galinski ein und berief eine Pressekonferenz ein. Die Gemeindebibliothek wurde aus Ostberlin über die offene Grenze in den Westteil der Stadt gebracht. Auch die Vorsteher der Jüdischen Gemeinden von Leipzig, Erfurt, Halle und Schwerin gingen in den Westen.[26] Erst der Tod Stalins am 5. März 1953 und die einen Monat später erfolgte Rehabilitierung der in Moskau verhafteten jüdischen Ärzte verhinderten auch in den DDR weitere mögliche Repressalien, nicht aber die Verurteilung

---

[23] Vgl. den bei Keßler, Die SED und die Juden, S. 157-170, abgedruckten Brief Merkers an die ZPKK vom 1. Juli 1956, bes. S. 169-170. Das Dokument befindet sich im Bundesarchiv Berlin (SAPMO-BArch) und trägt die Signatur NL 102/27, B. 1-38.

[24] Julius Meyer, nach einem Manuskript von Rainer Hildebrandt, dem Leiter der antikommunistischen „Kampfgruppe gegen Unmenschlichkeit" vom Frühjahr 1953, in dem dieser eine Gesprächsnotiz Meyers nach dessen Flucht nach Westberlin wiedergibt. Das Manuskript befindet sich im Archiv des YIVO Institute for Jewish Research, New York, und ist zit. bei Olaf Groehler, Antifaschismus und jüdische Problematik in der SBZ und der frühen DDR, in: Olaf Groehler/Mario Keßler, Die SED-Politik, der Antifaschismus und die Juden in der SBZ und der frühen DDR, Berlin 1995, S. 16.

[25] Vgl. Peter Maser, Juden und Jüdische Gemeinden in der DDR bis in das Jahr 1988, in: Shulamit Volkov/Frank Stern (Hg.), Tel Aviver Jahrbuch für deutsche Geschichte 1991, Gerlingen 1991, S. 404.

[26] Ebenda sowie Mertens, Davidstern, S. 54ff.

Paul Merkers in einem Geheimprozess, in dem die Beschuldigung, er habe sich zum Handlanger des Zionismus gemacht, noch 1955 voll aufrechterhalten wurde.[27]

Die folgenden Jahre waren deshalb auch Jahre der Verdrängung, wenngleich das Thema nicht ganz ausgeblendet wurde. Am 15. Jahrestag erinnerten 1953 regionale Zeitungen an die Pogromnacht.[28] Am 16. November erwähnte das ND kurz eine Gedenkveranstaltung der Jüdischen Gemeinde und der Vereinigung der Verfolgten des Naziregimes.[29]

Um von den eigenen Repressalien gegen die Jüdischen Gemeinden der DDR abzulenken, griff die DDR-Presse ein um das andere Mal die westdeutsche Seite an und hob in zum Teil schriller Wortwahl die bereits wieder recht hohe Präsenz ehemaliger Nazis im öffentlichen Dienst und öffentlichen Leben der Bundesrepublik hervor.[30] In den folgenden Jahren listete das ND fast alle rechtsradikalen Umtriebe in der Bundesrepublik und Westberlin auf, die gegen ein öffentliches Gedenken an die Opfer des November-Pogroms in Szene gesetzt wurden. Die ND-Artikel betonten dabei – keineswegs zu Unrecht – , dass solche Umtriebe im Westen staatlicherseits toleriert wurden, während antifaschistische Aktivitäten als kommunistisch gesteuert galten und nur allzu oft von der Polizei und Justiz verfolgt wurden.[31]

1956 wurde der Pogromnacht mit einer Kundgebung im Friedrichstadtpalast gedacht, die von der Jüdischen Gemeinde und vom Komitee der Antifaschistischen Widerstandskämpfer

---

[27] Das entsprechende Urteil des Obersten Gerichts der DDR in der Strafsache Merker vom 30. März 1955 ist abgedruckt bei Jeffrey Herf, Antisemitismus in der SED. Geheime Dokumente zum Fall Paul Merker aus SED- und MfS-Akten, in: Vierteljahrshefte für Zeitgeschichte, 42 (1994), Nr. 4, S. 643-650.

[28] Das wird sich nicht wiederholen: 15 Jahre sind seit der 'Kristallnacht' vergangen, in: BZ am Abend, 6. November 1953; Ein dunkles Kapitel der Hauptstadt: Vor 15 Jahren begann der Leidensweg der Juden in Deutschland, in: Berliner Zeitung, 12. November 1953; Nie wieder darf es eine 'Kristallnacht' geben, in: Märkische Volksstimme, 12. November 1953. Vgl. auch Harald Schmid, Antifaschismus und Judenverfolgung. Die "Reichskristallnacht" als politischer Gedenktag in der DDR, Göttingen, S. 39.

[29] ND, 16. November 1953.

[30] Die DDR startet diese Kritik 1951 mit der durch Bundesgesetz garantierten Integration von 1945 entlassenen Angehörigen des öffentlichen Dienstes. Vgl. z. B. Protestreik in Hannover gegen faschistische Umtriebe, ND, 13. November 1951 (und die folgenden Tage).

[31] Vgl. Jüdische Bürger erzwangen in Westberlin eine Gedenkfeier für die Opfer der Kristallnacht, in: ND, 11. November 1953; Gedenktafel auf dem Güterbahnhof Grunewald enthüllt, in: Tägliche Rundschau, 10. November 1953; Bonn feiert Verbrecher als Helden, in: ND, 11. November 1955.

veranstaltet wurde. Das ND berichtete darüber nur kurz.³² Der Vorwärts, die Berliner Montagsausgabe des ND, klagte in einem längeren Beitrag „faschistische Banditen" an, die in Westberlin eine Synagoge geschändet hatten.³³ Der 19. Jahrestag der Pogromnacht wurde 1957 in der DDR durch die gleichzeitigen Feiern zum 40. Jahrestag der Russischen Oktoberrevolution überdeckt. Im Jahr darauf behandelte das ND unter der Überschrift „In der DDR siegten die Ideen des November" die Novemberrevolution, aber ging nur am Rande auf die Gedenkfeiern zur Pogromnacht ein.³⁴

Sehr viel schwieriger messbar ist die Alltagskultur jener Jahre. Sie ist einerseits an den Gedenktagen der Jüdischen Gemeinden ablesbar, andererseits an den parallelen, die es zur Gesellschaft für Christlich-Jüdische Zusammenarbeit in der DDR durch die Aktivitäten der evangelischen Kirchen gab; hier sei besonders das Wirken der Aktion Sühnezeichen genannt, die sich auch in der Pflege jüdischer Friedhöfe hervortat. Auch hier eine Groteske des Kalten Krieges: 1955 gab es ein Angebot der DDR an den Senat von Westberlin zur Zusammenarbeit bei der Pflege des jüdischen Friedhofes in Berlin-Weißensee. Der Senat lehnte dies ab. Die Begründung lautete, es könne Westberliner Jugendlichen nicht zugemutet werden, zusammen mit der „Staatsjugend des Zonenregimes" jüdische Grabstätten zu pflegen. Der Kalte Krieg war keineswegs nur von der DDR verursacht, sondern beide Seiten waren an der *reaktiven Mechanik* dieser Auseinandersetzung beteiligt.³⁵ Sie schlug sich auch im Schulunterricht der DDR nieder, in dem die Bundesrepublik als Hort der Antisemiten verzeichnet dargestellt wurde, was sich erst allmählich änderte.³⁶

Der Anspruch des besseren Deutschland

Die folgenden Jahre waren vom Anspruch der DDR geprägt, durch das antifaschistische Gedenken das bessere Deutschland darzustellen. Im Jahre 1958 eröffnete die DDR auf dem Gelände des früheren Konzentrationslagers Buchenwald den bekannten Gedenkkomplex.

---

[32] Nie wieder Kristallnacht, in: ND, 9. November 1956.
[33] Kristallnacht wird sich nicht wiederholen, in: Vorwärts, 12. November 1956.
[34] In der DDR siegten die Ideen des November, in: ND, 9. November 1958.
[35] Einen solchen Zugang zur Interpretation des Kalten Krieges eröffnen v. a. Wilfried Loth, Die Teilung der Welt 1941-1955, dtv-Weltgeschichte des 20. Jahrhunderts, Bd. 12, München 1980, Neuaufl. 1990, und Christoph Kleßmann, Die doppelte Staatsgründung. Deutsche Geschichte 1945-1955, Göttingen/Bonn 1982, zuletzt 1991.
[36] Vgl. die Literatur in Anm. 6.

Arnold Zweig publizierte fast zeitgleich eine Sammlung von Tagebüchern von Überlebenden des Massenmordes.[37]

Die Zeit der partiellen Verdrängung jüdischer Themen in der DDR endete spätestens, als am 23. Mai 1960 Israel die Verhaftung Eichmanns bekanntgab. Nunmehr waren die Gedenken an das Novemberpogrom mit ausführlichen und sehr materialreichen Untersuchungen über ehemalige Nazis im bundesdeutschen Staatsapparat und im Wirtschaftsleben verbunden.[38] Die Namen Globke und Oberländer bildeten bekanntlich nur die Spitze eines Eisberges. Der Berliner Rabbiner Martin Riesenburger erklärte: Über dem Gedenkstein „schweben vier Hände, die von Globke und von Eichmann."[39] Diese Lesart zog sich durch die ND-Berichte der folgenden Jahre.

Seit den frühen 1960er Jahren trat das Gedenken an den 9. November 1938 zunächst wiederum zurück, doch nicht ersatzlos: Der 30. Januar 1933 und zunehmend auch der 20. Juli 1944 fanden verstärkt Aufmerksamkeit im ND und der übrigen DDR-Presse.[40] Doch gedachten im Jahr 1963 staatliche und Parteifunktionäre gemeinsam mit Vertretern der Jüdischen Gemeinden des 25. Jahrestages des Pogroms.[41] Im gleichen Jahr beteiligten sich erstmals die evangelischen Kirchen an den staatlichen Gedenkveranstaltungen.[42]

Der 30. Jahrestag des Pogroms sah 1968 eine Serie von Gedenkveranstaltungen, 22 im Osten und mindestens 75 im Westen.[43] Die zentrale Gedenkkundgebung der DDR fand

---

[37] Arnold Zweig (Hg.), Im Feuer vergangen: Tagebücher aus dem Ghetto, Berlin 1958. Das Buch erschien in insgesamt sieben Auflagen.
[38] Vgl. verschiedene Artikel im *ND* vom 9. November 1960 und den folgenden Tagen.
[39] Vgl. Ehrung für Opfer der Judenmörder, in: ND, 10. November 1960 sowie weitere Berichte an diesem Tag sowie am Vortag.
[40] Vgl. Schmid, Antifaschismus, S. 54. Für Einzelheiten vgl. Olaf Groehler, Zur Geschichte des deutschen Widerstandes: Leistungen und Defizite, in: Reiner Eckert u. a. (Hg.), Krise-Umbruch-Neubeginn. Eine kritische und selbstkritische Dokumentation der DDR-Geschichtswissenschaft, Stuttgart 1992, S. 408-18; Kurt Finker, Zwischen Integration und Legitimation: Der antifaschistische Widerstand in Geschichtsbild und Geschichtsschreibung der DDR, Leipzig 1999. Vgl. weiterhin einige Beiträge in: Jürgen Danyel (Hg.), Die geteilte Vergangenheit. Zum Umgang mit Nationalsozialismus und Widerstand in beiden deutschen Staaten, Berlin 1995.
[41] Vgl. Blumen für die Opfer der Kristallnacht, in: ND, 10. November 1963. Vgl. auch die Ausgaben der *Berliner Zeitung*, von *Der Morgen* und *Die Neue Zeit* vom 30. Oktober bis zum 10. November 1963. Vgl. weiterhin Schmid, Antifaschismus, S. 59-61.
[42] Vgl. Irena Ostmeyer, Zwischen Schuld und Sühne. Evangelische Kirchen und Juden in SBZ und DDR 1945-1990, Berlin 2002, S. 164f.
[43] Vgl. Schmid, Antifaschismus, S. 65.

nicht in Berlin, sondern in Dresden statt.[44] Dort betonten Repräsentanten des Staates und der Jüdischen Gemeinden, die DDR sei die einzige Heimat ihrer jüdischen Bürger, was implizit hieß: keineswegs Israel. Im Vorjahr hatte die DDR im Sechstagekrieg die „israelischen Aggressoren", ihre amerikanischen und westdeutschen Verbündeten verdammt.[45] Werner Müller behandelte im ND ausführlich die Hintergründe des Novemberpogroms und strich erstmals die materielle Seite der sogenannten „Arisierungen" heraus. Er bezog sich dabei auf die Erklärung der KPD „Gegen die Schmach der Judenpogrome" vom November 1938, die jedoch „einen Abgrund zwischen Hitler und dem deutschen Volk" feststellen wollte.[46]

Seit Mitte der 1950er Jahre entstanden in der DDR erste Arbeiten zur Vernichtung der Juden. Zudem waren außer Erinnerungsberichten auch polnische und tschechoslowakische Literatur in Übersetzung erhältlich.[47] Seit 1956 wurden in der DDR Dokumente zu den Nürnberger Prozessen und zum mörderischen Wirken der SS publiziert.[48] Von anderen Büchern sei Friedrich Karl Kauls dokumentarischer Bericht über Herschel Grynszpan genannt.[49]

Für die Zeitgeschichtsforschung der DDR blieben die Kommunisten, nicht die Juden, die Hauptopfer des Naziterrors. Aber es gab auch einige differenziertere Stellungnahmen, so in Aufsätzen der Historiker Gustav Seeber, Hans Schleier und Manfred Unger.[50] Kurt Gossweiler setzte sich mit dem britischen Marxisten Tim Mason in einer Westberliner

---

[44] Vgl. die Berichte im *ND*, besonders Werner Müller, Der Auftakt zur ‚Endlösung'. Zum 30. Jahrestag der faschistischen Kristallnacht, in: ND, 9. November 1968.

[45] Erklärung des Ministerrates der Deutschen Demokratischen Republik zur Aggression Israels, in: ND, 8. Juni 1967, auch in: Keßler, Die SED und die Juden, S. 172f.

[46] Werner Müller, Der Auftakt zur „Endlösung", in: ND, 9. November 1968.

[47] Bernard Mark, Der Aufstand im Warschauer Ghetto. Entstehung und Verlauf, Berlin 1957, 2. Aufl 1959; Ota Kraus/Erich Kulka, Die Todesfabrik, Berlin 1957; Adolf Rudnicki (Hg.), Ewiges Gedenken. Berichte über Auschwitz, Warschau 1955. Zu den wenigen, später ein der DDR erschienenen Werken westlicher Historiker gehörte Léon Poliakov/Joseph Wulf, Das Dritte Reich und seine Diener. Dokumente, Berlin1975. Die erste Westberliner Ausgabe erschien 1956.

[48] Fritz Köhler, Geheime Kommandosache. Aus den Dokumenten des Nürnberger Prozesses gegen die Hauptkriegsverbrecher, Berlin 1956; Peter Alfons Steiniger (Hg.), Der Nürnberger Prozess, 2 Bde., Berlin 1957; SS im Einsatz. Eine Dokumentation über die Verbrechen der SS, Berlin 1957. Diese Dokumentation erreichte acht Auflagen.

[49] Friedrich Karl Kaul, Der Fall des Herschel Grynszpan, Berlin 1965.

[50] Hans Schleier/Gustav Seeber, Zur Entwicklung und Rolle des Antisemitismus in Deutschland von 1871-1914, in: Zeitschrift für Geschichtswissenschaft, 9, 1961, S. 1592-1597; Manfred Unger, Die „Endlösung" in Leipzig, ebenda, 11,1963, S. 941-957.

marxistischen Zeitschrift auseinander und verteidigte die ökonomistische Fundierung der Faschismustheorie der KPD aus den dreißiger Jahren.[51] Doch gab es Grenzen: So wurde Günter Paulus für eine unorthodoxe Interpretation des Faschismus gemaßregelt.[52] Auch Helmut Eschwege ging in seinem Buch Kennzeichen J zu weit und zog sich die Missgunst ideologischer Hohenpriester zu: Das 1966 ohnehin nur mit jahrelanger Verzögerung gedruckte Buch sah die Vernichtung der Juden nicht primär als Folge kapitalistischer Klasseninteressen, sondern als Ergebnis einer tödlichen Dynamik, die dem Naziregime innewohnte.[53]

In den Jahren ab 1971 nahmen die Angriffe auf die Bundesrepublik erkennbar ab, da diese seit Erich Honeckers Machtantritt nicht mehr als zu beseitigende kapitalistische Bastion in Deutschland, sondern als „normales" kapitalistisches Ausland. Dem trug eine Vielzahl erkennbar sachlicher Untersuchungen zur Judenfeindschaft als Teil der faschistischen deutschen Politik Rechnung. Doch noch legte die 1973 erschienene materialreiche erste Gesamtdarstellung zum Thema klar, dass es primär – und fast ausschließlich – kapitalistische Klasseninteressen gewesen seien, die der Judenfeindschaft der Nazis zugrunde lagen.[54]

Ein Aufschwung in der Forschung war dennoch unleugbar.[55] Hier sind – nach dem frühen Buch von Wolfgang Heise über die intellektuellen Ursprünge des deutschen Nationalismus und Antisemitismus – Kurt Pätzolds Arbeit über die Anfänge der nazistischen Judenverfolgung wie auch Joachim Petzolds Untersuchung zu den ideologischen

---

[51] Die Diskussion findet sich in: Das Argument, Nr. 41 und Nr. 47, 1966.
[52] Vgl. Günter Paulus, Die zwölf Jahre des tausendjährigen Reiches. Streiflichter auf die Zeit der faschistischen Diktatur über Deutschland, Berlin 1965, und hierzu Martin Sabrow, Geschichte als Herrschaftsdiskurs. Der Fall Günter Paulus, in: Initial, 5 (1995), S. 51-67.
[53] Helmut Eschwege (Hg.), Kennzeichen J. Bilder, Dokumente, Berichte zur Geschichte der Verbrechen des Hitlerfaschismus an den deutschen Juden, Berlin 1966. Vgl. auch Eschweges Autobiografie: Fremd unter meinesgleichen. Erinnerungen eines Dresdner Juden, Berlin 1991.
[54] Klaus Drobisch u. a., Juden unterm Hakenkreuz: Verfolgung und Ausrottung der deutschen Juden 1944-1945, Berlin 1973.
[55] Für Einzelheiten Joachim Käppner, Erstarrte Geschichte. Faschismus und Holocaust im Spiegel der Geschichtswissenschaft und Geschichtspropaganda der DDR, Hamburg 1999, S. 127-145. Thomas Fox geht zu weit, wenn er schreibt, dass „East Germany in effect conducted an elaborate charade according to which the German-Jewish symbiosis, and the accompanying project of assimilation, continued as if there had been no earthquake." Thomas J. Fox, Stated Memory: East Germany and The Holocaust, Rochester, NY 1999, S. 148.

Wegbereitern der Nazis zu nennen.[56] Am Vorabend des Gedenkens von 1968 erschienen mehrere wissenschaftliche Abhandlungen zum Thema.[57] Schließlich wurde Friedrich Karl Kauls Buch über die „Ärzte" von Auschwitz zur Initialzündung für eine auch international bahnbrechende Forschung über die Rolle der Medizin im Naziregime.[58]

Am 9. November 1978 schrieb Kurt Pätzold im ND aus Anlass des 40. Gedenktages, die Pogromnacht habe den Weg zum bisher ungekannten und unvorstellbaren Massenmord an den Juden gewiesen.[59] Zu dieser Zeit startete die Akademie der Wissenschaften der DDR ihr großangelegtes Forschungsprojekt Europa unterm Hakenkreuz, das nicht nur die Okkupationspolitik zum Thema hatte, sondern auch die Kollaboration von Deutschen und Nichtdeutschen mit den Massenmördern.[60]

Der beginnende christlich-jüdische Dialog, der so wichtig für das Selbstverständnis vieler DDR-Bürger wurde, war jedoch für die SED-Presse noch kein Thema. Die Veranstaltungen zum 45. Jahrestag 1983 überschnitten sich dann mit den Jubiläen zu Ehren Martin Luthers, an dessen antisemitische Äußerungen der Historiker Joachim Petzold erinnern konnte und

---

[56] Wolfgang Heise, Aufbruch in die Illusion. Zur Kritik der bürgerlichen Philosophie in Deutschland, Berlin 1964; Kurt Pätzold, Faschismus, Rassenwahn, Judenverfolgung. Eine Studie zur Strategie und Taktik des faschistischen deutschen Imperialismus 1933-1935, Berlin 1975; Joachim Petzold, Konservative Theoretiker des deutschen Faschismus, Berlin 1978. Weit weniger überzeugte Walter Mohrmann, Antisemitismus. Ideologie und Geschichte im Kaiserreich und in der Weimarer Republik, Berlin 1972, der fast völlig den internationalen Forschungsstand ignorierte.
[57] Kurt Meier, Kirche und Judentum. Die Haltung der evangelischen Kirche zur Judenpolitik des Dritten Reiches, Halle/Leipzig 1968; Heinrich Fink (Hg.), Stärker als die Angst. Die sechs Millionen, die keinen Retter fanden, Berlin 1968.
[58] Friedrich Karl Kaul, Ärzte in Auschwitz, Berlin 1968. Vgl. auch Achim Thom/Horst Spaar (Hg.), Medizin im Faschismus, Berlin 1985; Achim Thom/Gennadi Caregorodcev (Hg.), Medizin unterm Hakenkreuz, Berlin 1989.
[59] Vgl. Kurt Pätzold, Der Pogrom, der Profit und der Weg in den Tod, in: ND, 9. November 1978. Die Verfolgung der Juden nimmt auch den angemessenen Platz ein bei Kurt Pätzold/Manfred Weißbecker, Hakenkreuz und Totenkopf. Die Partei des Verbrechens, Berlin 1981. Dies war die erste deutschsprachige Gesamtgeschichte der NSDAP. Vgl. auch die Dokumentensammlung: Kurt Pätzold (Hg.), Verfolgung, Vertreibung, Vernichtung. Dokumente des faschistischen Antisemitismus 1933 bis 1942, Leipzig 1983.
[60] Die acht Bände der Serie *Europa unterm Hakenkreuz* erschienen zwischen 1988 und 1994. Nach der deutschen Vereinigung 1990 trug das Bundesarchiv die Kosten der Publikation. Vgl. auch ein weiteres Kollektivwerk von DDR-Historikern: Deutschland im Zweiten Weltkrieg, 6 Bde., Berlin 1974-985. Die Geschichte antisemitischer Parteien und Vereinigungen findet sich auch im Lexikon zur Parteiengeschichte, 4 Bde., Leipzig 1983-1986.

erinnerte.*⁶¹* An der Gedenkveranstaltung 1985 in Dresden nahm erstmals der Ko-Präsident der zentralen Leitung des Jüdischen Weltkongresses Gerhard Riegner teil (der als Student 1933 von der Berliner Universität relegiert worden war). Damit wurde die offizielle Auseinandersetzung mit der jüngsten deutschen Geschichte, speziell der nazistischen Verfolgung, auf eine neue Stufe gehoben.*⁶²*

Eine komplexere Geschichtssicht und ihre Grenzen

In den Jahren 1985 bis 1989 erfuhren die Juden und die jüdische Geschichte eine Neubewertung in offiziellen Darstellungen und in den Gedenkveranstaltungen zum 9. November. Außen- und wirtschaftspolitische Überlegungen führten zu einem zunächst offeneren und dann auch unbefangeneren Umgang der DDR mit dem jüdischen Erbe deutscher Geschichte. Im Jahr 1988 beteiligten sich auch die FDJ erstmals und sehr medienwirksam an der bislang den Kirchen vorbehaltenen Pflege jüdischer Friedhöfe. Zum 50. Jahrestag des Pogroms brachte das ND die Berichte von den staatlichen Veranstaltungen auf seine gesamte Titelseite.*⁶³* Eine Ursache dafür war wohl, dass im SED-Politbüro der Einfluss amerikanischer Juden auf die Politik des State Department in sehr problematischer Weise überschätzt wurde. Erich Honecker glaubte womöglich, durch eine Erinnerungspolitik, die den amerikanischen jüdischen Organisationen entgegenkäme, einen Türöffner für den angestrebten USA-Besuch zu bekommen.*⁶⁴*

Es kam zu einer spürbaren Annäherung an den Jüdischen Weltkongress, vor allem zu seinem Präsidenten Edgar Bronfman, und an den Zentralrat der Juden in Deutschland, zu seinem Vorsitzenden Heinz Galinski. Beide wurden in die DDR eingeladen und erhielten hohe staatliche Auszeichnungen. Der Staatsakt in der Volkskammer vom 8. November 1988 wurde dann zum Höhe- und auch zum Endpunkt der Gedenkveranstaltungen der DDR zum 9. November 1938. Die DDR strich sehr stark die Rede von Bundestagspräsident Jenninger heraus und bewertete sie im Sinne einer unterstellten Rehabilitierung des

---

[61] Joachim Petzold, Mißachtung und Ausbeutung Luthers zur Zeit der faschistischen Diktatur in Deutschland, in: Horst Bartel u. a. (Hg.), Martin Luther. Leistung und Erbe, Berlin 1986, S. 435-440.
[62] Vgl. Gedenken an die jüdischen Opfer des Hitlerfaschismus, in: ND, 7. November 1985 sowie die Berichte an den vier folgenden Tagen.
[63] Vgl. Unsere Republik gedenkt der Opfer der faschistischen Pogromnacht vor 50 Jahren, in: ND, 9. November 1988. Weitere Berichte finden sich auf den Innenseiten dieser Ausgabe sowie in den Ausgaben der folgenden Tage.
[64] Zu diesem gleichwohl mit Spekulationen überladenem Thema vgl. als seriöse Abhandlung Timm, Jewish Claims against East Germany (Anm. 7).

„Dritten Reiches". Sie konnte als Kontrastprogramm die Gründung der Stiftung Judaicum vorweisen, deren Sitz die am Vorabend des Jubiläums prachtvoll restaurierte Neue Synagoge in der Oranienburger Straße war.[65]

Im Jahre 1988 erschien schließlich die erste DDR-Monographie zum Novemberpogrom von Kurt Pätzold mit einem einprägsamen essayistischen Vorwort von Irene Runge.[66] Kurt Pätzold und Manfred Weißbecker organisierten an der Universität Jena ein Symposium, das sich unter anderem auch mit einigen von Hitlers Professoren befasste, die, unter Verschweigen ihrer Verbrechen in der Nazizeit, in der DDR eine neue Karriere starteten; ein Thema, das in der Bundesrepublik damals mied, wer in der wissenschaftlichen Karriere vorankommen wollte.[67]

Nichtkommunistische und nichtsozialistische Juden und ihre Leistungen wurden als unverzichtbare Marksteine des historischen Erbes der DDR hervorgehoben.[68] Die Rolle deutsch-jüdischer Wirtschaftsbürger von Gerson Bleichröder bis Emil und Walter Rathenau oder liberaler Schriftsteller von Paul Heyse bis Jakob Wassermann konnte problemlos untersucht und gewürdigt werden.[69] Sogar die Übersetzung von *From Prejudice to Destruction*, eine Gesamtgeschichte des Antisemitismus aus der Feder des israelischen

---

[65] Vgl. die Titelschlagzeile: Skandal im Bundestag der BRD wegen Jenninger-Rede zur Pogromnacht, in: ND, 11. November 1988.
[66] Kurt Pätzold/Irene Runge, Pogromnacht 1938, Berlin 1988.
[67] Hierher gehörte Hans Voss, Professor in Posen and nach 1945 in Jena. Vgl. Susanne Zimmermann, Jenaer Mediziner im Spannungsfeld von faschistischer Ideologie und ärztlicher Ethik, in: Judenhass und Judenmord: Unerklärlich? Unbegreiflich?, Jena 1990, S. 76-80. Ähnliche Aktivitäten vermeldeten die Berliner sowie die Greifswalder Universität. Vgl. für Greifswald Wolfgang Wilhelmus (Hg.), Der faschistische Pogrom vom 9./10. November 1938. Zur Geschichte der Juden in Pommern, Greifswald 1989). An der Universität Rostock widmete sich besonders Karl Heinz Jahnke dem jüdischen Widerstand. Vgl. Karl Heinz Jahnke, Gegen das Vergessen. Biographische Notizen, Rostock 2009, S. 55-68.
[68] Vgl. Rudolf Hirsch/Rosemarie Schuder, Der gelbe Fleck. Wurzeln und Wirkungen des Judenhasses in der deutschen Geschichte, Berlin 1987.
[69] Eine Ausstellung in der Universität Leipzig strich 1988 die Rolle lokaler jüdischer Unternehmer besonders positiv heraus. Vgl. Juden in Leipzig. Eine Dokumentation, Leipzig 1988. Ähnliche Ausstellungen, teilweise vom Staat und teilweise von der evangelischen Kirche, mitunter auch in gemeinsamer Verantwortung, wurden an verschiedenen Orten veranstaltet. Vgl. z. B. Die Novemberpogrome. Gegen das Vergessen. Eisenach-Gotha-Schmalkalden, Eisenach 1988. Bernd Engelmann, Deutschland ohne Juden. Eine Bilanz, Berlin 1988, behandelte gleichfalls ausführlich den Beitrag jüdischer Unternehmer zur deutschen Gesellschaftsgeschichte. Die Erstausgabe des Buches war 1970 in der Bundesrepublik erschienen.

Historikers Jacob Katz, erschien in der DDR.[70] Die Presse und die elektronischen Medien betonten den jüdischen Anteil an der Entwicklung der deutschen Kultur.

Dieses offenere Verhältnis bezog sich jedoch kaum auf Israel und war keinesfalls mit einer Selbstkritik an der Politik der Jahre 1952/53 verbunden. Der „Fall Merker" und seine Hintergründe blieben ein Tabu. Die Berichterstattung über jüdische Themen nahm jedoch immer mehr zu.. Interessanterweise wurde gerade die Rolle von Juden in der deutschen Arbeiterbewegung nur selten erwähnt. Solche hervorragenden deutschen Revolutionäre jüdischer Herkunft wie Paul Levi, August Arthur Rosenberg oder August Thalheimer waren in den zwanziger Jahren aus der kommunistischen Partei ausgetreten oder ausgeschlossen worden und blieben oder wurden marxistische Kritiker der stalinisierten Komintern, schlossen sich zum Teil linken Kleingruppen an wie der KPD-Opposition oder dem Leninbund an. Trotzkis hellsichtige Vorhersage, die er am 22. November 1938, unmittelbar nach dem Pogrom traf, blieb in der DDR Anathema. „Es ist ohne Schwierigkeit möglich, sich vorzustellen", schrieb der vertriebene Revolutionär aus Mexiko an amerikanische Genossen, „was die Juden beim bloßen Ausbruch eines künftigen Weltkrieges erwartet. Aber sogar ohne Krieg wird die nächste Entwicklung der Weltreaktion mit Sicherheit die *physische Ausrottung der Juden* bedeuten."[71]

Solche bislang verschwiegenen Themen waren Teil einer Diskussion im November 1988 an der Akademie der Wissenschaften.[72] Dort gab es zum ersten Mal kontroverse Debatten, in denen auch – als absolute Neuheit – die wichtigen Analysen zum Faschismus und Antisemitismus von August Thalheimer, Wilhelm Reich und sogar von Leo Trotzki gewürdigt wurden. Entgegen mancher sehr vereinfachten und sehr kurzatmigen Darstellung der letzten Jahre, gab es in der Geschichtswissenschaft der DDR nicht nur stramme Parteisoldaten. Manche Historiker, die durchaus engagiert mit dem sozialistischen Projekt verbunden waren, suchten die Geschichte des Kommunismus danach zu befragen, wie

---

[70] Vgl. Jacob Katz, Vom Vorurteil zur Vernichtung. Der Antisemitismus 1700-1933, Berlin 1990. Die Publikation war vor dem Fall der Mauer eingeleitet worden.
[71] Leon Trotsky, Letter to American Jews Menaced by Fascism and Anti-Semitism [22. November 1938], in: Ders., On the Jewish Question, New York 1970, S. 29. Hervorhebung im Original.
[72] Der Verfasser dieses Beitrages nahm an der Veranstaltung teil und meldete sich in der Diskussion zu Wort. Ein Protokollband der Tagung wurde nicht veröffentlicht, die Materialien befinden sich jedoch im Nachlass Olaf Groehlers, der im Besitz von dessen Erben ist. Zu einem Bericht über die Tagung, die auf der Auswertung dieser Papiere beruht, vgl. Käppner, Erstarrte Geschichte, S. 248-257.

dieser sich zu Minoritäten verhält, zu nationalen, ethnischen, religiösen, kulturellen Minderheiten.

Von daher gewann die Erforschung der jüdischen Emanzipationsbestrebungen eine neue Perspektive – nicht nur bezogen auf Deutschland, sondern auch mit Blick auf die Sowjetunion. Die Frage wurde noch interessanter durch die Tatsache, dass viele von Stalins kommunistischen (und menschewistischen) Gegnern Juden waren. Die Geschichte der kommunistischen Bewegung war für die DDR konstitutiv, und über die Forschung zu den Leistungen der jüdischen Revolutionäre sollte, so dachten eine Reihe jüngerer Historiker, die einlinige Geschichtsinterpretation aufgebrochen werden. Genau diese Debatten fanden unterhalb der Ebene des offiziellen Diskurses statt – bis sie auf jener Veranstaltung an der Akademie der Wissenschaften erstmals zur Sprache kamen. Dennoch blieben Begrenzungen weiter bestehen: Die wissenschaftliche Debatte und vor allem die inoffiziellen Verständigungen in der Wissenschaft waren das eine. Der politische Rahmen war natürlich das andere. Die politischen Entscheidungsträger haben bis zum Ende der DDR kaum jemals Rat bei den Wissenschaftlern gesucht. Gerade deshalb konnten im „Großen Haus", im Gebäude des ZK der SED, der eigentlichen Machtzentrale, verzerrte Wahrnehmungen der Wirklichkeit entstehen, von denen die Fehleinschätzung über die Rolle der Juden in der Politik der USA nur eine war.

PETER JOACHIM LAPP[1]

Die Dresdener Prozesse gegen Hans Modrow wegen „Anstiftung zur Wahlfälschung"

Unter großer Anteilnahme der Öffentlichkeit kam es 1993 vor der 3. Großen Strafkammer des Landgerichts Dresden zu einem Prozess wegen „Anstiftung zur Wahlfälschung" gegen Hans Modrow und drei seiner Genossen aus DDR-Zeiten. Das Verfahren endete am 27. Mai mit dem Urteil, dass Modrow der Anstiftung zur Wahlfälschung bei den Kommunalwahlen am 7. Mai 1989 in drei Fällen für schuldig gehalten wurde; dafür erhielt er lediglich eine „Verwarnung mit Strafvorbehalt". Die Dresdener Staatsanwaltschaft ging in Revision und der Bundesgerichtshof (BGH) hob daraufhin am 3. November 1994 das Urteil in wesentlichen Teilen auf und verwies es zur Neuverhandlung an eine andere Strafkammer des Dresdener Landgerichts. Am 9. August 1995 verurteilte dann deren 4. Große Strafkammer Hans Modrow schließlich wegen „Anstiftung zur Wahlfälschung" zu einer Freiheitsstrafe von 9 Monaten (auf Bewährung).[2]

Ob es politisch klug war, ausgerechnet Hans Modrow anzuklagen, der sich als 1. SED-Bezirkssekretär von Dresden und vor allem als DDR-Übergangsministerpräsident 1989/90 bleibende Verdienste erwarb, darf bezweifelt werden. Juristisch gab es eine Handhabe, denn der § 211 des DDR-Strafgesetzbuches von 1968 stellte „Wahlfälschung" ausdrücklich unter

---

[1] Dr. rer. pol. Peter Joachim Lapp, Sachverständiger in den Verfahren vor dem Landgericht Dresden gegen Wolfgang Berghofer und Hans Modrow wegen „Anstiftung zur Wahlfälschung" in den Jahren 1992, 1993 und 1995.
[2] Klaus Marxen/Gerhard Werle (Hrsg.): Strafjustiz und DDR-Unrecht. Dokumentation, Band 1: Wahlfälschung. Unter Mitarbeit von Jan Müller und Petra Schäfter, Berlin 2000, S. 237-336.

Strafe; erste Prozesse in dieser Sache begannen noch vor dem Untergang der DDR.³ Eine Amnestie, immerhin angedacht, kam in der Schlussphase der DDR nicht mehr zustande. Erstaunlich war es allerdings, dass Hans Modrow der einzige SED-Bezirkschef bleiben sollte, der wegen „Anstiftung zur Wahlfälschung" vor Gericht kam und verurteilt wurde. Die Verursacher der ständigen, republikweiten Wahlfälschung waren in Ostberlin beheimatet; auch gegen sie wurde in gleicher Angelegenheit ermittelt, was aber wegen anderer anhängiger Verfahren seinerzeit nicht zur Anklageerhebung führte. Ursächlich waren Hans Modrow und seine Mitangeklagten für die DDR-Wahlpraxis nicht verantwortlich, mitschuldig wurden sie dadurch, dass sie in ihrem Verantwortungsbereich, dem Bezirk Dresden, von Ostberlin angeordnete Wahlfälschungen nicht verhindert haben, was alle selbst im Gerichtsverfahren einräumten. Was auch daran lag, dass man in SED-Funktionärskreisen militärähnlichen Gehorsam erwartete und praktizierte sowie der Bedeutung von DDR-Wahlen (und ihren „Ergebnissen") nicht allzu großes Gewicht beimaß.

DDR-Wahlen galten als „ein Akt gesellschaftsgestaltenden und staatsorganisierenden Charakters der Arbeiterklasse und aller Werktätigen **unter Führung der marxistisch-leninistischen Partei** ... Darin besteht ihre Funktion."⁴ Wahlen haben die Legitimität der Staatsmachtverhältnisse in real-sozialistischen Systemen nicht begründet, die politischen und sozialen Wurzeln der Macht der Arbeiterklasse waren nach Ansicht von SED-Staatsrechtlern „nicht im Wahlsystem, sondern in den Klassenverhältnissen der Gesellschaft begründet..."⁵ Im Zusammenhang mit der „Wahlfrage" versuchten Staatsrechtler der DDR zwar immer wieder, sich auf Ideen von einer „Diktatur des Proletariats" bei Karl Marx („Der Bürgerkrieg in Frankreich" / Pariser Kommune 1870/71) und die Schriften von Rosa Luxemburg zu berufen, doch sahen sie in der Wahlfrage keine Kardinalfrage des politischen Systems, sondern mit Wladimir I. Lenin nur eine „Sonderfrage der Diktatur des Proletariats."⁶

„Objektive Gesetzmäßigkeiten" der geschichtlichen Entwicklung, Glaubensgrundsatz der Marxisten-Leninisten, standen Wahlen im Sinne einer Aus-Wahl von mehreren

---

3 Jan Müller: Symbol 89 – Die DDR-Wahlfälschungen und ihre strafrechtliche Aufarbeitung, Berlin 2001, S. 227-252.
4 Wahlsystem und Volksvertretungen in der DDR, hrsg. von einem Autorenkollektiv unter Leitung von Oswald Unger, Berlin (Ost) 1988, 13 (Hervorhebung v. Verf.).
5 Herbert Graf/Günther Seiler: Wahl und Wahlrecht im Klassenkampf, Berlin (Ost) 1971, S. 164 f.
6 W. I. Lenin: Werke, Band 28, Berlin (Ost) 1959, S. 254.

Möglichkeiten, von verschiedenen Parteien, entgegen. Während bei Marx und Luxemburg die „Diktatur des Proletariats" **als messbare Diktatur einer Mehrheit über eine Minderheit** begriffen wurde – Rosa Luxemburg forderte z.B. 1918 im Hinblick auf die russische Revolution und Lenins Konzeptionen ausdrücklich „**allgemeine Wahlen**" als Mittel gegen die Bürokratisierung von Partei und Staat – verständigten sich die Kommunisten auf eine Negierung von Wahlen und maßen diesen nur eine Randbedeutung zu: Entsprechend ihren Denkmustern hatten Wahlen zu „bestätigen", den einmal eingeleiteten Generalkurs zu stützen, die Bürger im Vorfeld der Wahlhandlung zu gesellschaftlichen Leistungen zu aktivieren, um dann die „besten Werktätigen" in die Volksvertretungen zu entsenden. Unter dem Strich ging es nicht um die Feststellung des „empirischen Willens" (der Bürger), sondern um die Durchsetzung des „geschichtlich notwendigen Willens", wie es der Nestor der DDR/SED-Staatsrechtslehre, Karl Polak, einmal in erfreulicher Deutlichkeit formulierte: „**Wir führen die Massen dahin, wohin sie gehen müssen.**"[7]

Verfassungsrechtlich war die Führungsrolle der SED seit der 2. DDR-Verfassung von 1968 festgeschrieben, auch wurden die „Einheitssozialisten" als die gesellschaftliche Hauptkraft bei der Vorbereitung und Durchführung aller DDR-Wahlen vorgestellt. Inhaltlich blieb da nicht viel: Wahlen in der Republik konnten von 1950 bis 1989 keinerlei Änderung der Machtverhältnisse bewirken, sie waren lediglich Rituale der Herrschenden in Partei und Staat zum Zwecke der Selbstbestätigung. Jeder in der DDR wusste, dass man mit dem Stimmzettel das System nicht abwählen konnte, allenfalls konnte man durch Wahlverweigerung oder durch Streichungen auf dem Wahlschein die Verantwortlichen ein wenig ärgern.

Laut Verfassung und Wahlgesetzen sollten DDR-Wahlen freie, geheime, allgemeine, gleiche und direkte Wahlen sein, wobei jeder Wahlberechtigte, so Apologeten des Systems, „**in voller Freiheit, im Bewußtsein der objektiven Gesetzmäßigkeiten, in der Bereitschaft, im Sinne und entsprechend den Erfordernissen der Gesetze der gesellschaftlichen Entwicklung zu wirken**", am Wahlprozess teilnehmen konnte.[8] Bürgern eine solche in sich völlig widersprüchliche Aussage anzubieten, grenzte an Dummheit und Dreistigkeit.

---

7 Karl Polak: Zur Dialektik der Staatslehre, 3. Aufl., Berlin (Ost) 1963, S. 70 + S. 250.
8 Graf/Seiler, aaO, S. 255.

Bis 1989 fanden in der DDR insgesamt 17 Wahlen zur Volkskammer und den Bezirkstagen sowie zu den örtlichen Volksvertretungen statt; bei 16 Wahlvorgängen kamen Ergebnisse von über 99 Prozent für den „Gemeinsamen Wahlvorschlag der Nationalen Front" (Einheitsliste) zustande. Ein vorab bestimmter Verteilerschlüssel, entworfen und abgesegnet durch die Führungsgremien der SED, bestimmte die Anzahl der Mandate der in der „Nationalen Front der DDR" vereinten Parteien und der (wählbaren) Massenorganisationen in den Volksvertretungen aller Ebenen. Mandatsträger auf Republikebene waren die SED und die vier Blockparteien CDU, LDPD, NDPD und DBD sowie die fünf Massenorganisationen FDGB, FDJ, Frauenbund (DFD), Kulturbund (KB) und die Vereinigung der gegenseitigen Bauernhilfe (VdgB), die die Kandidatenvorschläge einbrachten. In der Volkskammer, dem formell obersten staatlichen Machtorgan in der DDR, verfügte die SED in der 9. Wahlperiode („Planvorgabe": 1986/91) über 25,4 Prozent, die vier Blockparteien über je 10,4 Prozent, der FDGB über 12,2 Prozent, die FDJ über 7,4 Prozent, der DFD über 6,4 Prozent, der KB über 4,2 Prozent und die VdgB über 2,8 Prozent der Sitze. Die übergroße Mehrheit der Mitglieder der Massenorganisationen war Mitglied der SED, ebenso, wie auf den nachgeordneten Ebenen. In den örtlichen Volksvertretungen erhielten bei den Kommunalwahlen am 7. Mai 1989 die SED rund 32 Prozent der Mandate, die DBD knapp 8 Prozent, die CDU mehr als 6 Prozent, die LDPD gut 4 Prozent und die NDPD knapp 4 Prozent der Sitze, die weiteren gut 45 Prozent der Mandate gingen an die Massenorganisationen.

Bei den letzten SED-bestimmten Kommunalwahlen am 7. Mai 1989 kam es nachweislich zu einer Fülle von Wahlfälschungen, darunter auch im Bezirk Dresden. Republikweit stimmten dabei angeblich „nur" 98,85 Prozent der Wähler für die Einheitsliste. Und das im 40. Jahr der DDR; bislang gab es immer „Ergebnisse" über 99 Prozent. In der Realität lag die Zustimmung etwa bei 90 Prozent, wenn überhaupt. Wahlbeobachter aus der DDR-Bürgerrechtsbewegung konnten nachweisen, wo und wie gefälscht wurde.

Die Dresdener Verfahren wegen „Anstiftung der Wahlfälschung", zunächst 1992 gegen den Ex-OB von Dresden, Wolfgang Berghofer, geführt, und die beiden Verfahren gegen Hans Modrow 1993 und 1995 belegten eindeutig, dass auch die 1989er Kommunalwahlen im Bezirk Dresden gefälscht wurden. Während der ehemalige OB von Dresden zu 1 Jahr Freiheitsstrafe auf Bewährung verurteilt wurde (vom BGH bestätigt) und eine Beschwerde beim Bundesverfassungsgericht dagegen keine Aussicht auf Erfolg hatte, erhielt Modrow –

wie eingangs erwähnt – eine Verwarnung mit Strafvorbehalt. Damit wurde der im Vergleich zu Berghofer politisch deutlich höher angesiedelte Dresdener 1. Bezirkssekretär der SED zwar auch wegen Anstiftung zur Wahlfälschung verurteilt, aber praktisch kaum bestraft. Für Modrow hatte die Staatsanwaltschaft 1 Jahr und 3 Monate Freiheitsstrafe auf Bewährung gefordert. Die „Verwarnung mit Strafvorbehalt" blieb weit unter ihrem Strafantrag, was zu einer Revision vor dem BGH führte, die Erfolg haben sollte; der BGH hob das erste Urteil im November 1994 in wesentlichen Teilen auf und verwies die Angelegenheit zur Neuverhandlung an eine andere Strafkammer des Landgerichts Dresden.

Das erste 1993er Urteil gegen Modrow fand breite Zustimmung, auch in der Fachliteratur, nach Ansicht des „Vorsitzenden Richters" der 3. Großen Strafkammer, Rainer Lips, sollte dieses (auch) dem Rechtsfrieden dienen. Die Verhandlungen der Kammer im Jahre 1993 ergaben, dass sich Modrow bis zuletzt mit den ihm vorhandenen, beschränkten Möglichkeiten gegen die Wahlfälschungsauflagen aus Ostberlin gewehrt hatte. Durch Telefonate mit den leitenden SED-Funktionären in Ostberlin versuchte er bis zum Morgen des Wahltags, die mündlich erteilten Weisungen der SED-Spitze zum erwarteten Wahlergebnis abzuändern, um zu erreichen, dass die Verantwortlichen in Ostberlin einer niedrigeren Wahlbeteiligung und einer höheren Anzahl an Gegenstimmen zustimmten, was sicher der Realität näher gekommen wäre. Ohne Erfolg. Schließlich nahm Modrow die Auflagen hin und gab diese an seine ihm unterstellten Funktionäre weiter. In seinem Schlusswort während des ersten Verfahrens räumte er ein:

„Ich habe nicht verhindert, daß die Wahlfälschung begangen worden ist... Ja, ich habe damals im Kampf um Prozentzahlen kein politisch oder gar rechtlich relevantes Problem gesehen. Mir ging es um etwas anderes, um etwas – wie ich damals und auch heute meinte – Wichtigeres. Ich wollte nicht Unmögliches wagen und dafür das greifbar Mögliche aufs Spiel setzen. Natürlich wußte ich im Frühjahr 1989 noch nicht, daß ich Ende 1989 Minister-präsident der DDR werden würde. Aber ich spürte, daß große Entscheidungen bevorstehen... Hätte ich mich im Mai 1989 geopfert, hätte das niemandem genützt." [9] Der BGH wollte vor allem die Einschätzung der 3. Großen Strafkammer des Landgerichts Dresden aus dem 1993er Urteil nicht übernehmen, wonach die Angeklagten, insbesondere Modrow, „im Interesse der Zentrale (der SED; der Verf.) und nicht im Eigeninteresse oder

---

9 Hans Modrow, Schlußwort, zit. bei: Friedrich Wolff: Verlorene Prozesse 1953-1998. Meine Verteidigungen in politischen Verfahren, 1. Aufl., Baden-Baden 1999, S. 406. Knut Holm (Hrsg.): Der Modrow-Prozess, Berlin 1993, S. 99 f.

gar aus eigensüchtigen Motiven" gehandelt haben. „Das trifft", so der BGH kritisch, „nach den getroffenen Feststellungen so nicht zu." Und weiter:

„Insbesondere Dr. Modrow hat die Rechtswidrigkeit seiner Beteiligung an den Wahlfälschungen, die er auch aus politischen Gründen zu verhindern suchte, klar erkannt. Auch ein ihn als Parteimitglied bindender Beschluß der zuständigen SED-Gremien zur Vornahme der Fälschungen lag nicht vor. Er hat sich den Weisungen von ZK-Sekretären aus Berlin mit deswegen gebeugt, weil er befürchtete, sonst seine >langjährig eingenommene berufliche Position und wirtschaftliche Sicherheit< zu verlieren und nicht weiter an herausgehobener Stelle tätig sein zu dürfen. Ähnliches gilt für die anderen Angeklagten. Sie haben entgegen der Wertung der Strafkammer (im 1. Verfahren 1993; der Verf.) jedenfalls auch im eigenen beruflichen Interesse und teilweise auch aus eigensüchtigen Motiven gehandelt. Die (Dresdener) Strafkammer bezeichnet demgegenüber >die zur Beteiligung an der Wahlfälschung führenden Motive< der Angeklagten als >auch aus heutiger Sicht nicht unehrenhaft<. Diese Beurteilung kann der Senat nicht nachvollziehen. Die Angeklagten haben nicht nur nach heutigem demokratischen Verständnis, sondern ebenso nach den zur Tatzeit geltenden sozialistischen Normen eine strafbare Wahlfälschung begangen. Auch unter SED-Parteifunktionären wurde eine Wahlfälschung nicht allgemein als eine >normwidrige Faktizität< akzeptiert." [10]

Dass der Senat des BGH nicht „nachvollziehen" konnte, dass die Angeklagten „nicht unehrenhaft" handelten, ist unverständlich. Die Beweisaufnahme im 1. Modrow-Prozeß ließ klar erkennen, dass sich der damalige SED-Bezirkschef vorbereitete für eine „Zeit danach", für die Zeit nach Erich Honecker. Er galt als „Hoffnungsträger" der SED, manche Politiker im Westen sahen in ihm Ende der 1980er Jahre den kommenden Mann in der DDR und verglichen ihn mit Michail S. Gorbatschow. Mehr als befremdlich wirkte darüber hinaus die Einlassung des BGH, wonach die Angeklagten „auch aus eigensüchtigen Motiven gehandelt" hätten. War es eigensüchtig, die Weisungen aus Ostberlin zu erfüllen? War es nicht, politisch gesehen, überlebensnotwendig, das zu tun? Wohin hätte es denn geführt, wenn Hans Modrow und Wolfgang Berghofer sowie ihre Genossen die Auflagen i.S. Wahlfälschung aus der Zentrale nicht befolgt hätten? Vermutlich zu ihrer Suspendierung von allen Ämtern.

---

10 Bundesgerichtshof. Urteil vom 3. November 1994 (3 StR 62/94) in Strafsache gegen Dr. Hans Modrow, Günther Witteck, Lothar Stammnitz und Siegfried Neubert wegen Wahlfälschung u.a., 29 Blatt (Bl. 27 f.).

Den leitenden Beteiligten auf Republik- und Bezirksebene war es bewusst, dass Wahlfälschung begangen wurde und nach § 211 StGB der DDR von 1968 unter Strafandrohung stand. Aber diese Fälschungen waren seit 1950 eher rituelle Handlungen aller politisch Verantwortlichen und der Bevölkerung, die – im Gegensatz zur BGH-Einschätzung – hingenommen wurden, ohne darüber breit zu diskutieren. Jedenfalls bis 1989. **Vergessen wir nicht: Im Weltbild der SED-Funktionäre hatten Wahlen eine nur geringe Wertigkeit, Wahlfälschungen im realen Sozialismus der DDR gehörten einfach zum System.** Kein mittlerer oder höherer Partei- und Staatsfunktionär hätte dagegen etwas unternehmen können, es sei denn, er wollte politischen Selbstmord begehen. Dieser Preis war den Betreffenden, auch Modrow, aus verständlichen Gründen zu hoch.

Der 2. Prozeß gegen Modrow und Genossen wegen „Anstiftung zur Wahlfälschung" begann am 2. August 1995. Inhaltlich unterschied es sich nicht wesentlich von dem vorausgegange-nen Verfahren, insgesamt verliefen die Verhandlungen aber in einer gereizten Atmosphäre, da Hans Modrow den politischen Charakter des Prozesses stärker denn je betonte und entsprechend agierte. Aus seiner Sicht verständlich, denn das BGH-Urteil enttäuschte ihn. Die 4. Große Strafkammer des Landgerichts Dresden (Vorsitzender Richter: Thomas Spiegelhalter) hatte auf Grund des BGH-Urteils wenig eigenen Spielraum, auch die neuer-liche Beweisaufnahme zu den Wahlfälschungen und Verantwortlichkeiten im Bezirk Dresden gab kein anderes Bild als 1993. [11] Auffallend war es, stärker als im 1. Verfahren, dass sich alle Zeugen positiv über Modrow äußerten, ihn in keinem Fall belasteten. Am Ende der Beweisaufnahme kam ich als vom LG Dresden bestellter Sachverständiger zu Wort, und führte unter anderem aus:

„Nach allem, was wir in diesem Prozeß erfahren haben, versuchte Modrow bis zum Wahlsonntag am 7. Mai 1989 die Verantwortlichen in Berlin davon zu überzeugen, reale oder wenigstens mehr an der Realität orientierte Ergebnisse für den Bezirk Dresden zu akzeptieren. Das wurde abgelehnt. Wer das ablehnte, ist nicht völlig klar geworden, Hans Modrow will niemand belasten... Mit an Sicherheit grenzender Wahrscheinlichkeit waren das Egon Krenz oder/und Horst Dohlus (oder die Büroleiter dieser Herren)... Hans Modrow ging für einen Bezirkssekretär, der nicht im Politbüro, sondern nur im ZK verankert war, bis an die Grenze des Vertretbaren (in seiner innerparteilichen Opposition). Er konnte nur (weiter) mitmachen oder mußte zurücktreten. Die >Güterabwägung<, wegen

---

11 Friedrich Wolff, aaO, S. 414

der von oben befohlenen Wahlfälschung zurückzutreten oder diese hinzunehmen und auf Bezirksebene umzusetzen, ist ihm vermutlich nicht leicht gefallen. Wenn er im Amt blieb, dann aus politisch und persönlich ehrenwerten Motiven. Der Mann wollte sich aufsparen für die Zeiten nach Honecker, Mittag und Mielke. Die im BGH-Urteil vom 3. November 1994 vorgenommene Kritik an der Einschätzung der Motive der Angeklagten durch die 3. Strafkammer des LG Dresden (Vorsitzender Richter 1993: Rainer Lips), die nunmehr auf angeblich >eigensüchtige Motive< bei Modrow und den anderen Angeklagten abhebt, ist kaum vertretbar, mir jedenfalls unverständlich..." [12]

Abschließend zog der Sachverständige ein Resümee, das ein wenig unorthodox angelegt war und bei der Staatsanwaltschaft zu einer leichten Verstimmung führte:

„Das Urteil wegen Wahlfälschung gegen MODROW & Genossen aus dem Jahre 1993 verhieß Rechtsfrieden, bewies Sensibilität im Umgang mit DDR und SED und ihren Vertretern, brachte Versöhnung statt rechthaberischer Aufrechnung. Wenn man jetzt HANS MODROW bestraft, härter bestraft, wird das jenen Kräften Auftrieb geben, denen die Einheit unseres Landes zuwider ist. Es wird Gräben aufreißen, die kaum zugeschüttet sind, es wird bestimmten Leuten in der PDS ins neue Feindbild passen. Und es wird auch HANS MODROW weiter verhärten, ihn in eine verquere Resignation treiben, ihn Positionen aufgeben lassen, die er bisher vertrat. Vergessen wir eines nicht: HANS MODROW hat 1989/90 in kritischen Monaten den friedlichen Übergang der DDR zur Demokratie maßgeb-lich mitgetragen, in seine Regierungszeit fällt ein Wahlgesetz, das die freien Wahlen vom 18. März 1990 ermöglichte. Hat er nicht damit praktische Wiedergutmachung betrieben? Wieviel wiegt vor dieser Leistung für unser Land eine Handlung, die von Honecker-Vertrauten erzwungen wurde – , die wir heute, formaljuristisch sicherlich korrekt, Wahlfälschung nennen?" [13]

Mir war als vom LG Dresden bestellter Sachverständiger klar, dass ich mit dieser Bewertung gegen Regeln verstieß, aber ich meinte, mich so äußern zu müssen. Die Staatsanwaltschaft vertrat dann auch prompt die Ansicht, ich hätte eine „Verteidigungsrede für den Angeklagten gehalten." Schon im 1. Modrow-Prozeß 1993 als Gutachter tätig,

---

12 Peter Joachim Lapp: „2. MODROW-Prozeß" wg. Wahlfälschung, Dresden im August 1995, Gutachten, (vorgetragen am 4.8.1995), LG Dresden, 5 Seiten (S. 3); in Auszügen auch abgedruckt bei: Friedrich Wolff, aaO, S. 415 sowie im ND vom 9.8.1995, S. 5
13 Peter Joachim Lapp: Gutachten, aaO, S. 4 f.

glaubte ich, genügend Bewertungskriterien für das Handeln der Angeklagten in der Hand zu haben, die meisten ihrer Ausführungen vor Gericht erschienen mir glaubwürdig. Außerdem wollte ich ja keine Laufbahn als Sachverständiger anstreben. Die Staatsanwaltschaft meinte mir vorwerfen zu sollen, dass ich in Teilen meinen „Gutachterauftrag in krasser Weise missbraucht" habe, Rechtsanwalt Dr. Friedrich Wolff, der Verteidiger von Modrow, nahm mich später gegen die Angriffe der Staatsanwaltschaft in Schutz. Aber das war ein „Nebenkriegsschauplatz".

Wolff, auch schon im 1. Prozess dabei, verteidigte Modrow außerordentlich geschickt und betonte unter anderem, dass z.B. das Verhalten des Täters nach der Tat ein klassisches Kriterium der Strafzumessung sei. Der Anwalt in seinem Schlussplädoyer am 9.8.1995:

„Hans Modrow hat … im November 1989, d.h. im selben Monat, in dem er mit der Regierungsbildung beauftragt wurde, die Abhaltung freier Wahlen angekündigt und sie nur 10 Monate nach den Kommunalwahlen auch tatsächlich ermöglicht. Das war die einzig mögliche Form des Ausgleichs der Wahlfälschungen… Damit war das Unrecht vom Mai 1989 de facto ausgelöscht… Hinzu kommt weiter, daß Hans Modrow entscheidenden Anteil am friedlichen Verlauf der Jahre 1989 und 1990 in der DDR hatte… Friedrich Schorlemmer hat deswegen erklärt, statt Bestrafung habe Hans Modrow das Bundesverdienstkreuz verdient." [14]

Friedrich Schorlemmer, Pfarrer und Bürgerrechtler, Friedenspreisträger des Deutschen Buchhandels, vertrat schon 1993 bei Beginn des 1. Modrow-Prozesses die Meinung, dass der Mann aus Dresden die „systemimmanente Wahlfälschung einer Wahl, die selber eine Fälschung war, … wohl mitgemacht (hat). Ihm dafür .. den Prozeß zu machen, beschädigt längerfristig unsere politische Kultur. Ich möchte die 98 Prozent Ostdeutschen, die sich an der Wahlfälschung durch ihre Wahlteilnahme schuldig machten, bitten, sich für das baldige und faire Ende dieses politischen Schauspiels einzusetzen." [15]

Dazu kam es bekanntlich nicht, das 1. Urteil hätte vermutlich ein solches „faires Ende" bedeuten können. Die damalige Dresdener Staatsanwaltschaft ging, wie erwähnt, aber in Revision und hatte beim BGH Erfolg, ein 2. Verfahren wurde in Dresden notwendig und

---

14 Dr. Friedrich Wolff, Rechtsanwalt: Plädoyer in der Strafsache gegen Hans Modrow vor dem Landgericht Dresden (4 KLs 51Js 4048/91) am 9.8.19995, 22 Seiten (S. 16)
15 Friedrich Schorlemmer in: Sächsische Zeitung vom 28.4.1993, S. 3

durchgeführt. In der „Hoffnung auf den Sieg des Mannesmutes und in der Gewissheit der Stärke des Frauenmuts" beantragte Friedrich Wolff am Ende seines Plädoyers auch in diesem 2. Verfahren **„von einer Bestrafung von Dr. Hans Modrow abzusehen."** Diese Hoffnung wurde enttäuscht: Das LG Dresden verurteilte Hans Modrow zu 9 Monaten Freiheitsstrafe auf Bewährung; die Staatsanwaltschaft hatte 1 Jahr 2 Monate Haft gefordert. Zwei der drei Mitangeklagten erhielten ebenfalls Bewährungsstrafen von 9 bzw. 6 Monaten, der dritte Angeklagte kam mit einer Geldstrafe davon. Keine der Parteien ging in Revision, die Urteile wurden damit rechtskräftig.

Was blieb, war ein schaler Nachgeschmack: Leider versäumte es die Politik, für derartige Delikte wie die Wahlfälschung eine Amnestie auf den Weg zu bringen, insgesamt wäre 1990 so etwas wie eine „Generalamnestie" für alle politischen, tatzeitbezogenen Vergehen in der DDR, außer für schwere Menschenrechtsverbrechen, hilfreich gewesen, hätte dem Rechtsfrieden gedient und manche Gräben früher zugeschüttet.

ALFRED KOSING

DDR-Sozialismus zwischen Stalinismus und Reformbestrebungen

1) Vorgeschichte: Sozialismus als Ziel der deutschen Arbeiterbewegung

Es war das erklärte *Ziel der deutschen Sozialdemokratie* seit ihrer Begründung durch *Lassalle, Liebknecht und Bebel* die politische Macht zu erobern, um eine *sozialistische Gesellschaft* zu errichten. Dies war insbesondere in dem auf marxistischer Grundlage beruhenden *Erfurter Programm* von 1890 klar formuliert. Die Frage, in welcher Frist und mit welchen Mitteln dieses Ziel zu erreichen sei, wurde allerdings bald Gegenstand von Diskussionen. Im *Revisionismusstreit* und später im Zusammenhang mit der russischen Revolution von 1905 zeigten sich große Meinungsverschiedenheiten, wobei der wachsende Einfluss von *Opportunismus und Reformismus* bereits deutlich wurde. Der Übergang der Führung der SPD und ihrer Reichstagsfraktion auf die Seite der kaiserlichen Regierung zu Beginn des Weltkrieges zeigte, dass diese Führung nur noch formal am Ziel des Sozialismus festhielt, während die Massen der sozialdemokratischen Mitglieder und Anhänger ihm weit stärker verbunden waren. In der *Novemberrevolution 1918* war dieses Bestreben spontan sehr stark, doch nicht erfolgreich, obwohl am Ende des Krieges eine revolutionäre Situation entstand, in der die *objektiven Bedingungen* für die Eroberung der politischen Macht gegeben waren wie die Kampfbereitschaft eines großen Teiles der Arbeiterklasse, allgemeine Kriegsmüdigkeit und Auflehnung der Bevölkerung, Verfall der kaiserlichen Staatsmacht, Übergang von großen Teilen der Armee und Flotte auf die Seite der Revolution. Doch fehlten die *subjektiven Bedingungen*, weil die Führung der Sozialdemokratie die sozialistische Zielsetzung bereits aufgegeben hatte, die Führer der Unabhängigen Sozialdemokratie unentschlossen waren, und die soeben gegründete Kommunistische Partei noch nicht über den erforderlichen Masseneinfluss verfügte. Außerdem waren ihre wichtigsten Führungskräfte **Karl Liebknecht** und **Rosa Luxemburg** gleich nach der Gründung der Partei von der Reaktion ermordet worden, so dass die Konsolidierung der Partei erschwert war. Auch in der wenige Jahre später 1923 entstehenden *revolutionären Krise* fehlten noch entscheidende Bedingungen für einen Sieg der sozialistischen Revolution.

Nachdem **Stalin** in der Führung der KPdSU und auch in der ***Kommunistischen Internationale*** eine diktatorische Machtposition errungen hatte, wurden die Kommunistischen Parteien, die als Sektionen der Komintern deren Beschlüssen unterworfen waren, immer stärker auf den stalinistischen Kurs ausgerichtet, in dem Erfahrungen der Oktoberrevolution verabsolutiert wurden. Daher wurde das Ziel der sozialistischen Gesellschaft von der KPD direkt mit der Errichtung der Diktatur des Proletariats in der sowjetischen Form verbunden und die Losung der ***Sowjetrepublik Deutschland*** verkündet. Obwohl der Masseneinfluss der KPD in den zwanziger und Anfang der dreißiger Jahre erheblich angestiegen war, folgte ein großer Teil der Arbeiterklasse und anderer Schichten immer noch der Sozialdemokratie, die eine deutsche Sowjetrepublik ablehnte. Trotz dieser ideologischen und politischen Differenzen musste aber klar sein, dass in Deutschland ein *realistischer Weg zum Sieg des Sozialismus nur über eine Verständigung mit der Sozialdemokratie* oder zumindest mit großen Teilen dieser Partei führen konnte. Das fand seinen Ausdruck dann auch in den Versuchen der KPD, eine Einheitsfront von unten herzustellen. Allerdings machte die stalinistische Theorie und Politik, die Sozialdemokratie als „rechten Flügel des Faschismus" oder „Zwillingsbruder des Faschismus" zu bewerten und zum Hauptgegner der KPD zu erklären, die angestrebte *„Aktionseinheit von unten"* illusorisch. Sie verlangte, dass sich die Massen der sozialdemokratischen Mitglieder nicht nur gegen ihre Führung stellen, sondern auch die beleidigende Bewertung der SPD durch die Komintern akzeptieren sollten. Die Folge dieser falschen Linie war erstens die Unterschätzung des Faschismus und zweitens die Verhinderung einer möglichen Aktionseinheit von KPD und SPD zur Abwehr der faschistischen Gefahr. Diese von Stalin durchgesetzte Politik einerseits und andererseits auch der Antikommunismus der rechten Führung der Sozialdemokratie verhinderten die

Verständigung über einen gemeinsamen Abwehrkampf gegen den Faschismus und führten zu einer katastrophalen Niederlage der gesamten deutschen Arbeiterbewegung. Dadurch rückte das *Ziel des Sozialismus in Deutschland* zunächst in weitere Ferne.

In der Zeit nach der Errichtung der faschistischen Herrschaft versuchten beide Strömungen der deutschen Arbeiterbewegung, diese Erfahrungen zu verarbeiten und Lehren daraus zu ziehen. Nach längeren Auseinandersetzungen erfolgte durch den VII. Kongress der Kommunistischen Internationale eine Korrektur der politischen Strategie. Wenn sie auch noch nicht alle Fehler der bisherigen Politik der KPD beseitigte, ebnete sie doch den Weg zu einer Aktionseinheit mit der Sozialdemokratie zum gemeinsamen Kampf gegen den Faschismus. Auch in der Führung der Sozialdemokratie wurden entsprechende Schlussfolgerungen gezogen, so dass nun *die Möglichkeit einer Annäherung und Zusammenarbeit* wuchs.

2) Auch noch Vorgeschichte: Das sowjetische Modell des Sozialismus und der Stalinismus

Um die Geschichte des Sozialismus in der DDR zu verstehen, sind zumindest elementare Kenntnisse über die Entwicklung und den Charakter der sozialistischen Gesellschaft in der *Sowjetunion* unerlässlich. In den Auseinandersetzungen in der KPdSU über den Weg zum Sozialismus zwischen der *Stalin-Fraktion* und der *Opposition* unter *Trotzki*, *Sinowjew* und *Kamenjew* sowie später *Bucharin*, *Rykow* und *Tomski* setzte sich Stalin durch. Er begann seit 1928 eine forcierte Politik der *Industrialisierung und Kollektivierung* der Landwirtschaft unter Anwendung von Gewalt und Zwangsmethoden, in deren Verlauf wichtige *ökonomische Grundlagen des Sozialismus* entstanden. Diese Erfolge wurden von Stalin bereits als *"Sieg des Sozialismus"* ausgegeben, der nun in die Periode seiner Vollendung und des *Übergangs in die höhere Phase des Kommunismus* eingetreten sei. Die Sowjetunion galt daher allen politischen Kräften, deren Ziel der Sozialismus war, als Vorbild und die hier errichtete Gesellschaft als Modell und Verwirklichung der Theorie und Ideale des wissenschaftlichen Sozialismus, besonders aber den Kommunistischen Parteien, die bereits in der Zeit der Komintern durch ihre sogenannte Bolschewisierung auf die *Politik, Ideologie und Theorie Stalins* eingeschworen waren.

Diese Überzeugung beruhte in gewissen Grenzen durchaus auf objektiven Gründen, denn die *Sowjetunion war das erste Land*, in dem praktische Erfahrungen gemacht wurden, wie eine sozialistische Gesellschaft aufzubauen, zu gestalten und zu leiten ist, und diese Erfahrungen waren zweifellos von großem Wert. Der *Modellcharakter der Sowjetgesellschaft* wurde meist damit begründet, dass es dem Sowjetstaat im Laufe der Übergangsperiode gelungen sei, die industriellen Produktionsmittel in gesellschaftliches Eigentum (Staatseigentum) und die landwirtschaftlichen Produktionsmittel in kollektives (genossenschaftliches) Eigentum zu überführen und gleichzeitig durch eine umfassende Kultur- und Bildungsrevolution die frühere Rückständigkeit Russlands zu überwinden. Damit sei eine neue Gesellschaft errichtet worden, die keine Ausbeuterklassen und folglich auch keine Ausbeutung mehr kenne, wodurch die grundlegenden Charaktermerkmale der *sozialistischen Gesellschaft* im Sinne des wissenschaftlichen Sozialismus verwirklicht seien: die *politische Herrschaft der Arbeiterklasse* im Bündnis mit der Bauernschaft, die Entwicklung der *Planwirtschaft auf der Grundlage des gesellschaftlichen Eigentums* an den Produktionsmitteln mit dem Ziel, die Bedürfnisse der Bevölkerung immer besser zu befriedigen und ihren Wohlstand zu heben, die Beseitigung der früheren Klassenantagonismen durch eine neue *Sozialstruktur*, in der *Arbeiterklasse, Klasse der Kollektivbauern* und die soziale Schicht der *Intelligenz* in ihren grundlegenden Interessen übereinstimmen und sich in ihren Arbeits- und Lebensbedingungen weiter annähern. Mit der Entwicklung dieser Gesellschaft, die zur höheren Phase der neuen Gesellschaftsformation, dem *Kommunismus* führe, können dann auch diese Klassenunterschiede aufgehoben werden. Damit werde eine *klassenlose Gesellschaft* entstehen, in der ein *Staat als Herrschaftsinstrument* überflüssig sei und *absterben* werde. Oberflächlich betrachtet waren damit die entscheidenden Charakteristika des Sozialismus im Sinne der marxistischen Theorie verwirklicht.

Wenn wir nicht bei der Feststellung stehen bleiben, dass es gelungen sei, solche fundamentalen Aufgaben zu lösen wie die Industrialisierung, die Kollektivierung der Landwirtschaft und eine umfassende Kultur- und Bildungsrevolution, sondern auch die *konkreten Wege, die angewendeten Methoden und Mittel* in Betracht ziehen sowie nach der *gesellschaftlichen Effektivität und Akzeptanz* dieser Umgestaltungen fragen, stoßen wir auf Probleme, die einer gründlicheren Analyse bedürfen. Dann entsteht auch die Frage, *ob und inwieweit die Sowjetgesellschaft die Kriterien einer sozialistischen Gesellschaft tatsächlich erfüllt*. Dabei müssen wir auf *Stalins Politik* und seine theoretischen

Auffassungen vom Sozialismus, also auf das Problem des *Stalinismus* zurückkommen. Denn die unbestreitbaren Erfolge und Fortschritte in der Sowjetunion sind leider mit schwerwiegenden *Fehlentwicklungen, Deformationen und Entartungserscheinungen* in den Strukturen, den Machtorganen und Funktionsweisen der entstehenden sozialistischen Gesellschaft verbunden, die den Charakter dieses *sowjetischen Modells des Sozialismus* mit geprägt und ihren Niederschlag auch in *Stalins Auffassungen* vom Sozialismus gefunden haben.

Was Stalin in den Jahren 1936 – 1938 als bereits errichtete sozialistische Gesellschaft bezeichnete, war tatsächlich erst ein *Rohbau des Sozialismus,* zumal mit sehr widersprüchlichen Eigenschaften. Die ökonomischen *Grundlagen der sozialistischen Gesellschaft* waren geschaffen worden, wenn auch überwiegend mit *Methoden des Zwanges und der Gewalt*, die nicht nur Erfolge ermöglichten, sondern auch *gesellschaftliche Verluste* und bleibende Schäden nach sich zogen. Daher gab es in dieser Gesellschaft auch erhebliche Defizite, Fehlentwicklungen und Entartungserscheinungen, welche ihre Leistungskraft und Vorbildwirkung erheblich minderten. Um in Bilde zu bleiben: mit dem Rohbau war das Gebäude des Sozialismus keineswegs fertig und vor allem war seine *Innenausstattung* unzureichend und entsprach nicht den sozialistischen Prinzipien und den Anforderungen an eine sozialistische Gesellschaft. Das betrifft in erster Linie das *Problem der Demokratie*, den demokratischen Charakter der Gesellschaft, des Staates, der Partei und ihrer Funktionsmechanismen, aber auch das Problem der *Verteilung des gesellschaftlichen Reichtums*, um den Lebensstandard der Bevölkerung entschieden zu heben.

Entsprechend den Auffassungen des marxistischen Sozialismus sollte der *Staat der Diktatur des Proletariats*, die politische Herrschaft der Arbeiterklasse und aller Werktätigen, ein *demokratisches System der Machtausübung* werden, in dem Zwang und Gewalt lediglich in einer begrenzten Periode zur Niederhaltung der gestürzten Ausbeuterklassen benötigt wurden. Die *sozialistische Demokratie* sollte nach einem Ausdruck *Lenins hundertmal demokratischer* sein als die bürgerliche Demokratie, die weitgehend formalen Charakter besitzt. Sie musste also gewährleisten, dass die Arbeiterklasse und alle Werktätigen sowohl in unmittelbarer Form als auch durch gewählte Vertretungskörperschaften an der *Gestaltung der Politik und der Planung und Leitung der gesellschaftlichen Entwicklung* maßgeblich beteiligt sind. Aus einer Reihe von objektiven und subjektiven Gründen nahm die Entwicklung des politischen Systems in der Sowjetunion aber einen anderen Weg, der statt zur sozialistischen Demokratie zu einem mehr *diktatorischen und bürokratischen Herrschaftssystem* führte, in dem erstens die Diktatur des Proletariats durch die *Diktatur der Kommunistischen Partei* ersetzt wurde, zweitens innerhalb dieser Partei die innerparteiliche Demokratie durch eine *bürokratische Diktatur des Parteiapparates* entstellt wurde, drittens alle entscheidenden *Machtbefugnisse und Kompetenzen im Politbüro der Partei* konzentriert wurden, so dass die gewählten Repräsentativ- und Regierungsorgane zu lediglich untergeordneten ausführenden Instanzen degradiert wurden, und viertens kam es im Laufe einer längeren Entwicklung zur Herausbildung einer fast unbeschränkten Macht und *diktatorischen Alleinherrschaft Stalins.*

Dieses politische Herrschaftssystem verwandelte die in der Verfassung der Sowjetunion von 1936 kodifizierte sozialistische Demokratie weitgehend in einen *leeren Formalismus* und führte andererseits zu *Subjektivismus und Voluntarismus* in der praktischen Politik, da es *keine demokratische Beratung und Kontrolle* gab. Gleichzeitig ermöglichte dies den unkontrollierten Sicherheitsorganen auf *Anweisung Stalins die Verfolgung, Verhaftung und Verurteilung* von Personen, die konterrevolutionärer Tätigkeit beschuldigt wurden, weil sie in irgendwelchen Fragen mit der Stalinschen Politik oder mit seinen Auffassungen nicht übereinstimmten. So konnte es zu den dem Parteistatut und auch der Verfassung widersprechenden *Säuberungen und Repressalien* kommen, denen fast alle *alten Bolschewiki, insbesondere die Mitstreiter Lenins*, sowie eine große Zahl von Funktionären der Komintern, der KPdSU, des Staates, der Wirtschaft und der Armee und darüber hinaus viele *Hunderttausende Bürger* des Landes zum Opfer fielen. Zieht man auch diese Eigenschaften und die damit verbundenen Vorgänge der Sowjetgesellschaft in Betracht, dann kann es keinen Zweifel daran geben, dass die Gesellschaft der Sowjetunion *keinesfalls als Vorbild* oder gar *als allgemeinverbindliches Modell des Sozialismus* anzusehen war, ganz abgesehen davon, dass die Bewertung des erreichten Entwicklungsstandes der Sowjetgesellschaft nicht den Realitäten entsprach.

Stalins unumschränkte Macht erstreckte sich nicht nur auf die politischen Machtorgane, sondern er strebte auch die Herrschaft im Bereich der *Ideologie und der marxistischen Theorie* an. Seit 1924 arbeitete er systematisch daran, sich als kongenialen Mitstreiter Lenins und dessen Nachfolger auszugeben, der nicht nur in der Lage war, für alle Aufgaben des sozialistischen Aufbaus geniale Lösungen zu finden, sondern auch allein imstande war, die Theorie des Marxismus richtig zu interpretieren, gegen alle angeblichen Verfälschungen zu verteidigen und weiterzuentwickeln. Zu diesem Zweck hatte er den *"Marxismus-Leninismus"* zusammengestückelt und zur Weltanschauung der Kommunistischen Partei, zur *verbindlichen Theorie und Ideologie* erklärt, von der Abweichungen nicht geduldet wurden. Dieser Stalinsche Marxismus-Leninismus war in der "Geschichte der KPdSU (B) Kurzer Lehrgang" sowie in dem darin enthaltenen Abschnitt "Über dialektischen und historischen Materialismus" dargelegt, angeblich beide von ihm selbst verfasst. Diese Arbeiten waren über viele Jahrzehnte die Lehrmaterialien, aus denen Generationen von Anhängern des Sozialismus hauptsächlich ihre Kenntnisse über den Marxismus und den wissenschaftlichen Sozialismus schöpften. Auf diese Weise lernten sie nur eine *schematisch vereinfachte, unvollständige Vorstellung vom Sozialismus* und teilweise auch ein *verfälschtes Surrogat* der wirklichen Theorien von *Marx, Engels* und auch *Lenin* kennen.

Auch dies ist einer der Gründe, weshalb das von Stalins Theorie und Politik geprägte sowjetische Sozialismusmodell für die Kommunistischen Parteien und ihre Mitglieder als das allgemeingültige und obligatorische Vorbild gelten konnte und lange Zeit kaum ernsthaft analysiert oder hinterfragt wurde. So entstand im gesellschaftlichen Bewusstsein eine sehr *vereinfachte Vorstellung vom Sozialismus,* und diffizilere theoretische Überlegungen, wie eine sozialistische Gesellschaft nicht nur im Hinblick auf *die materiellen Grundlagen*, sondern auch auf weitere *qualitative Inhalte, Merkmale und Züge* beschaffen sein müsste, insbesondere was die Verwirklichung ihres *demokratischen und humanistischen Inhalts* betrifft, spielten kaum eine Rolle. Das aber sind gerade die entscheidenden Punkte, In denen der Sozialismus seine *Überlegenheit über die kapitalistische Gesellschaft* zu beweisen hätte. Diese Zusammenhänge verdeutlichen, dass nicht nur das sowjetische Sozialismusmodell, sondern der *Stalinismus insgesamt* eine wesentliche Rolle bei der Entstehung und Entwicklung weiterer sozialistischer Gesellschaften, darunter auch in der *DDR*, gespielt haben.

Da es hier zu weit führt, das *komplexe historische Phänomen des Stalinismus* zu erklären, sei lediglich eine *zusammenfassende Charakteristik* versucht: Wir verstehen hierunter den gesamten Komplex der von den Prinzipien des Sozialismus abweichenden *spezifischen Strukturen und Machtorgane* mit ihren überwiegend undemokratischen, oft gewaltsamen *diktatorischen Funktionsmechanismen* und Wirkungsweisen sowie deren *theoretisch-ideologische Grundlagen* mit einer entsprechenden *Sozialpsyche* in Gestalt einer besonderen Mentalität mit ihren Denkweisen und Verhaltensweisen. Dieser Komplex konnte sich unter den einmaligen Bedingungen Russlands nach der Oktoberrevolution aus objektiven und subjektiven Gründen herausbilden und allmählich wie ein Krebsgeschwür alle Bereiche der entstehenden sozialistischen Gesellschaft durchdringen und deformieren.

3) Ein deutscher Weg zum Sozialismus?

Nachdem sich der Sieg der Anti-Hitler-Koalition im zweiten Weltkrieg abzeichnete und die Befreiung Deutschlands vom Faschismus näher rückte, stand die Frage nach der künftigen politischen Gestaltung Deutschlands auf der Tagesordnung. Die KPD-Führung befasste sich intensiv mit dieser Problematik und arbeitete Vorschläge für die Errichtung eines neuen *politischen Systems mit antifaschistisch-demokratischem Charakter* und zugleich auch für wichtige Bereiche der gesellschaftlichen Entwicklung wie Ökonomie, Kultur und Bildung aus. In dem *Aufruf der KPD vom Juni 1945*, dessen endgültiger Text mit *Stalin* abgestimmt war, wurde festgestellt, dass es falsch wäre, *Deutschland das Sowjetsystem aufzuzwingen*, es vielmehr darauf ankomme, unter aktiver Mitwirkung aller demokratischen Kräfte eine antifaschistisch-demokratische Ordnung mit einem parlamentarischen System zu schaffen, um die Folgen des Hitler-Faschismus zu beseitigen und ein *friedliebendes Deutschland* aufzubauen. Auf der Grundlage dieser Orientierung gelang es, eine politische Plattform zu schaffen, welche in der Sowjetischen Besatzungszone sowohl zu einer aktiven Zusammenarbeit aller demokratischen Kräfte in der Form der *„Blockpolitik"* führte als auch zu einer *Aktionseinheit zwischen KPD und SPD* mit dem erklärten Ziel, eine *Sozialistische Einheitspartei* zu schaffen und so die verhängnisvolle Spaltung der deutschen Arbeiterbewegung zu überwinden. Mit der Kraft einer einheitlichen Arbeiterbewegung könnten dann auch die Bedingungen geschaffen werden, welche den *Übergang zum Sozialismus auf einem besonderen deutschen Weg* eröffnen würden.

Ähnliche Bemühungen, die Spaltung der Arbeiterbewegung zu überwinden, entwickelten sich in den westlichen Besatzungszonen. Es entstanden regional und lokal zahlreiche Vorbereitungskomitees für die Vereinigung von SPD und KPD, doch wurden diese Bestrebungen durch die Besatzungsmächte unterdrückt und teilweise auch direkt verboten.

Vor allem aber wurden sie durch die Führung der Sozialdemokratie in den Westzonen unter *Kurt Schumacher* verhindert, die jede Verständigung ablehnte. Somit stellte sich die Frage, auf welchem Weg im befreiten Deutschland nach der Beseitigung des Faschismus der Übergang zum Sozialismus möglich sei, für *die östliche und die westlichen Besatzungszonen* bereits zu Beginn auf eine unterschiedliche Weise.

In der Sowjetischen Besatzungszone war durch die Vereinigung von KPD und SPD zur *Sozialistischen Einheitspartei Deutschlands*, die von der überwältigenden Mehrheit der Mitglieder und Funktionäre beider Parteien erstrebt und getragen wurde, eine wichtige Voraussetzung für die spätere Verwirklichung des Sozialismus auf einem besonderen deutschen Weg geschaffen worden. In den westlichen Besatzungszonen dagegen war klar geworden, dass die Militärbehörden der imperialistischen Mächte einen solchen Weg mit allen Mitteln verhindern würden. Unter dem Eindruck der Katastrophe von zwei Weltkriegen, in welche die kapitalistische Gesellschaft das deutsche Volk geführt hatte, waren damals fast alle politischen Kräfte der Auffassung, der *Kapitalismus habe sich überlebt* und der *Ausweg liege im Sozialismus*. Diese Meinung war so verbreitet, dass neben der KPD nicht nur starke sozialdemokratische und gewerkschaftliche Kräfte, sondern sogar die westdeutsche CDU in ihrem *Ahlener Programm* diesen Standpunkt vertrat und auch ein spezieller „christlicher Sozialismus" propagiert wurde. Natürlich war das nicht ernst gemeint, es trug nur der allgemeinen Stimmung Rechnung, während schon die Weichen gestellt wurden, um den deutschen Imperialismus zu retten. Denn die Regierungen der USA und Englands hatten sich entschieden, für ihre Politik des „containment" und des „roll back", mit der sie den weltpolitischen Einfluss der Sowjetunion und des Sozialismus eindämmen und zurückrollen wollten, das ökonomische und das künftige militärische Potential der westlichen Besatzungszonen zu nutzen. Daher arbeiteten sie zielstrebig auf die Umwandlung der militärischen Besatzungszonen in eine staatliche Teilung hin und erteilten den führenden westdeutschen Politikern den Auftrag, die Bildung des *Separatstaates BRD* vorzubereiten. Damit waren die Weichen für die *Restauration des deutschen Imperialismus* gestellt, und zwar wieder mit der früheren Herrschaftsform des bürgerlichen *parlamentarisch-demokratischen Systems*.

Dies bedeutete, dass *eine künftige sozialistische Entwicklung Gesamtdeutschlands* voraussichtlich für längere Zeit unwahrscheinlich wurde. Nichtsdestoweniger hielt die SED an dem Ziel fest, die staatliche Spaltung zu überwinden und ein geeintes Deutschland wiederherzustellen. Damit war die Absicht verbunden, im Interesse der Friedenssicherung eine Remilitarisierung und Eingliederung der Bundesrepublik in ein aggressives militärpolitisches Bündnissystem gegen die Sowjetunion möglichst zu verhindern und perspektivisch den Weg ganz Deutschlands in eine sozialistische Zukunft offen zu halten. Die Gründung der *DDR als zweiter Separatstaat* war weder von der Sowjetunion noch von der SED gewünscht. Das Ziel der Stalinschen Außenpolitik war, die Festlegungen der Potsdamer Konferenz im Einvernehmen mit den westlichen Alliierten zu erfüllen und ein *entmilitarisiertes neutrales Deutschland* zu schaffen. Diese Gründung erfolgte erst als Antwort auf die Bildung der BRD und war auch als *Provisorium* konzipiert, weshalb die Wiederherstellung eines *einheitlichen deutschen Staates* noch lange Zeit direktes Ziel der SED und der DDR blieb.

Daher waren die im Verlaufe der antifaschistisch-demokratischen Entwicklung in der SBZ und in der DDR erfolgenden ökonomischen, politischen, sozialen und kulturellen Umgestaltungen ihrem Charakter nach nicht als sozialistisch zu bezeichnen, vor allem auch deshalb, weil die *politischen Machtverhältnisse* und der *Zustand des gesellschaftlichen Bewusstseins* noch keineswegs eine sozialistische Entwicklung ermöglichten. Zwar hatte die SED in den ersten freien Wahlen in den Länderparlamenten der sowjetischen Besatzungszone eine teils absolute, überwiegend aber relative Mehrheit erzielt, bildete aber entsprechend den zuvor getroffenen Vereinbarungen mit den im politischen Block vereinigten Parteien in allen Ländern *Koalitionsregierungen*, in denen *alle Parteien* vertreten waren. Diese traten zwar für die weitere Entwicklung und Festigung der antifaschistisch-demokratischen Ordnung ein, aber gegen eine *sozialistische Entwicklung* hatten sie aus verständlichen Gründen ihre Vorbehalte.

4) Der Beginn des Aufbaus des Sozialismus in der DDR

Bekanntlich wurde der Beschluss, mit dem Aufbau der Grundlagen des Sozialismus in der DDR zu beginnen, auf der *2. Parteikonferenz der SED* im Juli 1952 gefasst. Allein die Tatsache, dass diese grundlegende Entscheidung nicht auf einem regulären Parteitag beschlossen wurde, zeigt schon, dass sie relativ kurzfristig erfolgte. Was war der Grund dafür?

Stalins Außenpolitik nach dem Sieg über den Hitlerfaschismus war in erster Linie darauf gerichtet, die *Sicherheitsbedürfnisse der Sowjetunion* zu gewährleisten. Dafür verlangte er – und das möglichst im Einvernehmen mit den westlichen Alliierten – dass an den Grenzen zur Sowjetunion eine Art „Cordon sanitaire" entstehen sollte, also eine Umgebung von Staaten, die der Sowjetunion freundlich gesinnt, mit ihr zusammenarbeitend sich im Einflussbereich der Sowjetunion befinden sollten. Die Forderung, dass es sozialistische Staaten sein oder werden sollten, war damit nicht automatisch verbunden. Zunächst wurden die politischen, ökonomischen und sozialen Veränderungen in diesen Ländern im Unterschied zum Sowjetsystem als *volksdemokratisch"* und nicht als sozialistisch bezeichnet, obwohl sie eine latent sozialistische Tendenz enthielten. Eine Ausnahme machte hierbei nur *Jugoslawien*, denn die KPJ erklärte, dass der Befreiungskampf gegen die faschistische Okkupation in die sozialistische Revolution hinüberwachse. Sie machte damit den *Aufbau des Sozialismus* als einziges dieser Länder offen und direkt zum Ziel der gesellschaftlichen Umgestaltung. Aufschlussreich ist, dass die jugoslawische KP sich dafür die *Kritik Stalins* zuzog, der damals an unmittelbar sozialistischen Zielstellungen nicht interessiert war, um die Allianz mit den Westmächten nicht zu belasten. Daher ist verständlich, dass eine *sozialistische Perspektive* für den sowjetisch besetzten Teils Deutschlands bei Stalin damals nicht zur Debatte stand, denn ihm ging es in allerster Linie darum, *gemeinsam mit den Westmächten* zu erreichen, dass ein *demilitarisiertes und neutrales Deutschland* entstehe, welches auch in Zukunft für die Sowjetunion nicht mehr zu einer militärischen Bedrohung werden könne. Daher war die *politische Orientierung für die sowjetische Besatzungszone* und auch für die *frühe DDR nicht sozialistisch*, sondern blieb antifaschistisch-demokratisch. Stalins Deutschlandpolitik blieb noch bis 1952 auf das Ziel eines neutralen Gesamtdeutschlands gerichtet, obwohl die Anti-Hitlerkoalition schon lange zerbrochen war und der *Kalte Krieg* bereits tobte.

Erst nach der Ablehnung der *Note vom März 1952*, welche den Westmächten und auch der BRD sehr weitreichende Angebote unterbreitete, um durch gesamtdeutsche Wahlen ein *einheitliches kapitalistisches neutrales Deutschland* herzustellen, stellte sich die Frage nach der weiteren Perspektive der gesellschaftlichen und politischen Entwicklung der DDR neu. Jetzt kam es zu dem Beschluss der 2. Parteikonferenz der SED, in der DDR mit dem *Aufbau der Grundlagen des Sozialismus* zu beginnen. Denn nun war klar geworden, dass den imperialistischen Staaten die Einbeziehung der BRD mit ihrem beträchtlichen ökonomischen und auch militärischen Potential in den antisowjetischen Block wichtiger war als ein *neutrales Gesamtdeutschland*. Aus der Sicht ihrer Politik des „containment" und des „roll back" war das konsequent, denn es entsprach ihren Interessen. Aber dass die verantwortlichen politischen Kräfte der BRD sich dieser Politik anschlossen, war eindeutig *Verrat an den nationalen Interessen* des deutschen Volkes. Denn Stalins Ziel war absolut nicht die „Sowjetisierung Deutschlands", so dass die Annahme seiner Vorschläge im gesamtnationalen Interesse und damit auch im Interesse der damals herrschenden westdeutschen Kräfte hätte liegen müssen. Wahrscheinlich wurde zumindest ein Teil von ihnen Opfer ihrer *antikommunistischen Vorurteile* und der völlig falschen Einschätzung der Ziele Stalins. Die hysterische Kampagne imperialistischer Politiker und Ideologen, mit der Westdeutschland überzogen wurde, diente dem Zweck, eine nicht vorhandene sowjetische Bedrohung als Einschüchterung zu nutzen, damit die Bevölkerung die *Remilitarisierung* akzeptiere.

Der Beschluss der 2. Parteikonferenz der SED, mit dem Aufbau der Grundlagen des Sozialismus zu beginnen, konnte natürlich nur mit *Zustimmung der KPdSU und Stalins* persönlich gefasst werden. Daher wurde diese Frage auch mit der Führung der KPdSU in Moskau beraten und entschieden, doch ist zu vermuten, dass die *treibende Kraft dabei die Führung der SED* war. Dafür spricht das Verhalten der Sowjetunion in den ersten Nachkriegsjahren gegenüber der Sowjetischen Besatzungszone. Hätte sie die Absicht gehabt, aus ihr einen sozialistischen Staat zu machen, dann wäre ihre Besatzungspolitik wesentlich anders verlaufen. Vor allem hätte sie dann nicht eine derart *rigorose Demontagepolitik* betrieben und dadurch nicht nur das industrielle Potential des Landes entscheidend geschwächt, sondern auch die politische Haltung und Stimmung der Bevölkerung negativ beeinflusst. Das Politbüro der KPdSU fasste nun einen Beschluss, in dem das Vorhaben der Führung der SED, mit dem Aufbau der Grundlagen des Sozialismus zu beginnen, gebilligt wurde, aber sie hat eine solche Entscheidung keineswegs diktiert.

Der Sozialismus war das Ziel der deutschen Arbeiterbewegung seit ihrem Bestehen, er war in den *„Zielen und Grundsätzen" der SED*, die 1946 vom Vereinigungsparteitag beschlossen waren, als *programmatische Aufgabe* formuliert. Die ökonomische und politische Entwicklung der SBZ und DDR hatte zu einer Konsolidierung der neuen politischen Ordnung und gesellschaftlichen Verhältnisse geführt. Durch die praktischen Erfahrungen war bewiesen worden, dass die im antifaschistisch-demokratischen Block zusammenwirkenden Parteien trotz mancher Probleme, Konflikte und Schwierigkeiten in der Lage waren, den Wiederaufbau des Landes erfolgreich zu bewältigen. Insbesondere hatte sich auch gezeigt, dass die von der SED vorgeschlagene politische Linie sich als konstruktiv bewährt hatte. Auf dieser Grundlage konnte die Zusammenarbeit mit den anderen Parteien weiter gefestigt werden. Daher kam die Führung der SED wohl zu der Einschätzung, dass nun auch die inneren Bedingungen herangereift waren, um mit dem Übergang zum Sozialismus zu beginnen. Der Begriff „antifaschistisch-demokratische Ordnung" charakterisierte zwar das neue *politische Regime* im Gegensatz zu dem beseitigten faschistischen Regime, gab aber keine Auskunft über den *sozialökonomischen Charakter der Gesellschaft*. Die Gesellschaft war zunächst eindeutig *kapitalistisch* geblieben, veränderte dann aber im Zusammenhang mit der Enteignung der Kriegsverbrecher und der Monopolbetriebe und deren Überführung in *Volkseigentum* allmählich ihren ökonomischen und sozialen Inhalt. Zwar blieben der größte Teil kleiner und mittlerer privatkapitalistischer Betriebe sowie der ganze Sektor der kleinen Warenproduktion des Handwerks und der Landwirtschaft bestehen, aber die *volkseigene Großindustrie* erlangte ein immer stärkeres Gewicht in der Wirtschaft, sie wurde zur dominierenden ökonomischen Kraft, die auch wesentliche soziale Veränderungen induzierte. Daher drängte die ökonomische und soziale Entwicklung der DDR objektiv in die Richtung *sozialistischer Tendenzen*, und der Zeitpunkt reifte heran, den weiteren Weg der Gesellschaft zu bestimmen. Die Führung der SED sah sich nun offenbar in der Lage, entsprechend ihrem Programm zur sozialistischen Etappe der gesellschaftlichen Umgestaltungen überzugehen.

Doch inzwischen waren die Erklärungen aus dem Aufruf der KPD vom Juni 1945 und die Festlegungen aus den „Zielen und Grundsätzen der SED", über den *besonderen deutschen Weg zum Sozialismus* längst Makulatur geworden. Nach der Brandrede *Churchills* gegen den Kommunismus vom März 1946 in Fulton war die Anti-Hitlerkoalition und damit die von Stalin angestrebte Allianz mit den Westmächten zerbrochen. Der *Kalte Krieg* hatte nicht nur begonnen, sondern wurde nun von beiden Seiten intensiv geführt. Die sowjetische Führung befürchtete angesichts der Drohungen und auch der Aktionen der imperialistischen Staaten (Gründung der *NATO* und zunehmende Einkreisung der Sowjetunion durch Militärstützpunkte) erneut zum Opfer eines militärischen Angriffes zu werden. Daraus zog sie den Schluss, dass es dringend erforderlich sei, eine *größere Einheit und Geschlossenheit* zu schaffen, was praktisch bedeutete, dass sich nun alle an den *sowjetischen Weg zum Sozialismus* zu halten hatten, um möglichst *gleichartige politische und gesellschaftliche Verhältnisse* im sozialistischen Lager zu erreichen und so gemeinsam alle Kräfte auf die Abwehr eines möglichen Angriffs zu konzentrieren. Als Antwort auf die *NATO* wurde dann 1955 der *Warschauer Pakt* geschaffen, und so standen sich nun nicht nur zwei *Gesellschaftssysteme*, sondern auch zwei *Militärblöcke* gegenüber.

Mit ihren Forderungen an die Verbündeten rückten Stalin und die sowjetische Führung entschieden von den früheren Auffassungen ab, wonach *national unterschiedliche Wege zum Sozialismus* in anderen Ländern durchaus möglich und das *sowjetische Modell des Sozialismus* keineswegs obligatorisch sei. Die herrschenden Parteien in den Ländern der Volksdemokratie wurden gezwungen, ihre *Strategie zu ändern* und auf den sowjetischen Weg einzuschwenken, also die *Stalinsche Politik samt ihren Methoden* zu übernehmen und ihre politische und gesellschaftliche Ordnung der sowjetischen mehr anzugleichen. Dieser Prozess der „*Stalinisierung*" begann bereits 1948 und setzte sich über einige Jahre fort. Er führte zu großen Auseinandersetzungen und Konflikten in den Parteien, wobei Führungskräfte, die sich diesem Kurs widersetzten, abgelöst, verhaftet und zum Teil auch wegen angeblichen Verrats zum Tode verurteilt wurden. In der Jugoslawischen Kommunistischen Partei wurde eine derartige Wende von *Tito* und der Mehrheit der Führung bereits sehr früh abgelehnt. Es kam zu einem scharfen Konflikt zwischen der KPJ und der KPdSU, und die KPJ wurde durch das „*Informationsbüro Kommunistischer Parteien*" auf Stalins Verlangen als „verräterisch" denunziert und 1948 gewissermaßen „exkommuniziert".

In der *Sowjetischen Besatzungszone Deutschlands* und der späteren *DDR* waren die Verhältnisse noch komplizierter, denn hier herrschte das *militärische Besatzungsregime*, und auch nach der Gründung der DDR waren weder die Führung der SED noch die Regierung der DDR in ihren Entscheidungen souverän und frei. Anordnungen der Besatzungsmacht hatten Gesetzeskraft und waren widerspruchslos zu befolgen, und nach der Aufhebung des Besatzungsregimes übten der Hohe Kommissar und sowjetische Berater diese Funktion aus. Unter dem Druck der KPdSU hatte auch hier bereits 1948/49 der Prozess der *Stalinisierung der SED* durch die Entwicklung zu einer „*Partei neuen Typus*" nach dem Vorbild der KPdSU begonnen. Dadurch wurden wesentliche *demokratische Errungenschaften*, die aus der Vereinigung von KPD und SPD resultierten, zurückgedrängt und beseitigt. Die Auffassungen vom „besonderen deutschen Weg zum Sozialismus" wurden nun als *revisionistisch* verurteilt. *Anton Ackermann*, der diese theoretisch begründet und im Auftrage der Parteiführung publizistisch vertreten hatte, wurde aus dem Politbüro entfernt. Das alles hat der weiteren Entwicklung der SED erheblichen Schaden zugefügt und den Übergang zum Aufbau der sozialistischen Gesellschaft beeinträchtigt. Das allmähliche Zusammenwachsen der drei Ströme von Mitgliedern und Funktionären aus der KPD, der SPD und der neu in die vereinigte Partei eintretenden Mitglieder, das durch die gemeinsame Arbeit und das Einbringen unterschiedlicher Erfahrungen und Sichtweisen gefördert wurde, wich nun einer mehr abrupten *Gleichschaltung der Auffassungen*, was unvermeidlich zu Reibungen, Konflikten und Verlusten führen musste. Die SED hat dadurch wertvolle Funktionäre und Mitglieder verloren. Die Einführung *stalinistischer Strukturen, Organisations- und Leitungspraktiken* beendete die *paritätische Besetzung aller Funktionen* in den Leitungen der Partei, von den Grundorganisationen bis zum Parteivorstand und veränderte den bisher demokratischen Aufbau und Charakter der Partei. Der *demokratische Zentralismus* wurde zu einem *diktatorischen Mechanismus* umgeformt, in dem die Beschlüsse der übergeordneten Leitungen widerspruchslos auszuführen waren, aber der *demokratische Prozess der Meinungsbildung* von den Parteieinheiten nach oben und auch die *kritische Bewertung* der Tätigkeit übergeordneter Leitungen beseitigt waren.

Die *ideologische Verfassung der SED* wurde nun zielstrebig im Sinne des *Stalinismus* umgeformt, dabei dienten vor allem die „Geschichte der KPdSU (B) Kurzer Lehrgang" und die Biografie Stalins in der Parteischulung als Lehrmittel. Aus diesen Büchern haben die meisten Mitglieder der SED ihre Kenntnisse über den Marxismus und den Sozialismus bezogen, so dass sie in Gestalt des *Stalinschen „Marxismus-Leninismus"* eine schematisch vereinfachte, deformierte und teilweise auch verfälschte Auffassung davon erhielten. Insgesamt führte diese Entwicklung dazu, dass sich in der SED und auch in der entstehenden sozialistischen Gesellschaft unvermeidlich die aus der KPdSU übernommenen stalinistisch geprägten *Strukturen, Funktionsmechanismen und Denkweisen* in einem gewissen Grade durchsetzen konnten und auf diese Weise ebenfalls schädliche Tendenzen entstanden und Fehlentwicklungen möglich wurden. Unter der Losung „Von der Sowjetunion lernen heißt siegen lernen" wurden teilweise Methoden und Praktiken des *sowjetischen Sozialismusmodells* kritiklos übernommen, die oft mehr Schaden als Nutzen brachten. Wenn wir diese widersprüchliche Entwicklung kritisch bewerten und Vieles zu Recht verurteilen, dürfen wir aber nicht außer Acht lassen, dass die damaligen Bedingungen und Umstände – zunächst das militärische Besatzungsregime, dann die starke Abhängigkeit von der Sowjetunion – den Verantwortlichen der SED-Führung häufig kaum eine andere Wahl ließen. Außerdem ist nicht zu vergessen, dass der größte Teil der aus der KPD kommenden älteren Funktionäre bereits die Schule der Komintern durchlaufen hatte und in seinem Verständnis von Politik mehr oder weniger stark *stalinistisch geprägt* war. Daher war es für alle, aber besonders für sie schwierig, eine kritische Sicht dieser Entwicklung zu gewinnen, zumal abweichende Auffassungen häufig als „Sozialdemokratismus" diffamiert und geahndet wurden.

Wie kompliziert und widersprüchlich die weitere Geschichte verlief, sollte sich schon bald nach der 2. Parteikonferenz der SED zeigen. Wenn der Beschluss, mit dem Aufbau der Grundlagen des Sozialismus zu beginnen, zunächst im Großen und Ganzen zustimmend aufgenommen wurde, kam es schon wenige Monate später zu erheblichen Schwierigkeiten. Im Oktober 1952 fand in Moskau der IXX. Parteitag der KPdSU statt, auf dem *Stalin* zwar kaum in Erscheinung getreten war, aber trotzdem noch alle Zügel in der Hand hatte. Nach der Ablehnung der „Friedensnote" vom März 1952 durch die Westmächte war er wohl zu dem Schluss gekommen, dass ein *militärischer Angriff auf die Sowjetunion* sehr bald zu erwarten sei. Deshalb ergingen an die sozialistischen Länder *rigorose Forderungen*, alle Mittel auf die *Verteidigung zu konzentrieren*, um sich auf die Abwehr vorzubereiten. Auch die DDR musste ihren Beitrag dazu leisten, was sie ökonomisch und finanziell schwer belastete. Die Aufwendungen für Militärausgaben stiegen in kurzer Zeit fast auf das Vierfache, so dass ein strenges Sparprogramm nötig wurde. Zugleich musste die Wirtschaftsplanung verändert werden, denn nun wurde die Entwicklung der Schwerindustrie forciert, was zu Disproportionen und Schwierigkeiten in anderen Bereichen der Wirtschaft und damit auch zu Versorgungsproblemen führte. Die administrativ angeordnete *Erhöhung der Arbeitsnormen* in Industrie und Bauwesen um 10% wirkte wie eine Zwangsmaßnahme und rief große Proteste in der Arbeiterklasse hervor. Maßnahmen wie der Entzug der Lebensmittelkarten für Teile der Bevölkerung, die Kürzung von Sozialausgaben und die Erhöhung von Preisen für Waren des Grundbedarfs verschlechterten das Lebensniveau und riefen große Verärgerung und Empörung hervor. Eine größere Zahl von Maßnahmen, die aus den sowjetischen Forderungen resultierten, führte in kurzer Zeit zu einem *negativen Meinungsumschwung in der Bevölkerung* und besonders in der *Arbeiterklasse*.

Die Führung der SED sah sich gezwungen, die meisten Maßnahmen wieder rückgängig zu machen, und dies erfolgte am 11. Juni 1953 durch das Politbüro, welches erklärte, in der Vergangenheit seien fehlerhafte Entscheidungen getroffen worden, die nun zurückgenommen werden, allerdings war die Erhöhung der Arbeitsnormen davon ausgenommen. Statt die Situation zu beruhigen, wurde die negative Stimmung dadurch noch mehr angeheizt, so dass es zu Streiks und am 17. Juni zu großen organisierten Protestdemonstrationen in vielen Städten kam. Es hatte den Anschein, dass die Führung entweder den Ernst der Lage nicht erfasste oder in ihrer Handlungsfähigkeit eingeschränkt war. Letzteres war in der Tat der Fall, denn es trat ein unerwartetes Ereignis ein, das die Führung der SED nicht nur völlig überraschte, sondern auch so irritierte, dass sie kurzzeitig regelrecht blockiert war.

Im Politbüro der KPdSU, in dem nach *Stalins Tod* zunächst *Berija* und *Malenkow* die entscheidende Rolle spielten, war man zu der Auffassung gelangt, die DDR bereite zu große Schwierigkeiten, weshalb es angesichts der drohenden Kriegsgefahr günstiger wäre, auf den Aufbau des Sozialismus zu verzichten und wieder Kurs auf ein *vereinigtes bürgerliches Deutschland* zu nehmen. Der Vorschlag ging von *Berija* aus, wurde von *Malenkow* und anderen unterstützt und fand im Politbüro trotz Gegenstimmen eine Mehrheit. *Ulbricht*, *Grotewohl* und *Oelßner* wurden nach Moskau bestellt und gezwungen, einem Beschluss zuzustimmen, wonach für den „beschleunigten Aufbau des Sozialismus" in der DDR keine objektiven Bedingungen vorhanden wären, weshalb *sofort wieder Kurs auf ein vereinigtes Deutschland* zu nehmen sei.

Offenbar war die sowjetische Führung bereit, die DDR als Verhandlungsmasse zu opfern. Abgesehen davon, dass die 2. Parteikonferenz der SED beschlossen hatte, mit dem Aufbau der *Grundlagen des Sozialismus zu beginnen* und von einem *beschleunigten Aufbau* keine Rede war, kamen die Maßnahmen, welche zu den Schwierigkeiten führten und dann auch die Demonstrationen des 17. Juni auslösten, vor allem auf Anordnungen und Druck der sowjetischen Führung zustande. Dafür musste nun die Führung der SED in der Öffentlichkeit ihren Kopf hinhalten. Es ist verständlich, dass es in ihren Reihen zu ernsten Auseinandersetzungen kam, zumal sich innerhalb weniger Tage die Lage erneut völlig änderte. Denn inzwischen hatte der nach Stalins Tod ausgebrochen Machtkampf der Diadochen in der Führung der KPdSU ein vorläufiges Ende mit der Verhaftung Berijas gefunden, der als „Verräter und Agent imperialistischer Mächte" in einem Geheimprozess zum Tod verurteilt und erschossen worden war, noch ganz im Stil der Stalinschen Praktiken.

Chruschtschow trat als Erster Sekretär des ZK das Erbe Stalins an, und der Beschluss über die Änderung der Politik der DDR wurde nun als *Verrat am Sozialismus* bezeichnet und annulliert. Damit änderte sich das Verhältnis der sowjetischen Führung zur DDR im positiven Sinne. Wenn Chruschtschow in den Auseinandersetzungen um die Macht in der KPdSU die Absicht Berijas, den sozialistischen Aufbau in der DDR aufzugeben und diese dem Imperialismus zu überlassen, als Verrat am Sozialismus anprangerte, musste er nun ein großes Interesse haben zu beweisen, dass der Sozialismus in der DDR sehr wohl errichtet werden kann. Daher war er auch bereit, die Belastungen der DDR durch Reparationen zu reduzieren und ihr größere materielle Hilfe durch Kredite, Rohstofflieferungen und die Übergabe der SAG-Betriebe zu gewähren.

In den Auseinandersetzungen innerhalb der Führung der SED im Sommer 1953 konnte sich *Walter Ulbricht* trotz scharfer Kritik durchsetzen, während seine Widersacher *Zaisser, Herrnstadt* u.a. aus der Führung ausgeschlossen wurden. Er wurde zum Ersten Sekretär des ZK gewählt und konnte sich bei der Durchführung des nun beschlossenen *„Neuen Kurses"* größeren Wohlwollens der sowjetischen Führung erfreuen. Da nicht nur alle früheren Maßnahmen zurückgenommen, sondern nun auch *Löhne und Renten erhöht* sowie die *Konsumgüterproduktion* mit Hilfe der noch zahlreichen kleinen und mittleren Privatbetriebe rascher entwickelt wurde, gelang es die Situation zu stabilisieren. So konnte der Kurs auf den Aufbau der Grundlagen des Sozialismus fortgesetzt werden, aber mit größerer Umsicht und Berücksichtigung der berechtigten Interessen der verschiedenen Bevölkerungsgruppen. Dabei kam es zu einem kontinuierlichen Wirtschaftswachstum und in dessen Gefolge auch zu weiteren Verbesserungen des Lebensniveaus, weshalb die Entwicklung konsolidiert werden konnte.

Die Planung und Leitung der wirtschaftlichen Entwicklung in der DDR war in Anlehnung an die sowjetischen Erfahrungen organisiert worden und erfolgte zentral durch die *Staatliche Plankommission*, der es oblag, den volkswirtschaftlichen Gesamtplan aufzustellen. für die Wirtschaftszweige aufzugliedern und materiell zu bilanzieren. Die *Planungs- und Leitungsmechanismen der Sowjetunion* waren in der Zeit der extensiven Wirtschaftsentwicklung entstanden, als die knappen Ressourcen zentral zugeteilt wurden und das Schwergewicht auf die **Bruttoproduktion** gelegt wurde, während Qualität, Differenzierung der Sortimente, Selbstkosten und Gewinn keine Rolle spielten und auch der Markt kaum berücksichtigt wurde. Schon in den fünfziger Jahren zeigte sich in der DDR, dass dieses von der Sowjetunion übernommene *administrative Planungssystem* mit seinen zahlreichen zentral festgelegten Kennziffern nicht effektiv genug ist und auch zu ökonomischen Verlusten führt. Daher begannen schon sehr früh Überlegungen und Bestrebungen, die Planung durch eine **Dezentralisierung und Reduzierung der zentral vorgegebenen Kennziffern** elastischer und effektiver zu machen, sich also von dem sowjetischen Vorbild zu entfernen. Diese gingen von **Heinrich Rau** aus, dem damaligen Chef der Staatlichen Plankommission der DDR und wurden dann mit Unterstützung **Walter Ulbrichts** und seines Mitarbeiters **Wolfgang Berger** systematisch weitergeführt und in der Plankommission auch verwirklicht. Um zur Sowjetunion keine sichtbare Distanz aufkommen zu lassen, wurden sie sogar als Übernahme sowjetischer Erfahrungen deklariert. Im weiteren Verlauf dieser Arbeiten war eine grundlegende Reform und Umgestaltung des ganzen Systems der Planung und Leitung der Volkswirtschaft ins Auge gefasst. Innerhalb der insgesamt **stalinistisch geprägten SED-Führung** entstanden also bereits sehr früh **reformerische Bestrebungen**, die zunächst auf ökonomischem Gebiet zu einer gewissen Entfernung vom sowjetischen Modell des Sozialismus führten. Wenn sie teilweise auch auf Widerstand stießen, hatten sie doch Erfolgsaussichten, weil Walter Ulbrichts Autorität dahinter stand.

Doch dann erschütterte ein Ereignis die sozialistische Welt, die Kommunistischen Parteien und ihre Führungen in so starkem Maße, dass plötzlich die **Prioritäten** wieder anders gesetzt werden mussten. Im Frühjahr 1956 hatte der **XX. Parteitag der KPdSU** stattgefunden, dessen offizielle Ergebnisse und Beschlüsse eine positive Bewertung fanden. Doch was den Schock auslöste, war der *„Geheimbericht" Chruschtschows* unter der Überschrift *„Über den Personenkult um Stalin und seine Folgen"* in dem er die diktatorische Herrschaft Stalins, seine terroristischen Willkürakte und zahlreichen Verbrechen anprangerte. Obwohl dieser Bericht geheim gehalten werden sollte, gelangte er sehr bald ins westliche Ausland und wurde veröffentlicht. Die von Chruschtschow darin mitgeteilten Tatsachen waren derart erschreckend und erschütternd, dass es in allen sozialistischen Ländern zu heftigen Reaktionen, Diskussionen und Auseinandersetzungen sowohl in den Führungen der herrschenden Parteien als auch in der breiten Öffentlichkeit kam. In deren Ergebnis trat in den meisten Ländern eine bedrohliche **Destabilisierung der** *politischen Macht* ein, was sich besonders ausgeprägt in *Polen und Ungarn* zeigte. Auch in der Führung der SED und in der Partei kam es zu erregten Debatten, und die Forderung nach wahrheitsgemäßer Berichterstattung sowie nach praktischen Konsequenzen wurde stärker. Die Befürchtung, dass eine offene Diskussion über das Stalinsche Terrorregime und dessen Folgen, aber mehr noch über die *realen Ursachen dieser offensichtlichen Entartungserscheinungen* innerhalb der KPdSU und der Sowjetgesellschaft unabsehbare und nicht mehr zu beherrschende Konsequenzen und eine *Erschütterung der politischen Macht* nach sich ziehen könnte, führte dazu, dem *Machterhalt oberste Priorität* einzuräumen. Daher schloss sich die Führung der SED dem von der KPdSU veröffentlichen Beschluss „Über den Personenkult und seine Folgen" an und unterband jede weitergehende Diskussion. Wer sich daran nicht hielt, hatte mit Folgen zu rechnen wie Parteistrafen, Ausschluss aus der Partei und sogar gerichtlicher Verurteilung. Diese streng „stalinistische" Haltung wurde von der sowjetischen Führung unter Chruschtschow positiv gewürdigt, und Ulbricht erhielt für seine weitere Politik stärkere Hilfe und Unterstützung, die er auch dringend benötigte.

Ulbricht sah sich gezwungen, im Interesse des Machterhalts zunächst auf weitere Reformvorhaben zu verzichten, doch hatte er sie nicht aufgegeben, wie sich später zeigen sollte. Das führte zeitweilig zu einer stärkeren *Dominanz konservativer Kräfte im Politbüro* der SED, die sich um *Honecker, Stoph* und *Verner* gruppierten, und Ulbricht war gezwungen, ihnen gegenüber zu lavieren. Die bei der Reform des ökonomischen Planungssystems bereits erzielten Fortschritte mussten so größtenteils wieder beseitigt werden. Doch konnten, auch dank der materiellen Unterstützung durch die Sowjetunion, die bei der Schaffung der Grundlagen des Sozialismus erreichten Fortschritte stabilisiert werden. In Zusammenarbeit mit den anderen Parteien gelang es der SED, die *Erweiterung sozialistischer Produktionsverhältnisse* auf eine vorsichtige Weise zu betreiben, indem privatkapitalistische Betriebe nicht verstaatlicht, sondern in verschiedenen Formen in die Volkswirtschaft einbezogen wurden, wobei die Interessen der privaten Eigentümer weitgehend berücksichtigt werden konnten. Dieses Vorgehen unterschied sich ganz erheblich von der rigorosen Verstaatlichungspolitik, die für das sowjetische Sozialismusmodell charakteristisch war. Auch der *Übergang zu sozialistisch-genossenschaftlichen Verhältnissen in der Landwirtschaft* wurde anders als in der sowjetischen Zwangskollektivierung organisiert. Den Bauern wurde über lange Zeit eine enorme *materiell-technische und auch finanzielle Unterstützung* bei der Bildung von

Produktionsgenossenschaften gewährt, es wurde stärker versucht, die Methode der Überzeugung anzuwenden, indem die ökonomischen Vorteile größerer Landwirtschaftsbetriebe praktisch demonstriert wurden, und es wurden auch *drei unterschiedliche Stufen von Genossenschaften* gebildet, was den Interessen und Wünschen der Bauern entgegenkam. Ganz wichtig war, dass der *Boden* auch rechtlich im *Privatbesitz der Bauern* verblieb und sie davon als Bodenrente auch einen Teil ihres Einkommens bezogen. Trotzdem kam es in diesen Prozess, als er Massencharakter annahm, auch zur *Verletzung der Freiwilligkeit*, indem Druck ausgeübt wurde und die Überzeugung mitunter die Form von Zwang annahm. Das war so nicht geplant, aber es entwickelte sich hierbei eine Eigendynamik, die vor allem von den Funktionären der Bezirke und Kreise forciert wurde. In dem Bestreben, einander zu übertreffen, traten sie in einen Wettbewerb um die größten Fortschritte bei der Bildung von Genossenschaften. Das hat zweifellos politischen und ideologischen Schaden angerichtet, weil das verkündete Prinzip der Freiwilligkeit verletzt wurde. Doch insgesamt wurde es bald möglich, die LPG zu stabilisieren, und längerfristig eine *produktive sozialistische Landwirtschaft* zu schaffen, die den Bauern weit bessere Arbeits- und Lebensbedingungen sicherte als sie jemals hatten.

Die Erfolge und Fortschritte, die deutlich sichtbar und spürbar waren, festigten die Position Walter Ulbrichts im Politbüro, obwohl diese keineswegs unumstritten war. Doch war die innere Stabilität der politischen Macht in der DDR immer noch bedroht durch äußere Einflüsse, die kaum zu beherrschen waren. Der entscheidende Faktor hierbei war die *offene Grenze in Berlin*, die einerseits das Einfallstor für alle westlichen Geheimdienste und für feindliche Organisationen war, die Sabotageakte und Störaktionen verübten, andererseits aber als Ausfallstor für alle diente, welche die DDR unkontrolliert verlassen wollten. Da infolge des „Wirtschaftswunders" in der BRD inzwischen ein großer Mangel an Arbeitskräften, speziell auch an qualifizierten und höher gebildeten eingetreten war, wurden solche Fachkräfte in wachsender Zahl aus der DDR abgeworben, was für die DDR-Wirtschaft einen enormen Verlust bedeutete, zumal die Ausbildung qualifizierter Fachleute ja auf Kosten der Gesellschaft erfolgte. Zu Beginn der sechziger Jahre führte dieser Aderlass bereits zu einem spürbaren Mangel an Arbeitskräften und auch an wissenschaftlich gebildeten Fachkräften sowohl in der Industrie als auch im Gesundheitswesen, obwohl die DDR bezogen auf die Bevölkerungszahl mehr solcher Fachkräfte ausbildete als die BRD. Der Hauptgrund für diese Abwanderung – ob angeworben oder aus eigener Initiative – war natürlich, dass der *materielle*

Lebensstandard in der BRD beträchtlich höher und auch die Verdienstmöglichkeiten größer waren. Das war ganz erklärlich, denn die Wirtschaftsentwicklung der DDR verlief unter weit ungünstigeren Bedingungen als die der BRD. Schon die Spaltung des Landes hatte zu großen Benachteiligungen durch die frühere Struktur und Standortverteilung der deutschen Wirtschaft geführt. Die DDR-Wirtschaft war praktisch ohne schwerindustrielle Basis, die mit großem Aufwand neu geschaffen werden musste, was unvermeidlich mit einer Vernachlässigung der Konsumgüterindustrie verbunden war. Weiter erhielt die Wirtschaft der BRD durch den Marshall-Plan und dann durch den vom Korea-Krieg ausgelösten Boom einen großen Auftrieb. Eine wesentliche Rolle spielte aber die Tatsache, dass die DDR-Wirtschaft faktisch die gesamte *Last der Reparationsleistungen* für die Wiedergutmachung der Kriegsschäden in der Sowjetunion zu tragen hatte, da die Westmächte die vereinbarte Verteilung dieser Lasten auf alle Besatzungszonen schon nach kurzer Zeit beendeten. Über eine Reihe von Jahren musste die DDR etwa die *Hälfte ihres Bruttosozialprodukts* dafür und für Stationierungskosten der Sowjetischen Besatzungstruppen aufbringen. Unter diesen Bedingungen, die mit Verzicht und Entbehrungen verbunden waren, hat die DDR eine bemerkenswerte Leistung vollbracht, indem es ihr trotz dieser schwerwiegenden Hemmnisse gelang, in wenigen Jahren eine Volkswirtschaft aufzubauen, die den Vorkriegsstand der Produktion bereits überschreiten konnte. Man sprach damals viel vom deutschen Wirtschaftswunder in der BRD, doch der Direktor des Kieler Weltwirtschaftsinstituts Prof. *Baade* bemerkte dazu völlig richtig, dass das *eigentliche Wirtschaftswunder in der DDR* vollbracht worden sei. Er wies auch darauf hin, dass die rasche Entwicklung der BRD teilweise auf Kosten der DDR erfolgt sei und daher die BRD der DDR wenigstens 60 Milliarden DM schulde.

Doch das *Grenzregime zwischen der DDR und der BRD* war schon lange keine deutsche Angelegenheit mehr, denn es war inzwischen keine innerdeutsche Grenze und auch keine Grenze zwischen zwei deutschen Staaten, sondern die *Trennlinie zwischen zwei Militärblöcken*, der NATO und dem Warschauer Pakt. Zwar ist es richtig, dass die DDR unter der offenen Lücke in dieser Grenze am meisten zu leiden hatte, aber sie hatte darüber nicht zu entscheiden, auf welche Weise dieser *neuralgische Punkt in den Beziehungen zwischen den beiden Weltsystemen und Militärblöcken* beseitigt werden kann. Darüber hat es bekanntlich auch lange Verhandlungen zwischen der Sowjetunion und den USA gegeben, die zu keinem Ergebnis führten, aber die *Entscheidung* über die Schließung dieser Grenzlücke in Berlin traf die Führungsmacht des Warschauer Pakts durch

Chruschtschow persönlich. Das ist dokumentarisch belegt, was aber die Massenmedien nicht daran hindert, nach wie vor zu behaupten, dass *Ulbricht* es war, der die Berliner Mauer beschlossen und errichtet habe.

5) Ulbrichts Reformpolitik als Überwindung des Stalinismus in der DDR ?

Eine Folge dieser Maßnahme war zweifellos, dass die DDR damit eine größere Sicherheit gewann, ihre Entwicklung weiter stabilisieren konnte und nun auch außenpolitisch als selbständiger Staat wahrgenommen wurde. Vor allem war es jetzt möglich, längerfristige Planungen auf der Grundlage zuverlässiger Daten vorzunehmen. Ulbricht und seine Anhänger sahen nun die Zeit gekommen, ihre solange zurückgestellten *Reformvorhaben* erneut voranzubringen, dies umso mehr, als die konservativen Kräfte in der Führungsspitze nicht in der Lage waren, ein tragfähiges Konzept der weiteren Entwicklung vorzulegen. *Erich Apel,* ein entschiedener Vertreter grundlegender Reformen des Wirtschaftssystems, wurde 1961 zum Sekretär des ZK für Wirtschaft berufen, was die Reformkräfte in der Führung wesentlich stärkte. Dagegen musste der Chef der Staatlichen Plankommission *Karl Mewis,* der zu den Reformgegnern gehörte, 1963 wegen Unfähigkeit abgelöst werden, und nun übernahm Apel die Funktion des Chefs der Plankommission. Nachdem Ulbricht sich in Moskau bei Chruschtschow die notwendige Rückendeckung geholt hatte, bildete er eine Arbeitsgruppe aus den jüngeren Ökonomen, die schon früher auf Reformen gedrängt hatten. Ihr gehörten sein enger Mitarbeiter *Wolfgang Berger, Herbert Wolf und Walter Halbritter* an, die ein umfassendes *ökonomisches Reformkonzept* ausarbeiteten, das dann unter der Bezeichnung „Neues ökonomisches System der Planung und Leitung der Volkswirtschaft" bekannt wurde. Dieses wurde auf dem VI. Parteitag der SED Anfang 1963 in Anwesenheit Chruschtschows beschlossen. Ulbricht gelang es, die Führungsspitze der Partei wesentlich zu verjüngen und vor allem mit ökonomisch gebildeten Funktionären zu verstärken. So wurden *Apel, Ewald, Halbritter, Jarowinski, Mittag und Kleiber* in das ZK und später auch in das Politbüro gewählt, was eine bedeutende Stärkung des Reformflügels bedeutete. Die von Ulbricht nun energischer durchgesetzte Reformlinie beschränkte sich nicht auf die Ökonomie, sie war auf das *gesellschaftliche Gesamtsystem* gerichtet. Zugleich war sie mit einer größeren *Offenheit und Toleranz* verbunden, so dass wieder *Diskussionen über die Grundfragen der Politik* möglich wurden. Dabei gab es fast keine Tabus mehr, es konnte sachlich über alle Probleme beraten, diskutiert und gestritten werden. Da zeitgleich auch in der Sowjetunion durch den XXII. Parteitag der KPdSU die

Kritik an Stalin und am Stalinismus nochmals verstärkt worden war, lockerte sich auch in der SED und der DDR die ideologische Atmosphäre und es war möglich, unter dem Deckmantel des Kampfes gegen den Dogmatismus Kritik an den Anschauungen Stalins zu üben und auch kritische Probleme zu erörtern.

Von wesentlicher Bedeutung war dabei die aktive ***Einbeziehung der Wissenschaft***. Natur- und Technikwissenschaftler ebenso wie Gesellschaftswissenschaftler wurden herangezogen, um in verschiedenen Arbeitsgruppen Vorschläge auszuarbeiten und zu beraten. An der Spitze aller Arbeitsgruppen stand der ***„Strategische Arbeitskreis"*** zur Planung der Strategie der Partei auf den Gebieten der Politik, der Wissenschaft und der Kultur, in dem die Resultate zusammengefasst werden sollten, um die Grundlinien einer langfristigen Strategie der weiteren Entwicklung der sozialistischen Gesellschaft zu konzipieren.

Wenn es 1956 und in den darauf folgenden Jahren den Eindruck gegeben hatte, dass Ulbricht aus dem XX. Parteitag der KPdSU keine Konsequenzen ziehen wollte, dann zeigte sich jetzt, dass er die schon vor 1956 begonnenen Reformvorhaben keineswegs aufgegeben, sondern den Umständen geschuldet nur aufgeschoben hatte, sie nun aber in einem viel größeren Rahmen und Umfang fortsetzen wollte. Die objektiven und auch die subjektiven Bedingungen dafür waren jetzt bedeutend günstiger geworden, und so wurde mit großem Elan an dieses umfassende Werk herangegangen.

Das grundlegende Vorhaben blieb dabei das „Neue ökonomische System der Planung und Leitung der Volkswirtschaft", das nun stufenweise, nach vorbereitenden Experimenten eingeführt wurde. Der bisherige, wesentlich aus der Sowjetunion übernommene, starre überzentralisierte und schwerfällige Planungsmechanismus schränkte die Bewegungsfreiheit der Betriebe durch die zentrale Vorgabe einer großen Zahl von Kennziffern ungebührlich ein und lähmte so ihre Initiative. Er orientierte sie hauptsächlich auf die ***Bruttoproduktion*** unter Vernachlässigung so wichtiger ökonomischer Kriterien wie Qualität, Sortimentsdifferenziertheit, Selbstkosten, Rentabilität und Gewinn. Dieser Mechanismus wurde nun durch ein mit dem ***Markt verbundenes Planungssystem*** ersetzt, welches die zentralen Vorgaben stark reduzierte, die Verantwortung der Betriebe und ihre Selbständigkeit erhöhte und sie stimulierte, durch die ***Intensivierung der Produktion***, *die **Nutzung** des **wissenschaftlich-technischen** Fortschritts und eine bessere*

Arbeitsorganisation zu höheren ökonomischen Leistungen und damit auch zu höheren *Gewinnen* zu kommen. Dabei erhielten das Wertgesetz, die Rentabilität und der Gewinn einen besonderen Stellenwert, weil durch die strikte Beachtung dieser *ökonomischen Regelmechanismen* auch eine stärkere *Verbindung der Planwirtschaft mit dem Markt* erreicht werden sollte. Das bedeutete natürlich eine totale Abkehr von den bisherigen Vorstellungen über *sozialistische Planwirtschaft*, die das *Wertgesetz* und vor allem den *Markt als regelnde Faktoren* für schädliche Relikte der kapitalistischen Wirtschaft hielten. Deshalb gab es weniger bei den Wirtschaftsfachleuten, als bei den politischen Funktionären nicht nur *Vorbehalte*, sondern auch erhebliche *Widerstände*, die bis in die oberste Führungsspitze der SED reichten. Markt wurde vielfach immer noch mit Kapitalismus identifiziert, obwohl allgemein anerkannt war, dass auch im Sozialismus Waren produziert, gehandelt und verkauft werden müssen. Trotz mancher Anlaufschwierigkeiten bewährte sich das neue System praktisch und führte in relativ kurzer Zeit zu einer Steigerung und Intensivierung der Produktion, was auch eine spürbare Erhöhung des Lebensstandards durch ein verbessertes Warenangebot und höhere Einkünfte ermöglichte.

Aber die Abkehr und *Entfernung vom Stalinschen Sozialismusmodell* beschränkte sich nicht auf die Ökonomie. Auch in *sozialer und politischer Hinsicht* gab es schon aus der Zeit der antifaschistisch-demokratischen Ordnung bedeutende Unterschiede. Diese hingen auch damit zusammen, dass die an der Blockpolitik beteiligten Parteien wesentlich die Interessen der Klassen und Schichten außerhalb der Arbeiterklasse vertraten und dass es die Linie der SED war, diese Interessen so weit wie möglich zu beachten und ihnen entgegenzukommen. Daraus resultierte ein ganz anderes *Verhältnis zu den Eigentümern kleiner und mittlerer privatkapitalistischer Produktions- und Handelsbetriebe* als in sozialistischen Ländern üblich. Diese wurden nicht verstaatlicht, sondern in solchen Formen in die sozialistische Volkswirtschaft eingebunden, dass dabei ihre Existenz erhalten und die Interessen dieser Bevölkerungsschichten weitgehend gewahrt wurden.

Ulbricht hielt an dieser Linie auch fest, nachdem die Grundlagen des Sozialismus geschaffen waren und es nun um die weitere Entwicklung der sozialistischen Gesellschaft ging. Zwang und gewaltsame Methoden wurden nach Möglichkeit vermieden und Wege gesucht, wie die *ökonomischen, sozialen und politischen Widersprüche* und Beziehungen zwischen dem sozialistischen Staat und diesen Klassen und Schichten auf friedlichem Wege durch entgegenkommende Übereinkünfte geregelt und gelöst werden können. In *ökonomischer Hinsicht* war das für die ganze Bevölkerung von Vorteil, weil diese kleinen und mittleren Betriebe einen beträchtlichen Anteil an der Produktion von Konsumgütern hatten und somit einen wichtigen Beitrag zur Versorgung leisteten. In *sozialer Hinsicht* war es viel effektiver, die Fähigkeiten, die Erfahrungen und die Arbeit dieser Schichten zu erhalten, als sie durch eine schnelle Überführung ihrer Produktionsmittel in gesellschaftliches Eigentum zu entwurzeln und dadurch in eine ungewisse soziale Situation und in einen feindlichen Gegensatz zum Sozialismus zu bringen. In *politischer Hinsicht* war es für die ganze Gesellschaft vorteilhafter, Konflikte zu vermeiden, allen Kräften die Möglichkeit zu geben, sich aktiv am Wiederaufbau und Fortschritt der Gesellschaft zu beteiligen und dabei ihren Interessen Rechnung zu tragen, als dem Dogma von der Verschärfung des Klassenkampfes zu folgen. Gewalt und Zwang anzuwenden ist leicht, der Staat verfügt über die Macht dazu, aber es ist viel schwieriger, Wege zu finden, wie man diese Kräfte in den gesellschaftlichen Fortschritt einbeziehen und ihnen auch im Sozialismus eine langfristige Perspektive bieten kann. Ulbricht erklärte wiederholt, dass die sozialistische Gesellschaft alle Bürger brauche, und er sprach sogar von einer „sozialistischen Menschengemeinschaft". Wenn das auch mehr eine Zielvorstellung für die Zukunft als gesellschaftliche Realität war, kam darin doch das Bestreben zum Ausdruck, die Interessen aller Klassen und Schichten der Gesellschaft in der DDR zu beachten und ihnen den Weg in die sozialistische Gesellschaft zu erleichtern. Das widersprach entschieden der **These Stalins** von der **unvermeidlichen Verschärfung des Klassenkampfes im Sozialismus**, aber es entsprach völlig der Auffassung von **Marx**, dass der aus materiellen Interessengegensätzen resultierende Klassenkampf zwar nicht völlig vermieden werden könne, die Zeit der Umgestaltung der Gesellschaft zum Sozialismus aber ein **rationelles Zwischenstadium** sei, in dem dieser Klassenkampf in den **humansten Formen** geführt werden könne. Das war ein völlig anderes Herangehen an das Problem der Anwendung von Gewalt und Zwang in der Übergangsperiode und im Sozialismus, als es von Stalin praktiziert wurde, der diese für effektivere Mittel hielt als Überzeugung, Beispiel und Zusammenarbeit. Die Stalinsche Auffassung von der Verschärfung des Klassenkampfes bildete lediglich eine pseudotheoretische Begründung für seine exzessive Anwendung gewaltsamer Methoden und Mittel, Repressalien und Terroraktionen.

Auch im Hinblick auf das *politische System und die Verfassung der sozialistische Gesellschaft* ging Walter Ulbricht zunehmend einen eigenen Weg, der sich von dem sowjetischen System unterschied. Er versuchte, das in Anlehnung an sowjetische

Erfahrungen und Vorgaben entstandene *politische Macht- und Herrschaftssystem*, das durch die Dominanz diktatorischer Mechanismen und Methoden gekennzeichnet war, allmählich zu *demokratisieren.* Dieser Prozess wurde von ihm aber vorsichtig angegangen, weil es dabei um die äußerst sensible Frage der Erhaltung und Festigung der politischen Macht ging, welche die wichtigste Voraussetzung der sozialistischen Entwicklung bildet. Auf diesem Wege waren viele komplizierte Probleme zu lösen und dabei auch verfestigte dogmatische Vorstellungen zu überwinden. Ein Grundproblem war die seit der Oktoberrevolution im Denken und in der Praxis der Kommunisten fest verankerte Vorstellung von der *direkten Leitung des Staates durch die Kommunistische Partei und die weitgehende Verschmelzung ihrer Funktionen.* Dies war ein Grunddogma des Stalinschen Marxismus-Leninismus, und jede Abweichung davon galt als Revisionismus. Wenn Ulbricht zu Beginn des sozialistischen Aufbaus in der DDR auch noch ein konsequenter Anhänger dieser Auffassung war, gelangte er durch die praktischen Erfahrungen immer mehr zu der Einsicht, dass dieses System, welches in der Frühzeit der Sowjetunion aus ganz bestimmten Bedingungen und Schwierigkeiten resultierte, infolge seines weitgehend undemokratischen Charakters nicht geeignet ist, die breite demokratische Mitwirkung der Bevölkerung an der Gestaltung der Politik zu sichern. Seine Überlegungen zur Umgestaltung und weiteren Demokratisierung des politischen Systems gingen in verschiedene Richtungen.

Was das *Verhältnis der Partei zum Staat* betrifft, so gab es verschiedene Ansätze zu einer Veränderung, aber zufriedenstellend gelöst wurde diese Frage nicht, was teils auf entschiedenen Widerstand, teils aber auch auf objektive Widersprüche und unklare Fragen zurückzuführen war, weil die umfassende Ausarbeitung einer *marxistischen Theorie des sozialistischen Staates, der sozialistischen Demokratie und der sozialistisch-demokratischen Machtausübung* bis zum Untergang des Sozialismus ein Desiderat blieb. Ulbricht war zwar klar geworden, dass der *überdimensionierte zentrale Parteiapparat* nicht nur überflüssig war, sondern auch die verantwortliche Tätigkeit des Staatsapparates einschränkte und behinderte, denn *zwei Regierungen* waren zu viel. Daher verlangte er mehrmals eine erhebliche *Reduzierung des Parteiapparates*, doch konnte er sich mit dieser Forderung praktisch nicht durchsetzten, im Gegenteil: nach einer längeren Zeit war dieser noch mehr angewachsen, und er musste sich offenbar damit abfinden. Doch versuchte er auf einem anderen Weg, die *Autorität und Kompetenzen der Staatsorgane* zu erhöhen und zugleich ihren demokratischen Charakter zu stärken. Nach dem Tod des ersten Präsidenten der DDR *Wilhelm Pieck* wurde das Amt des Staatspräsidenten durch einen *Staatsrat* ersetzt, der von der Volkskammer gewählt wurde und als ein *autoritatives Organ des Parlaments* eine aktivere Verbindung zum Volk herstellen sollte. *Walter Ulbricht* wurde zum Vorsitzenden gewählt und nutzte nun dieses Organ und seine Funktion dazu, eine aktive *politisch kontrollierende und gestaltende Tätigkeit des Staatsrates* zu organisieren, wodurch eine umfassendere Verantwortung und Mitwirkung sowohl aller Parteien als auch der Bevölkerung angestrebt und in gewissen Grenzen auch erreicht wurde. Wie in der Regierung waren auch im Staatsrat alle Parteien mit stellvertretenden Vorsitzenden und Mitgliedern vertreten, so dass es in der DDR neben dem höchsten politischen Repräsentativorgan, der Volkskammer, mit dem Staatsrat und dem Ministerrat zwei weitere staatliche Organe mit hohen Vollmachten gab und dadurch die *Macht des Parteiapparates* in einem bestimmten Maß eingeschränkt werden konnte, zumal der Vorsitzende des Staatsrates zugleich Erster Sekretär des ZK der SED war, dem der Apparat keine Vorschriften machen konnte. In seiner programmatischen Erklärung über die Aufgaben des Staatsrates macht Ulbricht deutlich, dass es dabei um eine *grundsätzliche Veränderung des politischen Systems* gehe und es vor allem darauf ankomme, den noch weit verbreiteten Kommandostil zu überwinden und die aktive demokratische Mitwirkung der Bevölkerung durch Überzeugung zu gewinnen. In diesem Sinne wurde die Arbeit des Staatsrats organisiert und dabei bedeutende Reformvorhaben ausgearbeitet und der Volkskammer zur Beschlussfassung zugeleitet. Hier sind besonders die *Reform des gesamten Rechtswesens* zu nennen, die in einer Reihe grundlegender Gesetze und zusammenfassend im *Rechtspflegeerlass* verankert wurde, der die Selbständigkeit und Verantwortung der Justiz stärkte. Neu war, dass die Vorschläge für die geplanten Veränderungen öffentlich mit der Bevölkerung diskutiert und beraten wurden, wobei zahlreiche Änderungen zustande kamen. Ebenso wichtig war auch die vom Staatsrat vorbereitete neue *Kommunalverfassung,* in der die Rechte der örtlichen und regionalen Volksvertretungen und ihrer Organe präzise formuliert und wesentlich erweitert wurden.

Das Hauptprojekt des Staatsrates aber war die *Ausarbeitung und umfassende Diskussion einer neuen Verfassung* der DDR, da die Verfassung aus dem Jahre 1949, die ursprünglich als Entwurf einer Verfassung für Gesamtdeutschland konzipiert war, schon lange nicht mehr der politischen und gesellschaftlichen Realität entsprach. Unter Beteiligung aller politischen Parteien wurde eine *Verfassungskommission* gebildet, und Ulbricht setzte auch gegen Widerstand aus dem Politbüro der SED durch, dass der Verfassungsentwurf dem

Volk zu einer breiten Aussprache über alle grundlegenden Fragen der Staatspolitik und der weiteren Gestaltung der sozialistischen Gesellschaft unterbreitet wurde. In einer solchen Diskussion und der unmittelbaren Teilnahme der Bevölkerung an der Verbesserung des Verfassungsentwurfs durch Einwände und Vorschläge zur Abänderung oder Ergänzung sah Ulbricht einen wichtigen *Schritt zur weiteren Demokratisierung* des gesamten gesellschaftlichen Lebens. Eine sozialistische Verfassung durfte nicht unter Ausschluss der Öffentlichkeit von einer kleinen Expertengruppe in geschlossenen Räumen formuliert werden, an diesem grundlegenden Werk war der Volkssouverän maßgeblich zu beteiligen, und er allein hatte auch das Recht, darüber in einer Volksabstimmung zu entscheiden. An der Tatsache, dass in der halbjährigen Diskussion über den Verfassungsentwurf über 12000 Vorschläge unterbreitet und in der Verfassungskommission beraten wurden, die dann zu 118 wichtigen Änderungen des Textes führten und dass die Verfassung in der Volksabstimmung mit großer Mehrheit gebilligt wurde, zeigte sich die Richtigkeit dieses Weges zur Überwindung von Demokratiedefiziten.

Ein weiteres Projekt zur Vertiefung und Erweiterung der sozialistischen Demokratie, das Ulbricht plante, war die *Veränderung des Wahlsystems*. Auch dieses war im Prinzip von der Sowjetunion übernommen worden und spielte in der Anfangsperiode sicherlich auch eine positive Rolle, weil es die engere Zusammenarbeit aller Parteien förderte und allen durch die gemeinsame Kandidatenliste eine angemessene Repräsentation in den staatlichen Organen von der Gemeindevertretung bis zu Volkskammer und der Regierung garantierte. Es war schon dahingehend abgeändert worden, dass die Wahllisten mehr Kandidaten enthielten als zu wählen waren, so dass die Wähler eine Möglichkeit der Entscheidung zwischen Kandidaten hatten, doch war das unbefriedigend, weil die Wahl immer noch mehr den *Charakter einer Akklamation* hatte. Dieses Vorhaben ist aber nicht mehr verwirklicht worden.

Wenn wir die *Gesamtheit der Reformvorhaben* betrachten, die Walter Ulbricht in dieser Zeit initiiert, begonnen, durchgeführt und weiter geplant hat, dann fügen sie sich wie *Elemente eines Systems* zusammen, in dessen Mittelpunkt der Gedanke stand, die sozialistische Gesellschaft in der DDR in einer Weise zu gestalten, das sie einerseits den grundlegenden Erkenntnissen des Marxismus wie auch den bisherigen positiven und negativen Erfahrungen besonders der Sowjetunion Rechnung trug, aber andererseits auch die modernen Bedingungen der wissenschaftlich-technischen Revolution und die

Erfordernisse des ökonomischen Wettstreits mit einer wesentlich gewandelten kapitalistischen Welt berücksichtigte. Diese Reformen bedeuteten objektiv eine *Zurückdrängung und teilweise Überwindung des Stalinismus*. Das mag paradox klingen, galt Ulbricht doch lange Zeit als treuer und konsequenter Gefolgsmann Stalins. Aber wie sich schon früher zeigte, konnte der äußere Schein auch trügen, denn wahrscheinlich war manches in seiner Haltung auch taktisches Manöver, wenn er keine andere erfolgversprechende Möglichkeit sah. Wie dem auch sei, bleibt es eine Tatsache, dass er einer der wenigen alten Funktionäre der Komintern war, der ernsthafte und weitgehende Schlussfolgerungen aus dem XX. Parteitag der KPdSU und der Geschichte der Sowjetunion zog und daher bestrebt war, die *sozialistische Gesellschaft in der DDR effektiver, attraktiver und auch demokratischer zu gestalten*. Das führte unvermeidlich zu einer fortschreitenden Abkehr von dem vereinfachten, defizitären und in vieler Hinsicht der Theorie des Marxismus nicht entsprechenden *Sozialismusmodell Stalins*, an dem die sowjetische Führung auch unter *Chruschtschow* und noch mehr unter *Breshnjew* weiter festhielt.

Die auf diesem Wege gewonnenen Erfahrungen und Erkenntnisse bestärkten ihn in der Einsicht, dass die sozialistische Gesellschaft noch eine lange Zeit benötigen werde, um die ökonomische, soziale und geistige Reife zu erlangen, von der aus der Übergang in die höhere Phase des Kommunismus zu einer realen Aufgabe werden konnte. Alle Vorstellungen von einem raschen Erreichen der kommunistischen Gesellschaft, in der materieller Überfluss und völlige soziale Gleichheit herrschen würde, in der bereits die Bedingungen für die allseitige Entwicklung aller Individuen gegeben seien und auch der Staat absterben könne, beruhten theoretisch auf einer zu *oberflächlichen Auffassung und Interpretation* der entsprechenden Ausführungen von Marx über die zwei Entwicklungsphasen der neuen Gesellschaftsformation. Praktisch waren sie vor allem ein Ausdruck *revolutionärer Ungeduld* und damit verbundener *illusorischer Zukunftserwartungen*, die oft genug über die realen Schwierigkeiten der sozialistischen Realität hinwegtäuschen sollten, also *verkehrtes Bewusstsein*.

Marx hatte für die mögliche Dauer der niederen Entwicklungsphase, die wir auf *Lenins* Vorschlag als Sozialismus bezeichneten, keine bestimmten Zeiträume genannt, sondern als entscheidendes Kriterium den *ökonomischen Reifegrad* der Gesellschaft benannt, der erreicht sein müsse, damit der Übergang in die höhere Phase des Kommunismus möglich werde. Lenin hatte dieses Kriterium durch die Ergänzung konkretisiert, dass der Sozialismus hierfür eine **höhere Arbeitsproduktivität** erreichen müsse als der Kapitalismus. Das hatte **Ulbricht** im Prinzip bereits 1963 auf dem VI. Parteitag der SED erklärt, und diese Einsichten bildeten die Grundlage für seine gesamte Reformpolitik.

Doch ihre Verwirklichung war ein schwieriger Prozess, in dem Ulbricht auf zahlreiche Widerstände stieß. In Anbetracht der großen Abhängigkeit der DDR von der Sowjetunion war es sehr wichtig, sich die Unterstützung der KPdSU-Führung zu sichern, was relativ gut gelang, solange **Chruschtschow** Erster Sekretär des ZK war, aber bedeutend schwieriger wurde, nachdem er abgelöst und durch **Breshnjew** ersetzt worden war. Denn der Hauptgrund für die Absetzung Chruschtschows war zweifellos seine Linie der Entstalinisierung. Bereits 1957 hatten stalinistische Kräfte im Politbüro der KPdSU unter Führung von **Molotow, Kaganowitsch** und **Malenkow** versucht, ihn zu entmachten und seine Ablösung beschlossen. Doch Chruschtschow gelang es mit Hilfe des Zentralkomitees den Anschlag abzuwehren und stattdessen seine Widersacher als „parteifeindliche Fraktion" auszuschließen. Da **Breshnjew** jede weitere Kritik an Stalin und seiner Politik unterband und zu einer moderaten *„Restalinisierung"* überging, wehte nun aus Moskau ein anderer Wind, was auch dazu führte, dass die stalinistischen Kräfte in der Führung der SED wieder mehr Oberwasser bekamen. Das zeigte sich schon auf dem 11. Plenum des ZK der SED im Dezember 1965, auf dem eigentlich Probleme der wirtschaftlichen Entwicklung auf der Tagesordnung standen, dann aber von Gegnern des Reformkurses unerwartet scharfe Attacken gegen die Politik größerer Offenheit Ulbrichts auf dem Gebiet der Ideologie, Kultur, Literatur und Jugendpolitik eröffnet wurden. Diese war mit seiner Konzeption untrennbar verbunden, denn es ging ihm um die **Demokratisierung der Gesellschaft** und um die Hebung der gesellschaftlichen Aktivität, die ohne größere Freiheit nicht zu erreichen ist. Die Öffentlichkeit erfuhr damals nicht, wer die Wortführer dieser Kampagne waren, wohl aber, dass scharfe Kritik an einer Reihe von literarischen Werken und Filmen geübt wurde, was dann später zusammen mit den Auswirkungen oft als „kultureller Kahlschlag" bezeichnet wurde. Erst viel später wurde bekannt, dass **Honecker, Verner** und **Stoph** die Anführer der Gruppe in der Parteiführung der SED waren, die an ihrer stalinistischen Gesinnung festhielten, die „ideologische Aufweichung" scharf anprangerten und sich gegen die Politik Ulbrichts wandten. Damals wagten sie noch nicht, direkt gegen die ökonomischen Reformen zu opponieren, sondern verlegten ihren Angriff auf Nebenschauplätze, obwohl es in erster Linie um das ökonomische System der Planung und

Leitung der Volkswirtschaft ging. Angesichts des offenbar werdenden Kräfteverhältnisses im Politbüro war Ulbricht gezwungen, Zugeständnisse zu machen, die dazu führten, dass Bücher und Filme unterdrückt und vor allem auch das Jugendkommuniqué faktisch annulliert wurde.

Die politische *Linie der SED wurde sehr widersprüchlich:* Während sich Ulbricht mit den Reformanhängern bemühte, das neue ökonomische System in der Praxis weiter durchzuführen, setzte sich auf dem Gebiet der *Ideologie und Kultur* wieder stärker eine engherzige *dogmatische Auffassung und Praxis* durch. Es war nicht zu übersehen, dass dies mit der Politik der *Restalinisierung* im Einklang stand, die mit *Breshnjews* Machtantritt in der Sowjetunion einsetzte. So wurde die Lage für Ulbricht und seinen Reformkurs sowohl innenpolitisch wie auch außenpolitisch schwieriger. Hinzukam, dass *Erich Apel* unmittelbar vor dem 11. Plenum des ZK Selbstmord verübte und so seine Anhängerschaft geschwächt war. Seit dem Sommer 1965 wurde eine langfristiger Vertrag über die Wirtschaftsbeziehungen zwischen der DDR und der Sowjetunion vorbereitet, denn die DDR benötigte für die hochgesteckten Ziele der weiteren ökonomischen Entwicklung beträchtliche Lieferungen aus der Sowjetunion, vor allem Rohstoffe wie Erdöl und Stahl, die mit Gegenlieferungen in Form von Fertigprodukten bezahlt werden sollten. Es stellte sich heraus, dass die *Sowjetunion nicht in der Lage oder auch nicht bereit war*, die erforderlichen Mengen zu liefern, so dass die von der SED-Führung geplanten Ziele nicht in vollem Umfang zu verwirklichen waren. Darüber kam es zu Auseinandersetzungen, in die *Breshnjew* persönlich eingriff, und Ulbricht musste nachgeben. Weiter kam es zu Differenzen über das Problem der wirtschaftlichen Beziehungen zu kapitalistischen Staaten. Apel hatte eine Erweiterung dieser Beziehungen für erforderlich gehalten, um die DDR über den Außenhandel stärker in die *internationale Arbeitsteilung* einzubeziehen. Das lehnte die sowjetische Führung aber entschieden ab, sie wollte die DDR-Wirtschaft enger an die der Sowjetunion binden. Apel sah klar voraus, dass dies die Entwicklung der DDR-Wirtschaft, die sich stärker auf den *wissenschaftlich-technischen Fortschritt* orientieren musste, erheblich behindern würde, denn gerade im Hinblick auf die wissenschaftlich-technische Revolution war die Sowjetunion weit zurückgeblieben. So kam es in zwei Grundfragen zu Widersprüchen und einer Konfliktsituation, in der Ulbricht am Ende doch nachgeben musste. Da Apel begriff, dass er sich nicht durchsetzten konnte und seine ehrgeizigen Zielsetzungen damit unrealistisch wurden, verlor er offenbar die Nerven und wählte dein Freitod.

Nach Apels Ausfall trat nun *Günter Mittag* an dessen Stelle und wurde Sekretär des ZK für Wirtschaft, dem die Aufgabe zukam, für den Fortgang der ökonomischen Reformen zu sorgen. Trotz der Abstriche, die Ulbricht zu machen gezwungen war und auch der Widerstände konnten wesentliche Elemente und Aspekte der ökonomischen Reformen realisiert werden. Sie bewährten sich in der Praxis, was an den bedeutenden Fortschritten der DDR-Wirtschaft deutlich erkennbar wurde. Wenn es auch übertrieben war, die DDR als zehntstärkste Industriemacht zu bezeichnen, konnte sie mit dem siebenten Rang zu den großen Industrieländern aufschließen.

Trotzdem durfte man sich nicht in Illusionen wiegen, denn noch immer war die Wirtschaft nicht in der Lage, die Bevölkerung mit Konsumgütern, Ersatzteilen und Lebensmitteln kontinuierlich und zuverlässig auf einem den Zielen und Ansprüchen des Sozialismus entsprechenden Niveau zu versorgen, zumal die *Bedürfnisstruktur* unter dem Einfluss des wissenschaftlich-technischen Fortschritts sich immer stärker auf hochwertige technische Konsumgüter verlagerte. Wenn man die Lage realistisch beurteilte, konnte man nur zu dem Schluss kommen, dass *die sozialistische Gesellschaft noch einen längeren Weg zurückzulegen hatte*, um als ein voll funktionsfähiges Gesellschaftssystem zu wirken. Die verbreitete Annahme, dass der Sozialismus lediglich ein kurzes Übergangsstadium zum Kommunismus sei, war unzutreffend. Es zeigte sich immer mehr, dass das sozialistische Gesellschaftssystem auf seiner *eigenen ökonomischen Grundlagen als eine Totalität entfaltet werden musste,* in der alle Elemente reibungslos zusammenwirken, um *stabile Triebkräfte* der weiteren Entwicklung hervorzubringen. Dabei musste es eine *eigenständige soziale und kulturelle Qualität* erwerben, die weder aus einer Mischung von „Überresten des Kapitalismus" und „Keimen des Kommunismus" besteht noch eine bloße Nachahmung der Errungenschaften des Kapitalismus und der bürgerlichen Gesellschaft sein konnte. Es gehe nicht darum, den Kapitalismus mit sozialistischen Vorzeichen nachzumachen, sondern prinzipiell neue Wege zu beschreiten und dabei immer deutlicher die *neue Qualität des Sozialismus als einer höheren Gesellschaftsordnung* anzusteuern.

Als Quintessenz aller theoretischen Überlegungen und praktischen Erfahrungen führte die Reformpolitik zu der Schlussfolgerung, dass die sozialistische Gesellschaft kein kurzfristiger Übergangszustand ist, sondern als eine *relativ selbständige Gesellschaftsformation* von langer Dauer zu betrachten sei. Diese grundlegende Einsicht, die durch wissenschaftliche Arbeiten am Institut für Gesellschaftswissenschaften beim ZK der SED unter Leitung von *Otto Reinhold* und *Werner Kalweit* begründet worden war, wurde von Ulbricht 1967 in einem Vortrag zum 100. Jahrestag des Erscheinens des ersten Bandes von Marx` Hauptwerk „Das Kapital" formuliert, in dem er die Bedeutung der Marxschen Theorie für die Gestaltung der sozialistischen Gesellschaft herausstellte. Diese **undogmatische Interpretation der marxistischen Gesellschaftstheorie** und auch der Auffassungen von Marx über die zwei Entwicklungsphasen der kommunistischen Gesellschaftsformation auf dem Fundament praktischer gesellschaftspolitischer Erfahrungen stellte m.E. den wichtigsten **Beitrag zur Entwicklung der Theorie des Sozialismus** seit Lenin dar. Damit war eine realistische, die bisherigen Erfahrungen verallgemeinernde und zugleich von utopischen und illusionären Elementen befreite Konzeption gegeben, die ein solides Fundament für die Ausarbeitung der praktischen Politik zur weiteren Gestaltung der sozialistischen Gesellschaft bilden konnte.

Aus erklärlichen Gründen stießen diese Ausführungen Ulbrichts nicht überall auf Verständnis und Zustimmung, wurden damit doch einige „heilige Kühe" geschlachtet und lang gehegte Illusionen zerstört. Vor allem betraf das die von der KPdSU vertretene Auffassung, dass die Sowjetunion seit Stalins Erklärungen bei der Annahme der neuen Verfassung 1936 und auf dem XVIII. Parteitag der KPdSU 1939 sich bereits in der Periode der Vollendung des Sozialismus und des **Übergangs zum Kommunismus** befinde. Diese Linie war ja noch gültig, denn die Führung der KPdSU hatte es bei ihrer halbherzigen Entstalinisierung versäumt, Stalins unbegründete und reichlich primitive Theorie des Sozialismus und Kommunismus einer kritischen Analyse und Korrektur zu unterziehen und sich von dem damit verbundenen Voluntarismus und Illusionismus zu trennen. Stattdessen arbeitete sie auf diesem theoretischen Fundament das neue Parteiprogramm von 1961 aus, in dem sie die Aufgabe formulierte, die **kommunistische Gesellschaft binnen zwanzig Jahren** zu errichten. Damit verstrickte sie sich immer tiefer in dem Netz illusionärer Vorstellungen und unrealistischer Erwartungen, aus dem sie auch später nicht mehr herausfand. Für die Lösung der Aufgaben des Übergangs zur höheren Phase des Kommunismus fehlten auch in der Sowjetunion des Jahres 1961 noch wesentliche objektive und subjektive Bedingungen und Voraussetzungen, denn auch die Fortschritte seit Stalins Zeiten hatten aus der Sowjetgesellschaft immer noch lange keinen Sozialismus entstehen lassen, der den Ansprüchen einer reifen und funktionierenden sozialistischen Gesellschaft entsprach. Doch eine sowjetische Zustimmung zu den Auffassungen Ulbrichts hätte zugleich das Eingeständnis bedeutet, dass die KPdSU im Hinblick auf ihr programmatisches Ziel eine nicht haltbare **unbegründete Position** vertrat, die unvermeidlich zu einem Misserfolg führen müsse. Damit wurde aber die **Vorbildrolle der KPdSU** in Frage gestellt, was zu einem erheblichen **Autoritätsverlust in der internationalen kommunistischen Bewegung** führen musste. Daher war die Führung der KPdSU mit den Auffassungen Ulbrichts nicht einverstanden, und er konnte immer weniger damit rechnen, für seine Reformpolitik Unterstützung zu erhalten, zumal auch andere sozialistische Länder davon infiziert wurden. Das betraf insbesondere auch die CSSR, in der es sehr aktive Reformbestrebungen gab, die anfangs auch Ulbrichts Interesse und Zustimmung fanden. In dem **„Richta-Report"** hatten kompetente tschechische Ökonomen, Philosophen und Soziologen in einer umfangreichen Studie die **Auswirkungen der wissenschaftlich-technischen Revolution auf die sozialistische Gesellschaft** untersucht und Vorschläge für notwendige Reformen ausgearbeitet. Das fand auch das Interesse Ulbrichts, der zu Beginn des „Prager Frühlings" 1968 damit sympathisierte und erst, als der Prozess aus dem Ruder lief und die Gefahr des Machtverlusts entstand, eine kritische Haltung dazu einnahm.

Der Gang dieser Ereignisse veränderte die **Machtverhältnisse in der Führung der SED** ganz erheblich. Obwohl Ulbricht das Projekt der Ausarbeitung, breiten Diskussion und Volksabstimmung über die neue Verfassung noch durchsetzen konnte, wurde der Widerstand gegen seine Linie stärker. Wichtige Aktionen wurden vom Leiter des Sekretariats des ZK **Erich Honecker**, den Ulbricht schon seit langer Zeit als seinen Nachfolger favorisiert hatte, verzögert, blockiert oder hintertrieben. Da die Führung der KPdSU nicht mehr hinter ihm stand, war **der Machtverfall** nicht lange aufzuhalten, und die Gegner seiner Reformpolitik mit Honecker, Verner und Stoph an der Spitze verspürten zunehmende Rückendeckung aus Moskau. Unter diesen Umständen waren es wohl nicht nur fehlende Einsicht in die Richtigkeit und den Weitblick der Überlegungen Ulbrichts, die den größeren Teil der Mitglieder des Politbüros veranlassten, sich von Ulbricht abzuwenden und sich nicht gegen seinen voraussichtlichen Nachfolger Honecker zu stellen. So konnte sich Ulbricht in der letzten Zeit dieser Reformperiode nur noch auf eine schwache Mehrheit im Politbüro stützen, und schließlich schrumpfte diese auf wenige Stimmen zusammen.

Nach außen drangen diese Auseinandersetzungen und Intrigen nicht, es wurde die Illusion der „Einheit und Geschlossenheit" und der „Kollektivität der Führung" aufrecht erhalten. Nur wenige mit intensiveren Verbindungen zum Apparat des ZK wussten um die wirkliche

Situation. Walter Ulbricht hatte Erich Honecker lange Zeit als „Kronprinzen" favorisiert und vertraute ihm, so dass er ihm auch das wichtige Amt des *Leiters der Sekretariats* übertrug, womit dieser zugleich Stellvertreter des Ersten Sekretärs des ZK war. Als Ulbricht feststellen musste, dass Honecker sich immer mehr zum Gegner seiner Reformpolitik profilierte, weil sein theoretisches Vermögen unzureichend war und er möglichst rasch nach der Macht strebte, kam er zu der Einsicht, dass dieser für das Amt des Ersten Sekretärs nicht geeignet sei. und er begann nach personellen Alternativen zu suchen. Das blieb natürlich nicht verborgen, und so konnte Honecker seine Gegenmaßnahmen treffen. Da Ulbricht aus erklärlichen Gründen auch *Breshnjew* durch seine unabhängigen Auffassungen und seine selbständige Politik längst ein Dorn im Auge war, entstand *eine Interessenübereinstimmung zwischen Honecker und Breshnjew* mit der Absicht, den Wechsel an der Führungsspitze der SED zu beschleunigen. Honecker bereitete ein Schreiben des Politbüros an Breshnjew vor, in dem Ulbrichts Ablösung vorgeschlagen und die Zustimmung zu diesem Schritt erbeten wurde. Dieses wurde von fast allen Mitgliedern und Kandidaten des Politbüros unterschrieben. Soviel bekannt ist, verweigerte nur *Alfred Neumann* seine Unterschrift, alle anderen hatten sich bereits den stärkeren Bataillonen angeschlossen, darunter auch **Kurt Hager** und **Günter Mittag**, die mit Ulbricht stärker verbunden waren. Als im Dezember 1970 eine Tagung des Zentralkomitees der SED stattfand, waren die Würfel bereits gefallen. Wenn von der *Ablösung Ulbrichts* auch nicht direkt gesprochen wurde, traten *Honecker* und *Stoph* bereits offen gegen die von ihm vertretene Reformpolitik auf. *Ulbricht* wehrte sich zwar, aber angesichts des Kräfteverhältnisses im Politbüro musste er resignieren und dem Rücktritt aus „Alters- und Gesundheitsgründen" zustimmen.

Honecker wurde zum Ersten Sekretär gewählt, und damit war das von Ulbricht konzipierte *Reformprojekt,* welches der sozialistischen Gesellschaft eine größere Entwicklungsfähigkeit verleihen sollte, *beendet*. Im Einklang mit den Forderungen *Breshnjews* kehrte die SED unter Honeckers Führung wieder weitgehend zu den in der Sowjetunion „bewährten" Strukturen, Funktionsmechanismen und Anschauungen zurück. Das neue ökonomische System der Planung und Leitung der Volkswirtschaft wurde aufgegeben und man ging sukzessive wieder zu der *zentralistischen administrativen Leitung* über, wenn auch noch lange von dem „ökonomischen System des Sozialismus" die Rede war, um diesen Wechsel zu verschleiern. Honecker erklärte auch alle grundlegenden Einsichten und konstruktiven Überlegungen zur *Theorie des Sozialismus* für falsch und versuchte, die Leistungen Ulbrichts herabzusetzen und zu diskreditieren, was in der Partei große Irritationen auslöste. Es war schwer zu verstehen, weshalb alles, was bis gestern als richtig gegolten hatte, plötzlich falsch sein sollte.

Nach einer Periode der *Zurückdrängung des Stalinismus in Theorie und Praxis* gerieten die SED und die DDR nun wieder in den Sog der **Restalinisierung,** die von Breshnjew nach der Ablösung Chruschtschows betrieben wurde. Im Gegensatz zu der Auffassung, dass der Sozialismus eine relativ selbständige Gesellschaftsformation von langer Dauer sei, erklärte Honecker in mehreren öffentlichen Reden, dass wir uns auch *in der DDR bereits dem Kommunismus näherten* und „unsere Generation noch im Kommunismus leben werde," womit er sich den *illusionären Vorstellungen der KPdSU-Führung* anschloss. Im Gegensatz zu der Politik Ulbrichts, den kleinen und mittleren privaten Betrieben wie auch den gemischten halbstaatlichen Unternehmen eine längere Entwicklungsperspektive und gesicherte Existenz zu gewähren und die damit verbundenen Schichten kleiner Privateigentümer immer mehr in die sozialistische Gesellschaft zu integrieren, entfaltete Honecker sehr bald eine Kampagne gegen sie – offenbar wollte er seine Treue zum stalinistischen Dogma von der Verschärfung des Klassenkampfes im Sozialismus beweisen. Er beseitigte sie komplett und ließ sie in die großen Industriekombinate eingliedern, obwohl diese an deren Produktion überwiegend kein Interesse hatten. Das wirkte sich negativ auf das Angebot an Konsumgütern aus, weshalb die Kombinate später gezwungen wurden, spezielle Abteilungen für Konsumgüter zu schaffen, obwohl diese meist nicht in das jeweilige Produktionsprofil passten und mehr eine Belastung waren, abgesehen davon, dass ein großer Teil der auf diese Weise erzeugten Konsumgüter von geringer Qualität war.

Ulbrichts Reformkonzept war mit einer *Erweiterung und Vertiefung der sozialistischen Demokratie* verbunden, was zu einer aktiveren Beteiligung der Bevölkerung an der Gestaltung der Politik führen sollte und in der Arbeit an der neuen Verfassung sowie an wichtigen Gesetzen bereits erfolgreich praktiziert worden war. Ein wichtiger Bestandteil dieser Praxis war auch eine *größere Offenheit in ideologischen und theoretischen Fragen*, was darin zum Ausdruck kam, dass auch kritische Probleme erörtert wurden und es zu einer schöpferischen Belebung des marxistischen theoretischen Denkens kam. Der stalinistische Dogmatismus und Schematismus konnte in verschiedenen Bereichen des Marxismus, speziell in der Philosophie, der politischen Ökonomie und der Sozialismustheorie kritisch analysiert und teilweise auch überwunden werden. Damit war nun Schluss, Abweichungen vom *stalinistischen „Marxismus-Leninismus"* wurden nicht mehr geduldet. Wichtige Veröffentlichungen verfielen dem Verdikt des „Revisionismus" und durften nicht mehr gedruckt werden. Dieses Schicksal ereilte auch das Buch „Marxistische Philosophie", in dem Stalins Dogmatismus und Schematismus, der lange in der Philosophie geherrscht hatte, konsequent beseitigt war.

Ulbricht hatte sowohl die marxistische Wissenschaft als auch wichtige Bereiche der Naturwissenschaften und Technikwissenschaften in seine Reformpolitik eingebunden, denn ihm war klar, dass es im Zeitalter der wissenschaftlich-technischen Revolution unmöglich war, begründete Entscheidungen zu treffen und für wichtige Probleme effektive Lösungen zu finden, ohne sich auf die Erkenntnisse der einschlägigen Wissenschaften zu stützen. Damit entstanden auch die Bedingungen dafür, dass die *marxistische Wissenschaft allmählich wieder ihre eigentliche Funktion zurückgewinnen konnte*, als Ideengeber für die künftige Gestaltung der Politik zu dienen. In der Zeit der Herrschaft des Stalinismus musste sie sich überwiegend darauf beschränken, die weisen Beschlüsse der Führung zu begründen und zu kommentieren, weil sie sich in die Rolle einer *Magd der Politik* zu fügen hatte, statt theoretische Grundlagen für die Politik auszuarbeiten, begründete Vorschläge und Alternativen zur Diskussion zu stellen und durch ihre *analytische und kritische Begleitung der Politik als Instrument der ständigen Selbstanalyse und Selbstkorrektur der Gesellschaft* zu dienen.

Ulbricht hatte mit der Schaffung des Forschungsrates der DDR, mit der Bildung des "Strategischen Arbeitskreises" und anderer Arbeitsgruppen von Wissenschaftlern verschiedener Disziplinen damit begonnen, diesen Weg zu beschreiten. Wäre er fortgesetzt worden, hätte sich das Gewicht der marxistischen Wissenschaft ganz sicher entschieden erhöht, und sie hätte ihre Funktion zunehmend besser erfüllen können, wenn die Parteiführung ihre notwendige *Bewegungsfreiheit und relative Unabhängigkeit* respektiert hätte. Ulbricht war auf diesem Weg; Honecker beendete ihn abrupt, mehr noch, er hegte geradezu Misstrauen gegen die Wissenschaft. Wissenschaftlich-technische Fortschritte erwartete er viel mehr von den „Arbeiterforschern und Neuerern", wie er unbedarft verkündete und damit die unersetzliche Arbeit der wissenschaftlich-technischen Intelligenz herabsetzte, ohne dass ihm die für Wissenschaft verantwortlichen Funktionäre des ZK widersprachen.

6) Der widerspruchsvolle Weg in den Untergang des Sozialismus

Bekanntlich ist der Weg zur Hölle mit guten Vorsätzen gepflastert; und so fehlte es nach dem **Machtwechsel von Ulbricht zu Honecker** nicht an Versprechungen, dass die Kontinuität gewahrt bleibe und die erfolgreiche Entwicklung der Vorjahre fortgesetzt werde. Dieser Anschein wurde auch dadurch erweckt, als es keinen großen Wechsel in der Führungsspitze gab. Zwar musste **Mittag** den Posten als Sekretär für Wirtschaft räumen, aber er blieb Mitglied des Politbüros und musste als stellvertretender Vorsitzender des Ministerrats in die Regierung wechseln. Seine Funktion nahm nun **Werner Krolikowski** ein, zuvor als erster Bezirkssekretär in Dresden für seine dogmatische Haltung bekannt. Neu in das Politbüro kam **Werner Lamberz**, und das wurde durchaus als positives Zeichen gewertet, denn er war als kluger und gebildeter Funktionär mit internationaler Erfahrung bekannt.

Honecker scheint ernsthaft geglaubt zu haben, dass **Ulbrichts Reformkurs falsch sein musste**, weil er sich immer weiter **von dem Vorbild Sowjetunion entfernte**. Er wollte die DDR wieder stärker mit dem sowjetischen Weg verbinden und dachte wohl, damit das angestrebte Endziel des Kommunismus schneller erreichen und es zugleich mit seinem Namen verbinden zu können. Doch da bei ihm Ehrgeiz und Fähigkeiten in umgekehrt proportionalem Verhältnis ausgeprägt waren, erkannte er nicht, dass die Politik Breshnjews nicht zum Kommunismus, sondern in immer größere Widersprüche und zu einer zunehmenden **Stagnation und Erosion der sozialistischen Gesellschaft** führte. Er erklärte siegesgewiss, dass nun wieder „richtige Arbeiterpolitik" gemacht werde und diskreditierte den Kurs Ulbrichts als Abweichung davon. An Stelle des ökonomischen Systems der Planung und Leitung der Volkswirtschaft, das darauf gerichtet war, langfristig größere ökonomische Triebkräfte freizusetzen und durch die Modernisierung und Intensivierung mittels der wissenschaftlich-technischen Revolution eine höhere Leistungskraft und Arbeitsproduktivität zu erreichen, proklamierte er den Kurs der **„Einheit von Wirtschafts- und Sozialpolitik".** Das hörte sich als Losung vertrauenerweckend an, aber es war nicht sehr klar, was daran neu sein sollte. Das **Ziel der Wirtschaftspolitik im Sozialismus** besteht darin, den Lebensstandard der arbeitenden Menschen zu erhöhen, ihre Arbeits- und Lebensbedingungen in jeder Hinsicht zu verbessern, und in diesem Sinne mündet die Wirtschaftspolitik immer in die Sozialpolitik ein. Wie schnell, wie umfangreich und wie dauerhaft die Steigerung des Lebensniveaus möglich ist, hängt natürlich von der

Leistungskraft der Wirtschaft ab und nicht von guten Wünschen. Die Annahme, dass auf *Vorschuss erhöhte Löhne und Sozialleistungen*, die durch ökonomische Fortschritte nicht gedeckt sind, zu einem großen Aufschwung der Arbeitsleistungen und der Produktivität führen werden, erwies sich sehr schnell als Trugschluss. Diese Politik führte aber dazu, dass der *Anteil an unproduktiven Subventionen* zur Finanzierung billiger Preise für Lebensmittel und Konsumgüter, billiger Mieten und anderer Leistungen in die Höhe schnellten und auch zukünftig weiter steigen mussten. Dadurch wurde das erforderliche Verhältnis zwischen Akkumulationsfonds und Konsumtionsfonds so verändert, dass die *Akkumulationsrate ständig sank.* Unter diesen Bedingungen war die *Modernisierung der Wirtschaft* auf dem Niveau der wissenschaftlich-technischen Revolution erheblich beeinträchtigt, was längerfristig negative Auswirkungen haben musste.

Diese Probleme zeigten sich sehr bald. Die DDR war auf Exporte von Industriegütern aller Art angewiesen, um die erforderlichen Importe von Rohstoffen und modernen Ausrüstungen zu finanzieren. Einen großen Anteil am Export hatte der Maschinenbau, der vor allem Werkzeugmaschinen produzierte. Im Ergebnis des wissenschaftlich-technischen Fortschritts wurden moderne Maschinen immer mehr mit mikroelektronischer Steuerung ausgerüstet. Auf dem Gebiet der *Mikroelektronik* war die DDR-Wirtschaft aber zurückgeblieben, und so musste sie ihre Maschinen entweder mit elektronischer Steuerung versehen, die aus dem kapitalistischen Ausland teuer importiert wurde, oder sie zu sehr unvorteilhaften Preisen verkaufen. Die Exporterlöse sanken bei steigenden Aufwendungen, so dass immer mehr exportiert werden musste, um die erforderlichen Devisen zu erwirtschaften, und das ging zu Lasten des Warenangebots auf dem Binnenmarkt. Da *Krolikowski* nicht in der Lage war, mit diesen schwierigen Problemen fertig zu werden, sah sich Honecker gezwungen, *Mittag* wieder als Sekretär für Wirtschaft in das ZK zurückzuholen und ihn mit sehr großen Vollmachten auszustatten. Beide mussten ihre Ämter tauschen, aber Krolikowski blieb weiter Mitglied des Politbüros. Gemessen an Krolikowski erscheint Mittag fast als Genie, denn er verstand es lange Zeit mit Hilfe eines äußerst *rigorosen administrativen Leitungsstils* den Anschein einer erfolgreichen Wirtschaftsentwicklung aufrechtzuerhalten. Mit Honecker im Rücken, der von Ökonomie wenig verstand, entwickelte er sich immer mehr zu einem machtgierigen technokratischen Abenteurer, der mit großem Geschick, aber auch Rücksichtslosigkeit eine ökonomische Politik verfolgte, welche in der Konsequenz zum ökonomischen Ruin und finanziellen Bankrott führen musste. Mittag war sich dessen offenbar bewusst, denn schon 1977 wurde er gemeinsam mit dem Chef der Plankommission *Gerhard Schürer* bei Honecker vorstellig, um ihn auf die prekäre Finanzsituation der DDR aufmerksam zu machen. Sie unterbreiteten Vorschläge zur Veränderung des ökonomisch nicht begründeten Preisgefüges, was zu einer Erhöhung zahlreicher Preise geführt hätte. Honecker lehnte das ab und sah darin einen Angriff auf seine Einheit von Wirtschafts- und Sozialpolitik, mehr noch auf seine Machtposition und Autorität. Anscheinend war er der Auffassung, dass es im Sozialismus keine Preiserhöhungen geben dürfe, obwohl manche Preise noch aus der Vorkriegszeit stammten. Schürer hat später mehrfach versucht, auf eine entsprechende Änderung der ökonomischen Politik hinzuwirken, wurde im Politbüro aber von Honecker, und nun mit Mittags Hilfe, zurückgewiesen. Mittag gab nach dem Ende der DDR an, er habe gewusst, dass diese Politik scheitern müsse, doch habe ihn Honecker dazu gezwungen. Womit konnte ihn Honecker zwingen? Der machtgierige Mittag wollte Honeckers Nachfolger werden, dazu brauchte er dessen Vertrauen, also musste er er wohl oder übel Honeckers Linie *wider besseres Wissen* fortführen.

Andererseits wuchs in den achtziger Jahren bei manchen Mitgliedern des Politbüros die Einsicht, dass diese Politik zum Scheitern verurteilt ist, so dass sich kritische Stimmen zwar meldeten, es aber zu keiner konsequenten Auseinandersetzung kam. Da sich die Schwierigkeiten in den achtziger Jahren vergrößerten, ist annehmen, dass die Unzufriedenheit innerhalb des Politbüros mit der Tätigkeit Honeckers stärker wurde und insgeheim hinter seinem Rücken immer mehr Kritik geäußert wurde. Diese galt vor allem seiner *selbstherrlichen Amtsführung*, die das Politbüro als Kollektiv missachtete, und seiner *überheblichen Art,* Einwände, Vorschläge und Kritiken nicht zu akzeptieren. Honecker legte die Linie stets vor den offiziellen Sitzungen gemeinsam mit Mittag fest, so dass die Mitglieder des Politbüros oft kaum noch die Möglichkeit hatten, auf Entscheidungen Einfluss zu nehmen. Am Ende vertraute er nur noch Mittag und übergab ihm während seiner längeren Krankheit die Amtsgeschäfte.

Honecker übte 1971 in seiner ersten großen Rede vor den Kreissekretären der SED – diese Veranstaltung fand dann jährlich statt – scharfe Kritik an Ulbrichts ökonomischer Politik und insbesondere daran, dass er eine *Auslandsverschuldung* von über einer Milliarde Dollar hinterlassen habe. Er hielt dieses geringfügige Defizit offenbar für so schwerwiegend, dass er sagte, die Schuld müsse in einem Jahr getilgt werden. In seiner Rede des nächsten Jahres äußerte er sich dazu nicht mehr, sondern teilte einfach mit, dass sich die Auslandsverschuldung „planmäßig entwickele". Von da an erfuhren weder die Partei noch die Öffentlichkeit etwas über die weitere planmäßige Entwicklung der Schulden. Die Bevölkerung bekam die Folgen einer wachsenden Verschuldung gegenüber kapitalistischen Staaten allerdings hart zu spüren, denn für die Bezahlung der Tilgungsraten und Zinsen sowie der erforderlichen Importe mussten immer größere Leistungen erbracht werden, so dass die Belieferung des *Binnenmarktes* stark zurückging und immer häufiger beträchtliche Defizite entstanden. Die Erfolgsmeldungen über die Steigerung der Produktion wurden bald nicht mehr geglaubt, weil sie auf dem Binnenmarkt kaum spürbar wurden. Aus diesem Dilemma konnte die Wirtschaft der DDR nur durch eine zügige *Modernisierung der Industrieausrüstung und eine konsequente Intensivierung der Produktion* kommen, also durch die effektive Nutzung des *wissenschaftlich-technischen Fortschritts*. Aber gerade auf dem Gebiet der wissenschaftlich-technischen Revolution hatten alle sozialistischen Länder einen großen Rückstand, und besonders negativ wirkte sich aus, dass die *Sowjetunion* in dieser Hinsicht sehr schwach entwickelt war. Daher gab es für die DDR-Industrie in der sozialistischen Staatengemeinschaft für die Beschleunigung des wissenschaftlich-technischen Fortschritts kaum Kooperationsmöglichkeiten, weshalb sie modernste technische Ausrüstungen entweder aus kapitalistischen Ländern importieren oder mit großem Aufwand selbst entwickeln oder nachbauen musste. Mit enormem Investitionsaufwand wurde das *Mikroelektronik-Programm* gestartet, um die Modernisierung der Industrie und die Intensivierung der Produktion zu ermöglichen. Doch diese Konzentration der Ressourcen entzog anderen Bereichen die erforderlichen Mittel, so dass viele Industriezweige mit veraltetem und wenig produktivem Maschinenpark produzieren mussten, die ohnehin lange vernachlässigte Infrastruktur immer mehr verfiel und außerdem die Auslandsverschuldung enorm anwuchs.

Die ökonomischen und finanziellen Schwierigkeiten wuchsen und das führte zur *Verschärfung zahlreicher Widersprüche*, die sich auf die soziale und politische Situation negativ auswirkten. Mittag sollte die *Quadratur des Kreises* lösen: Honeckers Einheit von Wirtschafts- und Sozialpolitik ohne Abstriche weiterführen, und damit einen immer größeren Teil des Nationaleinkommens für den Konsumtionsfonds verwenden, von Jahr zu Jahr immer größere unproduktive Subventionen finanzieren, und gleichzeitig eine umfassende Modernisierung des Produktionspotentials auf der Grundlage des wissenschaftlich-technischen Fortschritts bei ständig sinkender Akkumulationsrate gewährleisten. Man muss kein Ökonom sein, um zu begreifen, dass dies eine unlösbare

Aufgabe war. Auf diese Weise wurde die *ökonomische Leistungskraft der DDR zunehmend überfordert* und sie dem Ruin entgegengeführt. Die *politische und ideologische Stabilität der Gesellschaft* wurde dadurch untergraben, dass ständig Erfolgsmeldungen verkündet wurden, die in der Realität des gesellschaftlichen Lebens nicht sichtbar waren. So ging *das Vertrauen in diese Führung* zunehmend verloren. Berechtigte und auch unberechtigte *Kritik nahmen immer stärker zu, auch innerhalb der SED*, aber die selbstgerechte Führung erklärte undifferenziert jede Kritik für feindliche Machenschaften und reagierte darauf überwiegend mit repressiven Maßnahmen. Dadurch eskalierte die Lage erst recht, und neben breiten *Bestrebungen, die sozialistische Gesellschaft und die DDR zu reformieren* und stärker zu demokratisieren, entstanden im Windschatten dieser Bewegung auch *konterrevolutionäre Bestrebungen*, die ihre Absichten unter der Losung der Verbesserung des Sozialismus verbargen. Die Führung der SED unter *Honecker* erwies sich als unfähig, die Situation objektiv zu beurteilen und in angemessener Weise gemeinsam mit allen aktiven politischen Kräften einen Ausweg aus der Krise zu finden. Als dann schließlich *Honecker* abgelöst wurde, war es bereits zu spät, den Zerfall aufzuhalten: sein Nachfolger *Egon Krenz* stand schon von Beginn an auf verlorenem Posten, zumal *Gorbatschow* inzwischen hinter dem Rücken der DDR-Führung mit *Kohl* über den Preis der DDR verhandelte.

Gewiss hat der Untergang des Sozialismus in der DDR einen ganzen Komplex innerer und äußerer, wesentlicher und zufälliger, objektiver und subjektiver Ursachen. Von entscheidender Bedeutung für diesen Ausgang, der in einer „leisen" *Konterrevolution* durch die *Wiederherstellung kapitalistischer Verhältnisse* und der *Angliederung an die BRD* endete, war einerseits die *unzureichende ökonomische Leistungskraft in Relation zur BRD* sowie die *Abhängigkeit von der Sowjetunion*, und andererseits die *Unfähigkeit der Führung der SED*, die von Ulbricht begonnene *Reformpolitik fortzuführen* und damit eine *stabile Mehrheit der Bevölkerung* für eine erfolgreichere Entwicklung des Sozialismus zu gewinnen.

Die Niederlage des Sozialismus der DDR ist zwar ein *Teilaspekt des Untergangs des sozialistischen Gesellschaftssystems* insgesamt. Doch die Tatsache, dass sich auch eine starke sozialistische DDR nach dem Zerfall der Sowjetunion nicht hätte behaupten können, sollte die *Verantwortung der SED Führung* für das Schicksal des DDR-Sozialismus nicht mindern.

STEFAN DORNUF

Zur deutschlandpolitischen Konzeption der „Lukács-Schule"

Georg Lukács, Leo Kofler, Wolfgang Harich

Es ist bezeichnend, dass Frank Benselers Co-Editor bei der ins Stocken geratenen Lukács-Werkausgabe, ein gewisser Werner Jung, noch nie ein Wort verloren hat über die deutschlandpolitischen Konzeptionen des ungarischen Philosophen.

Das ist kein Zufall, denn für jüngere Linke hat das Thema etwas Anstößiges, und man überlässt es gern kampflos der Rechten. Das ist ein markanter Kontrast noch zur bolschewistischen Ära, als der mit Lenins Segen nach Berlin entsandte Deutschlandbeauftragte der Komintern, Karl Radek, mit seiner berühmt-berüchtigten Schlageter-Rede den Nationalisten das Wasser abgrub. Bekannt ist auch, dass Lukács im Moskauer Exil vornehmlich zur deutschen Literatur verfasste, dem Kulturkreis also, den er verinnerlicht hatte; das diente dem Wiederaufbau nach der Befreiung vom Faschismus. Weniger bekannt ist, dass Lukács damals in einem emphatischen Aufruf sich und seinesgleichen als „wir deutschen Schriftsteller" apostrophierte: Hier hatte ein Jude seine wahre Heimat gefunden. Mit seinem Patriotismus sollte er auch seine wichtigsten „orthodoxen" Schüler infizieren, eben Kofler und Harich.

Letzterer war in den 50er Jahren eng befreundet gewesen mit Rudolf Augstein, der im *SPIEGEL*, unter seinem Pseudonym „Jens Daniel", Adenauers einseitige Westbindung der Bundesrepublik scharf kritisierte. (Umso schäbiger deshalb der Nachruf, der Harich in Augsteins Hauszeitschrift zuteil wurde.) Es war daher selbstverständlich, dass Kofler nach Kriegsende nicht in die BRD ging, sondern in die sowjetisch besetzte Zone. Dort traf er Harich 1948 auf der Parteihochschule, wo der wissenschaftliche Nachwuchs herangezogen wurde.

Um das Klima des „Kalten Krieges" zu illustrieren, eignet sich besonders gut ein Vortrag, den Ernst Bloch 1954 hielt und den er wegen seiner Brisanz vorsichtshalber nicht in die Suhrkamp-Werkausgabe aufnehmen sollte. Da hieß es : „Es gibt heute Dinge in der Welt, an denen kein ehrlicher und denkender Mensch zweifeln kann. Zu ihnen gehören die deutsche Einheit und die damit verbundene Erhaltung des Friedens. Es bezeichnet die Macht dieser Bestrebungen und Ziele, dass auch der enge, doch noch mächtige Kreis ihrer Feinde vorgeben muss, sie zu erstreben. Das ist Heuchelei und Betrug, wie wir wissen; die Friedensreden der Dulles und Adenauer helfen nur dem von ihnen geplanten Krieg. Die Herstellung der deutschen Einheit im Sinn Bonns soll durch unsere Vernichtung geschehen, durch die Atomkanone, die das Deutsche dadurch eint, dass sie nichts mehr von ihm übrig lässt."[1]

Insofern hatte Harich völlig recht, als er in seinem 1977er Bloch-Nekrolog in *konkret* dessen Retuschen an seinem eigenen Werk rügte (bei Lukács wäre so etwas in der Tat undenkbar gewesen). Welche großen Hoffnungen Lukács auf ein entstalinisiertes Ostdeutschland gesetzt hatte, erhellte aus einem Aufsatz, den er 1966 schrieb und den der *SPIEGEL* vorabdruckte, bevor er schließlich 1967 das *Vorwort* bildete zu einer Auswahl aus der *Zerstörung der Vernunft* unter dem Titel *Von Nietzsche zu Hitler oder der Irrationalismus und die deutsche Politik*: Dort sprach Lukács von dem Plan, die DDR zu einem „deutschen Piemont" ausbauen zu helfen – welche Absicht mit Lukács' Ausbürgerung 1957 hinfällig wurde. Es entstand die paradoxe Situation, dass die Bücher eines weltberühmten, in Budapest wohnhaften Autors nur im Westen veröffentlicht werden konnten, obwohl sie eindeutig an den Osten adressiert waren.

---

1 Ernst Bloch: *Ansprache auf dem II. Nationalkongress der Nationalen Front*, in: Ders.: *Wissen und Hoffen. Auszüge aus seinen Werken*. Zum 70. Geburtstag herausgegeben und eingeleitet von Walter Janka, Max Schroeder und Wolfgang Harich, Berlin-Ost (Aufbau Verlag) 1955, S. 89.

Kofler, der Ende 1950 aus Halle fliehen musste, führte in der BRD ein Schattendasein, bis ihn die Studentenbewegung für sich entdeckte. Und Harich war 1956 in Ulbrichts Falle getappt: Der Staatsratsvorsitzende hatte nicht vor, als Preis der Wiedervereinigung seinen eigenen Rücktritt zu akzeptieren. Ich darf an dieser Stelle an Koflers Empörung über Walter Jankas Denunziationsschrift *Schwierigkeiten mit der Wahrheit* erinnern, in der, dem Titel des Pamphlets getreu, verschwiegen wurde, dass die sowjetischen Truppen sich 1956 aus Budapest schon zurückgezogen hatten und nur zurückkommen mussten, um eine Konterrevolution zu verhindern.

Die APO war an deren Deutschlandpolitik weitgehend desinteressiert, und so musste Kofler sich bis 1987 gedulden, bis er seine diesbezüglichen Vorstellungen in Nienburg an der Weser vortragen konnte – vor einer CDU, die das Thema längst abgeschrieben hatte und sich einigermaßen konsterniert zeigte. Harich war von dem Referat so angetan, dass er dessen Titel *Die Nation – Zukunft und Verpflichtung* zu seinem eigenen Kölner Vortrag von 1991 abwandelte zu *Deutschland – Einheit und Spaltung* und damit zwiespältige Reaktionen erntete. Konrad Adenauer in dessen Heimatstadt als den schlimmsten Landesverräter zu brandmarken – das musste auf Widerspruch stoßen. Auch Harichs Ernennung der KPD zu einer „staatstragenden Partei" erregte Aufsehen. Wie durchdacht jedoch Harichs Konzeption im Ganzen war, ging einem erst auf bei seiner Diskussion eines sozusagen urkommunistischen Gesellschaftsmodells, nämlich des Jesuitenstaats in Paraguay. Wenn schon dort das kommunistische Experiment zum Scheitern verurteilt gewesen war, brauchte sich die DDR ihres Untergangs kaum zu schämen.

Es wurde aber auch klar, dass der Sozialismus kein Selbstzweck ist, sondern dem Menschen dient, damit – mit Marx zu sprechen – „die alte Scheiße", vulgo: der Kapitalismus, nicht wieder von vorn anfängt.

MANFRED BOGISCH

Nachdenken über deutsche Geschichte 1945-1948/49

Die Befindlichkeit der meisten Deutschen am 8. Mai 1945 war bestimmt von Angst, von der Not des Augenblicks und von Perspektivlosigkeit. Die Siegermächte befanden fortan über die Deutschen und ihr Schicksal. Welchen Preis würde man zahlen müssen?

Es ist wohl wahr, dass viele 1933 und danach gejubelt, denunziert, sich bereichert und dem Terrorapparat der Nazis gedient haben. Es ist ebenso wahr und aufschlussreich für ihre Verfassung gegen Ende des Krieges, das viele Deutsche, wo immer sich Gelegenheit bot, weiße Fahnen aus ihren Fenstern hängten. Weiße Fahnen sind das Zeichen der Übergabe, des Sich-drein-Schickens: Man unterwirft sich dem Sieger in der Hoffnung, Gnade gewährt zu bekommen. Die tausendfach gehissten weißen Fahnen, waren das Symbol der Kapitulation der Deutschen, nicht allein des Reiches der Nazis. Die Deutschen waren am 8. Mai 1945 erfüllt von Furcht, sie waren verwirrt, sie fühlten sich ausgeliefert. Und sie waren zugleich dankbar: Keine Bomben mehr, keine Straßenkämpfe, keine Todesnachrichten, und keine panische Flucht mehr.

Wichtig wurde – spätestens an diesem Tag – welcher Sieger das Sagen hatte. Die einen hatten Glück, die im Westen; die anderen, die im Osten wohnten, hatten Pech. Nicht so sehr deswegen, weil die Rote Armee die Besatzungsmacht war, sondern weil man, der eine weniger, manche aber viel, von deutschen Schandtaten in Polen und Russland und auch anderswo, in Jugoslawien und Italien, wusste. Ein Problem, das der Sowjetunion und ihrer

Armee 1945 besonders zu schaffen machte, war, dass sie die Rachegelüste vieler ihrer Soldaten schwer in den Griff bekamen. Stalin hatte Hass säen lassen, um den Sieg herbeizuführen, und er brachte eine deutschlandpolitische Missernte ein, die sich auswirkte: Antifaschismus wurde durch antideutsche Exzesse konterkariert. Die Brutalität nicht weniger Soldaten und mancher Offiziere erzeugte ein Traumata, welches Schuldgefühle durch Opfermentalität verdrängte. Diese wurde alsbald verstärkt und immer wieder neu aufgeladen durch modifizierte antisowjetische, antikommunistische und antisozialistische Einstellungen infolge zahlreicher Verhaftungen. Diese betrafen aktive Nazis, SS-Verbrecher, Wirtschaftsführer, und dergleichen, zuweilen auch andere Prominente – Schauspieler, Künstler, auch Wissenschaftler, die den Nazis dienstbar gewesen waren. Bald wurden auch widerspenstige bürgerliche Demokraten und SPD-Mitglieder auf Grund oft abstruser Vorwürfe festgenommen.

Kurzum: Die Sowjetsoldaten und das Regime, für das sie gesiegt hatten und bis nach Berlin und an die Elbe vorgestoßen waren, rächte sich auf eine Weise, die, so die Erinnerung nicht selten, die Nazipropaganda vorausgesagt hatte! Die Soldaten jener Siegermächte hingegen, die tödliche Angriffe auf Berlin, Hamburg, Köln und Dresden geflogen hatten, brachten nun Bohnenkaffee, Zigaretten und Jazzmusik nach Deutschland. Das sprach sich herum, auch in der Ostzone. Und das prägte in vielen Köpfen deutsche Erinnerung!

Die Verbrechen und die kleinen und großen Sündenfälle wurden überlagert und verdrängt: Dass viele die Nazipartei gewählt hatten, dass man es für richtig gehalten hatte, die Kommunisten auszuschalten, dass SPD-Bonzen 1933 ihre "Futtertröge" verloren hatten, dass man seine jüdischen Nachbarn nicht mehr gegrüßt und es für rechtens gehalten hatte, dass das "Judenpack" endlich seinen Einfluss verlor und "abgeholt" wurde usw. usw. Was würde nun uns passieren?, fragte man sich. Und legte sich Erklärungen zurecht: Man habe die Nazis gewählt, weil Vater arbeitslos war und Hitler Lohn und Brot versprochen hatte, weil es doch mit dem Versailler Diktat so nicht weitergehen konnte, Hitler habe Deutschland wieder groß und stark gemacht. Man wollte selbstverständlich keinen Krieg, Hitler hätte Polen nicht überfallen sollen. Dass die Juden ermordet würden, habe man nicht für möglich gehalten. So dachten und erzählten viele Deutsche am Anfang der Nachkriegszeit!

* * * * *

Die Absetzbewegung aus der Ostzone wurde bald undifferenziert als Flucht aus dem kommunistischen Machtbereich dargestellt. Beamte, Verwaltungsangestellte, Lehrer, Richter und andere, die von Entnazifizierungsmaßnahmen (die auch in den Westzonen erfolgten) betroffen waren, kamen in die Vorteil bringende Lage, Verfolgte der Russen und ihrer deutschen Gefolgsleute zu sein. Der Westen vereinnahmte sie wie alle anderen, die die "Zone" aus unterschiedlichen Gründen verließen, als Zeugen kommunistischer Willkür und Kämpfer für Recht und Freiheit. Sie wurden – ohne viel nachzufragen – Opfer!

Diese Vorgehensweise wirkte auf die Sowjets und ihre deutschen Genossen zurück. Moskau sah seinen Verdacht bestätigt, dass die Westmächte von den Potsdamer Beschlüssen, was deren antifaschistischen Kernbereich anging, sukzessive abrückten; sie machten reaktionäre Kräfte zu ihren Verbündeten und suchten die politische Konfrontation. Tatsächlich interpretierte jede Seite die Entwicklung so, wie es ihre Interessen geboten, ihrer Ideologie entsprach und ihren strategischen Absichten nützlich erschien. Dabei vermieden sie es, die "rote Linie" zu überschreiten. Entscheidend war und blieb das Interesse, Kompromisslösungen zu suchen und zu finden, statt konfliktträchtige Situationen zu eskalieren. Das wurde deutlich, während der Berlinkrise 1948/49 und den Prager Ereignissen 1948. Den Krieg in Korea 1950 hat Mao ausgelöst. Er wollte seine Machteroberung in China sozusagen abrunden mit dem Vormarsch nach Süden und der Etablierung eines durch ihn vereinigten Koreas. Das unterschied Stalin von Mao, wobei nicht ausgeschlossen werden kann, dass das sofortige Eingreifen der USA in Korea ihn davon abgehalten hat, eine "vergleichbare Lösung" für Deutschland zu erproben.

* * * * *

Das Naziregime und seine Kriegs- und Vernichtungsverbrechen waren, was die europäische Geschichte anging, eine einzigartige und insofern weltbewegende Erfahrung. Sie bestimmte die Deutschlandpolitik der alliierten Mächte 1945:

- Keine Verhandlungen mit dem Deutschen Reich, gleichgültig wer in Berlin regiert, sondern bedingungslose Kapitulation.
- Beseitigung des preußisch-deutschen Militarismus samt seinen Wurzeln.
- Verfolgung und Bestrafung der Nazi-Verbrecher und ihrer Helfershelfer.
- Errichtung einer Viermächteverwaltung für eine unbestimmte Zeitspanne.

Das war Konsens unter den alliierten Mächten. Es ging ihnen um mehr als nur den militärischen Sieg über Deutschland und einen anschließenden Friedensvertrag mit mehr oder weniger harten Bedingungen. Die Alliierten begriffen und behandelten den deutschen Faschismus als welterschütterndes Ereignis, welches sich nicht wiederholen dürfe. Das war sowohl moralisch als auch machtpolitisch gemeint: Die Welt sollte neu organisiert werden unter Führung der vier Siegermächte, um potenzielle Gefahren nicht akut werden zu lassen. Dieser Ansatz führte zur Geburt der Vereinten Nationen. Die Crux war, dass das Weltordnungsanliegen bald konterkariert wurde von: Der aus dem Atomwaffen-Monopol resultierenden Arroganz der USA, der Überzeugung Stalins, Moskau habe Osteuropa sicher im Griff und könne es je nach Interessenlage in Stellung bringen, und von Befreiungsbewegungen, die bald als antiwestliche pro sowjetische Bewegungen interpretiert und bekämpft wurden.

Die Politik der vier Mächte in Deutschland wurde bald von konkurrierenden weltpolitischen Interessen bestimmt, war von Misstrauen begleitet und wurde von antagonistischen Ideologien angeheizt. Übereinkünfte, die die gemeinsame Gestaltung der Zukunft, auch die der Deutschen, in der Zieloptik hatten, wurden zunehmend in Frage gestellt.

So erklärten die USA 1946/47 im Außenministerrat, die Errichtung von Moskau geforderter Deutscher Zentralverwaltungen als Vorstufe zur Bildung einer deutschen Regierung, die den Friedensvertrag unterzeichnen sollte, sei nicht machbar, solange Moskau die Liquidierung der deutschen Konzerne, Kartelle, Syndikate und Truste sowie der sie kontrollierenden Bankenmonopole zur Bedingung mache, weil diese, wie der sowjetische Außenminister Molotow im April 1947 formulierte, "die Inspiratoren und Organisatoren der deutschen Aggression" waren.[1]

Frankreich war in Potsdam nicht vertreten, es "fühlte sich daher an das Abkommen nicht gebunden", so das Urteil des damaligen US-Außenministers Byrnes. Die Franzosen "waren vor allem über die Errichtung zentraler deutscher Verwaltungsbehörden besorgt (...)." General de Gaulle habe ihm gesagt, "die Wiederherstellung der deutschen (...) Einheit sei jetzt noch gefährlicher als in der Vergangenheit, weil Deutschland unter dem Einfluss eines

---

[1] W. M. Molotow, Fragen der Außenpolitik. Reden und Erklärungen April 1945-Juni 1948, Moskau 1949, S. 473.

starken und mächtigen slawischen Blocks im Osten kommen könne".[2] Frankreich forderte für sich das Saargebiet und ferner die Internationalisierung des Ruhrgebietes zu Bedingungen, die auf französische Dominanz hinausliefen. Moskau unterstützte die französischen Ambitionen insoweit sie unter Hinweis auf die Westverschiebung der deutschen Ostgrenze begründet wurden. Nachdem die Pariser Außenministerkonferenz im Juli 1946 erneut keine Einigung erzielt hatte, gesamtdeutsche Verwaltungsbehörden zu errichten, kündigten die USA mit Zustimmung der Briten an, dass sie "mit jeder anderen Besatzungsmacht in Deutschland zusammengehen, um jeweils die betreffenden Zonen als Wirtschaftseinheit zu behandeln".[3] Das Kind, das die beiden Westmächte zeugten, die Bi-Zone wurde im September 1946 geboren, im Juni 1947 wurde ein Wirtschaftsrat als Führungsorgan, das – gebildet aus 52 Landtagsabgeordneten – mit dem Gesetzgebungsrecht ausgestattet, faktisch als Parlament fungierte. Für die Sowjets gab es keinen Zweifel: Die Bi-Zone zielte auf die "Zerstörung Deutschlands als eines einheitlichen Staates", als Stützpunkt "für die Entwicklung der Rüstungsindustrie" und sie diene den "reaktionären Kräften in Deutschland als Stütze", soweit Molotow; es sei in Folge dessen ausgeschlossen, dass man die Ostzone diesem Gebilde je anschließen könne.[4]

Was die UdSSR anging, so hatte Stalin 1945 weder die Weltrevolution noch die Vorherrschaft über Westeuropa im Sinn. Er war jedoch entschlossen, fortan in Augenhöhe mit den USA Interessen wahrzunehmen, keinesfalls als deren Juniorpartner neben Großbritannien. Es hatte welthistorischen Symbolcharakter, dass Stalin darauf bestand, die Kapitulation des Deutschen Reiches in Berlin-Karlshorst zu bestätigen. Dieser Akt unterstrich den sowjetischen Anspruch auf das Ko-Protektorat über Deutschland.

Die Sowjetunion erschien 1945 in Ostdeutschland als militärischer Sieger und agierte als ausbeuterische Besatzungsmacht. Sie betrieb die Westverschiebung Polens. Als Wiedergutmachung an die Adresse Polens? Oder als Ausgleich für die sowjetische Landnahme zu Lasten Polens im Osten? Warum die zeitweise erfolgte – durchsichtige – Begründung, die ostdeutschen Gebiete seien westslawischer Siedlungsraum? Das erinnerte in fataler Weise an jene Großdeutsche Politik, die im Osten" germanisches Siedlungsland" zurückgewinnen wollte.

---

2 Alle drei Zitate: J. F. Byrnes, In aller Offenheit, Frankfurt 1947, S. 227.
3 Ebd., S. 261.
4 Molotow, a. a. O., S. 550.

Und ferner: Warum die Deportation aus den Ostgebieten in die UdSSR? Das hatte nichts mit Soldatenrache im Siegesrausch zu tun! Das war 1945/46 sowjetische Politik. Aus welchen Gründen? War das eine Antwort auf die massenhafte Verschleppung sowjetischer Bürger nach Deutschland in die Arbeitssklaverei? Wenn ja, ist dieses Vorgehen verständlich, politisch beurteilt aber nichts anderes als Vergeltung, die eines sozialistischen Staates unwürdig war und seine moralischen Ansprüche konterkarierte. Wie konnten Deutsche jenseits der Oder versklavt und diesseits der Oder befreit werden? Kurzum: Von Politik im Vollzug eines "Weltrevolutionären Auftrages" kann nicht die Rede sein. Das war nichts anderes als Machtpolitik. Stalins Ambitionen kulminierten in der Schaffung eines Cordon Sanitaire, gewährleistet durch Regime, die von Moskau abhängig waren. Diese Interessen gleichsam, sowjetische Staatsräson, bestimmten auch deutschlandpolitische Entscheidungen. Stalins Absichten gingen dahin, auf die Gestaltung einer künftigen neuen deutschen Republik, gegründet auf die in Potsdam 1945 getroffenen Vereinbarungen, bestimmenden Einfluss zu gewinnen.

Die Sowjetunion agierte als Bewahrerin des historischen Auftrags der Antihitlerkoalition: "Ausrottung" des deutschen Faschismus mit seinen Wurzeln. Doch was waren seine Wurzeln? Für Moskau gab es keinen Zweifel: Die Rüstungswirtschaft, was hieß, die Grundstoff- und Schwerindustrie, ferner Unternehmen, die Nutznießer und Förderer der Nazis gewesen waren, sowie Großgrundbesitzer, insbesondere die preußischen Junker, die "Einpeitscher" des Dranges nach dem Osten. Es sei daran erinnert, dass 1946 nicht nur in der SBZ eine Kampagne zur Bestrafung und Enteignung der Naziaktivisten und Kriegsverbrecher begann. Noch war der Nürnberger Hauptkriegsverbrecherprozess nicht abgeschlossen, noch befanden sich Spitzenkräfte der deutschen Wirtschaft als Förderer Hitlers und der Nazipartei, als Kriegsintereressenten und Rüstungsprofiteure, die KZ-Häftlinge, Juden und Arbeitskräfte aus vielen europäischen Ländern angefordert, ausgebeutet und zu Tode geschunden hatten, in alliiertem Gewahrsam und noch forderten Parteien und Gewerkschaften in allen Zonen die Enteignung der Großindustrie und die Dekartellisierung der deutschen Wirtschaft überhaupt.

1945/46 herrschte weitgehende Übereinstimmung zwischen den Siegermächten einerseits und deutschen Parteien andererseits, was die politischer Verantwortung und damit die Schuld der Wirtschaft am Naziregime und seiner Kriegs- und Vernichtungspolitik anging. Im Frühjahr 1946 übergab die SMAD das von der UdSSR beschlagnahmte Vermögen des

Deutschen Reiches und der Naziorganisationen sowie das Vermögen von Nazi-Aktivisten, Kriegsverbrechern und Rüstungsunternehmen der Verfügungsgewalt der deutschen Behörden.

Die SED ergriff (übrigens auf "Empfehlung" Stalins) die Initiative und beantragte – mit Zustimmung der LDPD und CDU – die Durchführung eines Volksentscheids in Sachsen. 93,7% der Wahlberechtigten nahmen am Volksentscheid teil, der am 30. Juni 1946 stattfand; 77,6% stimmten für die entschädigungslose Enteignung des infrage stehenden Vermögens und dessen Übertragung in das "Eigentum des Volkes", so die Formel. Die UdSSR wollte mit diesem Volksentscheid zugleich die antifaschistische, keinesfalls antibürgerliche Stoßrichtung ihrer Besatzungspolitik demonstrieren. So verfügte die SMAD wenige Tage vor der Abstimmung die Streichung von 2000 kleinen und mittleren Unternehmen von den Enteignungslisten, deren Eigentümer nur geringfügig belastet waren. Die SMAD gab zu verstehen, sie folge damit berechtigten Einsprüchen der bürgerlichen Parteien. LDPD und CDU hatten wiederholt protestiert, dass SED-Parteileitungen versuchten, den Volksentscheid zu missbrauchen, um Sozialisierungsmaßnahmen einzuleiten. Der sächsische LDPD-Vorstand rief dazu auf, den Volksentscheid zu einer Kundgebung "der politischen Reife des sich im schweren täglichen Ringen um die Grundlage einer neuen staatlichen, wirtschaftlichen und gesellschaftlichen Ordnung aus dem Zusammenbruch des 8. Mai 1945 sich wieder erholenden deutschen Volkes" werden zu lassen.[5] Diese Haltung und die daraus resultierende Politik verweist auf einen bürgerlich-demokratischen Antifaschismus, der die LDPD und die CDU in die Blockzusammenarbeit mit der KPD/SED führte, und sie von ihr entfernte, je unduldsamer diese ihren Führungsanspruch erhob und durchsetzte, ohne dass die beiden Parteien von ihrer antifaschistischen Grundhaltung abrückten.

* * * * *

Zum bürgerlichen Demokratieverständnis in der Weimarer Republik gehörte Antikommunismus. Das hatte zu tun mit Vorurteilen. Das hatte auch zu tun mit Klasseninteressen. Und das hatte viel zu tun mit der Politik der KPD und ihrem Auftreten in der Öffentlichkeit. Sie galt als Bürgerkriegspartei und Feind der republikanischen Ordnung und nicht zuletzt als eine Partei, die von Moskau gesteuert wurde. Es sei daran erinnert,

---

5 Rundschreiben Nr. 47, 22.6.1946, Archiv des deutschen Liberalismus, ADL, Bestand LDPD, Akte CVII c9037a.

dass Wilhelm Külz – Gründervater und erster Parteivorsitzender der LDPD –, eine Zeitlang Reichsinnenminister war. Für bürgerliche Demokraten unterschieden sich die kommunistischen "Rotfrontkämpfer" nur wenig von der SA der Nazis.

Liberaldemokraten hielten die Zusammenarbeit mit der KPD/SED auch deshalb für geboten, weil sie vom Widerstandskampf der KPD und anderer linker Kräfte erfuhren und respektvoll anerkannten, dass kommunistische Widerstandskämpfer dazu beigetragen hatten, dass dem deutschen Volk Kollektivschuld nicht angelastet wurde, und auch Kommunisten als Patrioten gehandelt hatten. Entscheidend für die Einstellung liberaler Demokraten aber wurde die Ankündigung in den programmatischen Erklärungen der KPD, das neue Deutschland, das man gemeinsam mit den anderen demokratischen Kräften errichten werde, solle sich auf eine parlamentarisch strukturierte Demokratie gründen und die Bewahrung und den Schutz des Privateigentums gewährleisten.

Die Preisgabe antikommunistischer Positionen lief in der LDPD auf eine Modifizierung von Urteilen und politischen Haltungen hinaus, die in der Weimarer Republik von Militanz und Aggressivität bestimmt worden waren. Die Anti-Positionen tendierten jetzt in Richtung Antisozialismus mit Blick auf die Sozialisierungsgefahr, die von der SED-Dominanz ausging. Sie blickten aber auch – sozusagen "kopfschüttelnd" – irritiert auf den christlichen Sozialismus der CDU und auf jenen Sozialismus als Tagesaufgabe von dem SPD-Führungspersonen eine Zeitlang schwärmten.

Die bürgerlichen Parteipolitiker hatten keine Illusionen, was die Haltung der sowjetischen Besatzungsmacht anging. Sie hatte ein besonderes Verhältnis zur KPD/SED. Diese Partei hatte das Ohr des sowjetischen Kommandanten und der politischen Offiziere. Als der Berliner LDPD-Gründerkreis erstmals offiziell von der SMAD empfangen wurde, war Walter Ulbricht Teilnehmer der Gesprächsrunde! Die Besatzungsmacht ließ keinen Zweifel daran, dass sie ihr Verhältnis zur LDPD davon abhängig machte, dass diese mit der KPD/SED kooperieren würde, was den antifaschistisch-demokratischen Neuanfang anging! Dieser Anspruch traf 1945/46 auf die grundsätzliche Bereitschaft bürgerlicher Demokraten, mit der Linken partnerschaftlich Zusammenzuarbeiten. In den LDPD-Gründerkreisen stimmte man überein, jedenfalls im Grundsatz:

- Das Bürgertum hat in der Weimarer Republik versagt und insofern Schuld auf sich geladen. Es muss eine andere Politik machen. Keine Wiederholung der Versäumnisse von 1918. Es geht nicht nur um die Beseitigung der Trümmer, es geht um Wiedergutmachung, um eine stabile in allen Volksschichten verankerte und von allen getragene Demokratie. Wir, die Parteien, müssen gemeinsam die Gesellschaft verändern, sie anders gestalten, nicht nur neue Gesetze und Verfassungsartikel fixieren.
- Keine Zersplitterung der demokratischen Kräfte beim Neuaufbau. Parteinamen, die sich Gründerkreise der LDPD gaben, hatten Signalwirkung: Demokratische Einheitspartei (Roßlau), Demokratische Fortschrittspartei (Chemnitz), Soziale Union (Erfurt). Sie waren bemüht, Sammelbecken, Konzentrationspunkte bürgerlicher Kräfte zu werden.
- Über Parteigrenzen hinweg gemeinsame Anstrengungen zur Lösung der sozialen Frage, die weiter verschärft wird durch heimatlose Flüchtlinge, Umsiedler aus den Ostgebieten, Waisen und Witwen.
- Gemeinsame Abwehr separatistischer Bestrebungen im westlichen und südlichen Deutschland (Saargebiet, Rheinland, Bayern).

Das sind Wurzeln der Blockpolitik. Weder die LDPD noch die CDU sind auf Drängen der KPD/SED mittels sowjetischen Befehls in den Block "hinein gegründet" worden. Diese Feststellung schließt nicht aus, das Ortsgruppen noch im Konstitiuierungsprozess gedrängt wurden, im Block aktiv zu werden, weil andernfalls diese oder jene Maßnahme ohne sie eingeleitet wurde.

* * * * *

Die "Sowohl-als-Auch"-Deutschlandpolitik war kennzeichnend für die gespaltene Persönlichkeit Stalins: Realist und sich auf Marx und Lenin berufender Diktator.

Die Bewahrung der staatlichen Einheit Deutschlands und der Abschluss eines Friedensvertrages auf der Grundlage der alliierten Vereinbarungen in Jalta und Potsdam war und blieb ein Urinteresse Moskaus, sozusagen sowjetischer Staatsräson geschuldet. Von Stalin, dem Realisten, immer wieder betont und in Initiativen transformiert. Konrad Adenauer befürchtete damals, Russland, "das die nationale Flagge für Deutschland hochziehen werde", verfolge das Ziel, für seine Politik damit das ganze deutsche Volk zu gewinnen, für die Politik eines einheitlichen Deutschlands mit Berlin als Zentrale".[6] Und genau das wollte er im Interesse des rheinländischen Kapitals und des Bildungsbürgertums schon deshalb verhindern, weil in der Ost-CDU Kräfte stark würden, die von einem "christlichem Sozialismus" träumten, der für die Kreise, die er, Adenauer, vertrat, "Teufelszeug" war.

Im Januar 1947 fordert Stalin von der SED-Führung, sie müsse in den westlichen Besatzungszonen bei der Abwehr der Spaltungspolitik aktiver werden. Wenn die Westmächte die Zulassung der SED in ihren Zonen von der Zulassung der SPD in der Ostzone abhängig machen, dann müsse man sie zulassen: "Haben Sie etwa Angst davor?"[7] Die deutschen Genossen waren schockiert: Es drohe der Zerfall der SED, zudem wären "viele Sozialdemokraten bereit", eine "erbitterte antisowjetische Propaganda zu betreiben".[8] Darauf Stalin: "Wenn Sie nicht in der Lage sind standzuhalten, dann sind Sie insgesamt schwach".[9]

Im März 1948 "empfiehlt" Stalin der SED, der Volkskongress solle einen Verfassungsentwurf für Deutschland ausarbeiten. Der Entwurf müsse "vom deutschen Volk diskutiert werden und zum Mittel werden, um die Massen auf die Vereinigung vorzubereiten". Das sei "ein langjähriger Prozess", der "mehrere Jahre dauern" werde.

Stalins Weisungen, Empfehlungen und Bemerkungen sind Indizien für das unveränderte Interesse Moskaus an der Nichtspaltung Deutschlands in zwei Saaten und zugleich ein Fingerzeig für die Neujustierung der sowjetischen Deutschlandpolitik Anfang 1948: Einheit nicht länger als Ergebnis von Viermächtekonferenzen (das auch, wenn erreichbar), sondern des Kampfes von unten, als Resultat einer Widerstandsbewegung des deutschen Volkes, inspiriert von Patriotismus und geführt von der SED. Das war, wie sich herausstellen sollte, eine fulminante Fehleinschätzung Stalins. Die Neujustierung der Moskauer Politik benutzte die SED zum forcierten Ausbau ihrer Hegemonie:

---

6 Hans-Peter Schwarz, Adenauer. Der Aufstieg 1876-1952, Stuttgart 1986, S. 520.
7 Unterredung Stalins mit Pieck, Grotewohl, Ulbricht und Fechner am 31.1.1947 in: Die UdSSR und die deutsche Frage 1941-1948, Berlin 2004, Bd. 3, S. 149.
8 Ebd.
9 Ebd., S. 150.

- Ausstattung der Deutschen Wirtschaftskommission mit gesetzgeberischen länderübergreifenden Vollmachten im Februar 1948; DWK-Recht brach nunmehr Landesrecht! Gleichzeitig begann der Ausbau des DWK-Apparates, der sich vollständig in der Hand der SED befand, unbeschadet dessen, dass Vertreter der anderen Blockparteien in der DWK Sitz und Stimme hatten.
- Im Juni 1948 beschloss der SED-Parteivorstand einen Wirtschaftsplan für 1949/50 mit dem der Übergang zur langfristigen Planung der Ostzonenwirtschaft vollzogen wurde (Zweijahresplan).
- Im August 1948 wurden die im Herbst fälligen Kommunalwahlen "auf später" verschoben. Die Begründung der SMAD dafür lautete, die neuen Parteien NDPD und DBD, brauchten Zeit, sich zu festigen und auf Wahlen vorzubereiten; außerdem hätten die anstehenden Erntearbeiten Vorrang. Wie sich herausstellte war das eine Entscheidung gegen Parteilistenwahlen und damit gegen die parlamentarische Demokratie.

Im September 1948 erklärte Ulbricht im SED-Parteivorstand unsere Aufgabe ist, "kurzgesagt, die des sozialistischen Aufbaus". Die SED definierte den eigentlichen, den richtigen Inhalt antifaschistisch-demokratischer Politik. Opposition war verdächtig. Wurde sie artikuliert, war sie Beweis für die stalinsche These, der Gegner verschärfe den Klassenkampf, er müsse ausgeschaltet, vernichtet, ja liquidiert werden. Drohungen sollten Andersdenkende zur Einsicht bringen: Widerspruch habe keine Chance, weil gegen unabweisbare Erfordernisse, genannt historische Gesetzmäßigkeiten, gerichtet.

Die sowjetische Deutschlandstrategie, die sich auf die Befreiungsmission der Roten Armee und der Völker der UdSSR berief, die auf die antifaschistisch grundierte Demokratisierungspolitik in der Ostzone verwies und nicht müde wurde, die Konferenzbeschlüsse von Potsdam zu beschwören, um das eigene Vorgehen als rechtens darzustellen, scheiterte letztlich. Sie scheiterte, weil der Moskauer Politik Elemente und Zielsetzungen immanent waren, die ihren Ankündigungen entgegenstanden:

- Die Installierung und der stetige Ausbau des stalinschen Sozialismusmodells in Osteuropa, was in der Perspektive darauf zielte, auch in Westeuropa der Sowjetunion gefällige Regime zu errichten.
- Die brachiale Konsequenz mit der das Besatzungsregime benutzt wurde nicht nur

Nazis zur Verantwortung zu ziehen und hart zu bestrafen, sondern auch dazu, bürgerliche Strukturen zu zerstören.
- Die aufdringliche Propaganda der Sowjets für sich selbst und gegen "die Imperialisten", die kontraproduktiv wirkte.

Das alles ließ das politische und moralische Kapital ihres opferreichen Kampfes und ihres Sieges über die Wehrmacht, das die UdSSR angesammelt hatte, dahin schmelzen. Antisowjetismus und Antikommunismus griffen um sich. Die Westmächte zogen die Schlussfolgerung, dass Moskau offensive Ziele verfolgte. Sie reagierten mit der so genannten Eindämmungsstrategie, die nur unter Einbeziehung ihrer drei Besatzungszonen, zusammengefasst in einem westdeutschen Staat, Erfolg haben konnte. Potsdam und die Bewahrung der Einheit Deutschlands scheiterten nicht an subjektiv bedingter Unaufrichtigkeit der politischen Akteure, nicht am Wirken des "Bösen", sondern an sich ausschließenden Interessen und an politischen Philosophien, die sie rechtfertigen sollten.

HEINZ KARL

Die DDR. Leistung, Grenzen, Lehren

Die DDR, die vor einem Vierteljahrhundert unterging, ist in den politischen Auseinandersetzungen unserer Tage bemerkenswert lebendig. Dies und die Tatsache, dass sie eine anhaltende Herausforderung für die historische Forschung ist, bestätigt beispielsweise der in Potsdam wirkende Historiker Martin Sabrow.[1] Und die Historikerin Elke Sieber, die bei diesem Thema „eine größere ostdeutsche Distanz und kritischere Reflexion gegenüber bundesrepublikanischen Gegebenheiten"[2] vermerkt, konstatiert zugleich, dass der „öffentliche Diskurs um die DDR (...) die ostdeutsche Erfahrungsgemeinschaft und westdeutsche Zeithistoriker" spalte.[3] Regimeverordnete Ausrichtung des Blicks auf die DDR ist nach wie vor deren Totalnegation auf der Linie der antisozialistischen Totalitarismusdoktrin. Interessant ist, dass Sabrow es für angebracht hält, auf den zunehmenden Konflikt zwischen dieser und der fortschreitenden empirischen Forschung hinzuweisen, und feststellt: „Die Wiederbelebung der vor 1989 längst ad acta gelegten Totalitarismustheorie hat sich in der konkreten Forschung dabei als weniger erkenntnisleitend herausgestellt, als die ihr öffentlich zuteil gewordene Zustimmung suggerierte und bis heute suggeriert."[4] Auch Manfred Stolpe distanziert sich von dem

---

1 Vgl. Martin Sabrow: *Die DDR zwischen Geschichte und Gedächtnis*, in: C. Ernst (Hrsg.): *Geschichte im Dialog?* (Schwalbach 2014), S. 23ff.
2 Elke Sieber: *Erinnerung an die DDR. Zwischen (N)Ostalgie und Totalverdammung*, in: *Jahrbuch für Historische Kommunismusforschung 2014*, (Berlin 2014), S. 21.
3 Ebd., S. 17.
4 Sabrow: Die DDR, S. 24.

Unterfangen, „ein Geschichtsbild [zu] zeichnen, das den Realitäten nicht entspricht und zum Teil nur Fortsetzung des Antikommunismus aus der Zeit des Kalten Krieges mit veränderter Wortwahl ist."[5]

Um so mehr befremden natürlich die auf die DDR bezogenen Passagen im Thüringer Koalitionspapier und sie ergänzende Äußerungen.[6] Sie decken sich hundertprozentig mit der bürgerlichen, imperialistischen BRD-Staatsdoktrin und befleißigen sich zudem eines peinlichen Märchenerzähler-Stils, der allerdings der Tatsachenwidrigkeit und Banalität der Aussagen durchaus angemessen ist. Uwe Kalbe hat die Haltung der dafür verantwortlichen LINKE-Politiker sehr treffend als „bigotte Geste" und als „eine Unterwerfungsgeste, die ihnen mancher nicht zugetraut hätte"[7], abqualifiziert. Peter-Michael Diestel (CDU), 1990 stellvertretender Ministerpräsident und Innenminister im letzten DDR-Kabinett de Maizière, kommentiert: „Deren Verhalten ist für mich eine große substanzielle Enttäuschung. Ich hatte nie gedacht, dass die so weit gehen und ihre eigene Herkunft (...) jetzt unkritisch über Bord werfen."[8]

Im folgenden wollen wir uns mit der DDR auf sachlicher Basis, d. h. im historischen Zusammenhang und gestützt auf Fakten, befassen. Über die DDR sprechen, 65 Jahre nach ihrer Gründung und ein Vierteljahrhundert nach ihrem Untergang, das heißt, nach ihren geschichtlichen Wurzeln, ihren Entstehungs-, Existenz- und Entwicklungsbedingungen, ihrem Wesen, ihren Leistungen und Defiziten und nach den weiterwirkenden Ergebnissen ihres mehr als 40jährigen Daseins zu fragen.

Historisches und internationales Bedingungsgefüge

Die Geschichte der DDR ist eingebettet in historische Abläufe und weltpolitische Zusammenhänge, aus denen man sie nicht herauslösen kann, ohne den Blick auf sie zu verzerren. In ihrer Existenz flossen nicht wenige Ströme geschichtlicher und internationaler Entwicklung zusammen, die sie gestalteten und ihren Weg bestimmten.

---

5 Gabriele Oertel: *Hans Modrow. Sagen, was ist*, (Berlin 2010), S. 189.
6 Vgl. *Neues Deutschland*, 25.9., 4./5.10., 6.10.2014.
7 Ebd., 25.9.2014.
8 Ebd., 10.2.2015.

1) Vor allem war sie ein Bestandteil der deutschen Nationalgeschichte, erwachsen aus der Überwindung der Katastrophe, in der das faschistische Deutsche Reich unterging. Sie war der Versuch, nach dem Bankrott des – bis dahin – maßlosesten und gefährlichsten Abenteuers der bestimmenden imperialistischen Kräfte der deutschen Bourgeoisie mit der von ihnen durchgesetzten katastrophalen Entwicklungsrichtung der deutschen Nation zu brechen. Die DDR war vier Jahrzehnte lang der staatliche Rahmen, in dem sich auf einem knappen Drittel des nationalen Territoriums das Leben eines Fünftels der deutschen Nation entwickelte.

2) Die Geschichte der DDR fügte sich zugleich in das epochale Ringen um die Überwindung des Kapitalismus und die Herausbildung einer sozialistischen Gesellschaft ein. Ein Anliegen, dem die deutsche Arbeiterbewegung seit der zweiten Hälfte des 19. Jahrhunderts verpflichtet war, ein Prozess, der zeitweise ein Drittel der Menschheit erfasste.

3) Eine wesentliche Bedingung des Entstehens der DDR, ihrer nationalen und internationalen Politik wie ihrer Durchsetzung als souveränes Mitglied der internationalen Geneinschaft war die durch die Stichworte Teheran, Jalta und Potsdam umrissene Nachkriegsordnung, die Europa die längste Friedensperiode seit sechs Jahrhunderten brachte, wozu die DDR nach Kräften beitrug.

4) Mit diesem Entwicklungsstrang kreuzte sich ein anderer: Der sich zuspitzende Systemgegensatz von Kapitalismus und Sozialismus und der Kalte Krieg. Diese Momente berührten die DDR als Staat an der Trennlinie der beiden Gesellschaftssysteme und ihrer Militärblöcke und als Staatswesen in einem gespaltenen Lande zeit ihres Bestehens in besonderem Maße, weitaus stärker als jeden anderen sozialistischen Staat.

5) Untrennbar verflochten war die Geschichte der DDR mit der des anderen deutschen Staates – der kapitalistischen, imperialistischen Bundesrepublik. Dieses Verhältnis war die schwerwiegendste äußere Belastung der DDR, verbunden mit enormen inneren Rückwirkungen, besonders angesichts der annexionistischen Grundposition der BRD. Diese wurde über alle – durch das weltpolitische Kräfteverhältnis und wechselnde internationale Konstellationen bedingten – taktischen Veränderungen hinweg konsequent durchgehalten und war mit einem systematischen Wirtschafts- und psychologischen Krieg gegen die DDR verbunden.

Keine wesentliche Entwicklung in der DDR ist hinreichend einzuschätzen, ohne den ständigen Druck der ökonomisch, demographisch und territorial übermächtigen BRD auf die DDR gebührend in Rechnung zu stellen.

Leistungen der DDR

Heute, ein Vierteljahrhundert nach der Liquidierung der DDR, ist offensichtlich, dass sie nicht spurlos in der Geschichte versunken ist, viel mehr als „eine Fußnote der Geschichte" war, dass die Hoffnungen der herrschenden Klasse der Bundesrepublik und ihrer medialen und akademischen Bediensteten, sie als „Irrweg" und „Fremdkörper" in der deutschen Geschichte zu „entsorgen", sich nicht erfüllen.

Dies ist objektiv begründet. Die Existenz der DDR ist mit gewichtigen gesellschaftlichen Veränderungen und Wirkungen verbunden.

1) Vor allem hat sie viele Millionen Menschen aus der Katastrophe von 1933 bis 1945 in ein neues, friedliches Leben geführt, und zwar in bewusster und radikaler Abrechnung mit der faschistischen und imperialistischen, bürgerlichen Vergangenheit Deutschlands. Die Schritte auf dem Wege des Aufbaus einer sozialistischen Gesellschaft in der DDR gingen aus den antifaschistisch-demokratischen Umgestaltungen seit dem Mai 1945 hervor: Der Enteignung der Nazi- und Kriegsverbrecher in der Wirtschaft sowie der Großgrundbesitzer, der Entfernung der Nazilehrer aus den Schulen, der Nazibeamten und -juristen aus Verwaltung und Justiz und der Schaffung einer völlig neuen, antifaschistischen Polizei.

2) Damit wurde die Macht der für zwei Weltkriege und für die Aufrichtung des faschistischen bürgerlichen Regimes mit allen seinen Folgen verantwortlichen wirtschaftlichen, politischen und militärischen Eliten gebrochen, ihre ökonomischen Fundamente beseitigt. Damit wurde ein Ausweg aus der bisherigen, für das deutsche Volk und die Völker Europas katastrophalen Entwicklung Deutschlands gewiesen und die Bahn für grundlegende gesellschaftliche Fortschritte freigemacht.

3) Die sozialen Veränderungen beschränkten sich nicht auf einen Austausch der Machteliten, sondern waren mit dem sozialen Aufstieg von Millionen Arbeitern, Angestellten und Bauern, einer tiefgreifenden sozialen Umschichtung zugunsten der bisher

Unterprivilegierten verbunden. Wesentliche Teilprozesse dieser Veränderungen waren grundlegende Schritte zur Frauenemanzipation – vor allem durch eine beachtliche Gewährleistung ökonomischer Unabhängigkeit – und die Brechung des bürgerlichen Bildungsprivilegs, die Aufhebung materieller Schranken der Teilhabe an Bildung und Kultur.

4) Durch eine weitgehende Veränderung der Eigentumsverhältnisse wurde die Gesellschaft vom Druck des Kapitals befreit. Erst diese antikapitalistische Umwälzung von Eigentumsverhältnissen ermöglichte eine Grundorientierung auf soziale Gerechtigkeit und soziale Gleichheit. Damit konnte – zum ersten und bisher einzigen Mal in der deutschen Geschichte – das Recht auf Arbeit, Bildung und Ausbildung verwirklicht werden. Das Betriebsklima – insbesondere das Verhältnis zwischen Arbeitern und Angestellten einerseits, den Betriebsleitungen und dem Leitungspersonal andererseits – änderte sich radikal. Wohnungswesen, gesundheitliche Betreuung, Kultur und Familienplanung konnten ausgehend von den menschlichen Bedürfnissen gestaltet werden. Sie waren nicht mehr dem unmenschlichen und zutiefst undemokratischen Kriterium unterworfen, ob sie sich für das Kapital „rechnen", seinen Verwertungsbedürfnissen entsprechen. Die Gesellschaft war kinderfreundlich orientiert, die Ausbildung und berufliche Sicherstellung der Jugend ein vorrangiges Staatsziel.

5) Als Folge der Beseitigung des Einflusses des Kapitals auf das gesellschaftliche Leben, der bedeutenden sozialen Umschichtungen infolge der breiten Aufstiegschancen in die Intelligenz und das Leitungspersonal und der im Vergleich zu kapitalistischen Verhältnissen geringen Einkommensunterschiede entwickelten sich vielfältige Elemente eines neuen sozialen Klimas, in dem Gemeinschaftsgeist und Solidarität einen hohen Stellenwert hatten und das an den Prinzipien der sozialen Gerechtigkeit und Gleichheit orientiert war.

6) Die gesellschaftlichen Veränderungen, die sich in der DDR vollzogen haben, prägen – bei aller Unvollkommenheit, Begrenztheit und Deformation – bis heute weitgehend die Vorstellungen, die mit dem Sozialismusbegriff verbunden werden. Die für Ostdeutschland konstatierte Affinität zu sozialistischen Ideen und Ansätzen resultiert in der Regel nicht aus einer Begeisterung für sozialistische „Visionen", „Utopien" und „Erzählungen", sondern aus konkreter DDR-Erfahrung im Vergleich mit bundesdeutscher Realität.

Die DDR-Sozialisation ist auch ein wesentlicher – wenn nicht der entscheidende – Grund für die so unterschiedliche Parteienpräferenz in Ost- und Westdeutschland. Wenn beispielsweise Politiker der LINKEN mit SPD, Bündnisgrünen und CDU in puncto DDR-Diffamierung wetteifern, ist es nicht verwunderlich, wenn ihnen, wie kürzlich in Brandenburg (und schon 2006 in Berlin), die Hälfte ihrer Wähler den Rücken kehrt.

7) Die DDR war jahrzehntelang als „unsichtbarer dritter Tarifpartner" ein zugunsten der Arbeiter und Angestellten und ihrer Gewerkschaften wirkender Faktor der sozialen Auseinandersetzungen in der BRD.

8) In der DDR waren die Ausrottung des Faschismus und die konsequente Verhinderung seines Wiederauflebens, die Erziehung der Jugend im Geiste des Antifaschismus Staatsdoktrin. Faschistische, rassistische und nationalistische Ideologien und Einstellungen waren gesellschaftlich geächtet und wurden staatlich verfolgt. Deshalb konnten sie sich nicht in relevantem Umfange formieren, ausbreiten und politischen Einfluss erlangen. Das Geschwätz vom „verordneten Antifaschismus" der DDR ist nichts als der untaugliche Versuch, vom dubiosen, ja tolerierenden bis fördernden Verhältnis der BRD zum Nazi-Erbe und zum Neofaschismus abzulenken.

9) Die DDR hat in der gesamten Zeit ihres Bestehens wichtige Beiträge zum Frieden, zur Entspannung und zur Verständigung in Europa geleistet. Sie hatte in ihrer Außenpolitik mit den hegemonialen, expansionistischen und revanchistischen Traditionen des Deutschen Reiches gebrochen und bekämpfte deren Wiederaufnahme durch die BRD. Sie verurteilte die von der BRD kolportierte völkerrechtswidrige „Vertreibungs"-Lüge und erkannte schon im ersten Jahr ihres Bestehens – 40 Jahre vor der BRD! – die deutschen Ostgrenzen an. Die DDR war der erste deutsche Friedensstaat. Sie führte keine Kriege. Ihre Streitkräfte gingen in ihrem Selbstverständnis von einer umfassenden und radikalen Ablehnung der Traditionen der kaiserlichen Aggressionsarmee, der reaktionären, profaschistischen Reichswehr der Weimarer Republik und der Naziwehrmacht aus. Aus heutiger Sicht wird besonders deutlich, dass ihre Friedenspolitik, ja schon ihre bloße Existenz sich als Garantie dagegen erwies, dass die expansionistische, die Nachkriegsgrenzen in Frage stellende BRD – mit einer vom Personal der Naziwehrmacht aufgebauten und in deren Traditionen befangenen Bundeswehr – sich offen zum Aggressorstaat mauserte.

Diese gesellschaftlichen Veränderungen und Wirkungen prägten am stärksten die DDR-Gesellschaft, bestimmten mehr als alles andere ihr Wesen. Dies ignorieren heißt – die Geschichte entstellen.

Diese Veränderungen waren Resultate der Politik der SED – durch sie programmatisch fixiert und durch ihre politische Arbeit und die dadurch erlangte Unterstützung von Millionen Menschen[9] verwirklicht. Es hätte sie ohne das Wirken der SED nicht gegeben. Jede historisch-konkrete Beurteilung der Rolle der SED als einer der großen Parteien Deutschlands in der zweiten Hälfte des 20. Jahrhunderts hat diesen Zusammenhang zu berücksichtigen, sofern sie Anspruch auf wissenschaftliche Objektivität erhebt Eine pauschale Verurteilung und Kriminalisierung der SED hat nur dann einen Sinn, wenn sie auch alle diese von der SED initiierten und maßgeblich mit bewirkten gesellschaftlichen Veränderungen grundsätzlich und offen verwirft. Ansonsten entbehrt sie jeder Logik, ist sie reine Demagogie.

Defizite, Deformationen und ihre Ursachen

Der erste Anlauf zu einer sozialistischen Umgestaltung der Gesellschaft auf deutschem Boden ist nach vier Jahrzehnten trotz gewichtiger und vielfältig weiterwirkender Teilergebnisse gescheitert.

Zweifellos hatten ungünstige objektive Bedingungen daran einen großen Anteil. Die Hemmnisse und Erschwernisse, die sich dem neuen, eigenständigen Staatswesen im Osten Deutschlands entgegenstellten, waren enorm. Es gehörte einem Bündnis an, dessen meiste Gliedstaaten schwer an ihrer bisherigen ökonomischen Unterentwicklung zu tragen hatten. Die Hauptmacht Sowjetunion litt einerseits unter furchtbaren Kriegszerstörungen und -opfern, andererseits unter den Lasten eines von den USA mit dem Ziel des „Totrüstens" forcierten Rüstungswettlaufs. Hinzu kam, dass die DDR den Löwenanteil der deutschen Reparationen bestritt, ferner die einschneidenden Demontagen der ersten Nachkriegsjahre. Die vom imperialistischen Westen ausgehende Spaltung Deutschlands und der Kalte Krieg multiplizierten die Schwierigkeiten. Die DDR unterlag den gezielten Schlägen der noch in den 40er Jahren anlaufenden Embargomaßnahmen und des bei offener Grenze von der

---

9 Dazu liegen aussagekräftige Untersuchungen vor. Vgl. Heinz Niemann: *Meinungsforschung in der DDR. Die geheimen Berichte des Instituts für Meinungsforschung an das Politbüro der SED*, (Köln 1993); ders.: *Hinterm Zaun. Politische Kultur und Meinungsforschung in der DDR*, (Berlin 1995).

„Frontstadt" Westberlin aus gegen sie geführten Währungs- und Wirtschaftskrieges sowie einer permanenten Sabotage- und Diversionstätigkeit großen Ausmaßes.

Hier seien nur streiflichtartig einige Hauptrichtungen jener völkerrechtswidrigen und permanent friedensgefährdenden, mit kriminellen Methoden undd kriminellem Personal betriebenen Aktivitäten angedeutet, für die staatliche Institutionen der BRD und Westberlins die volle politische und juristische Verantwortung trugen. Allein der Bundesnachrichtendienst (BND) und sein Vorläufer, die „Organisation Gehlen", bespitzelten 71.500 DDR-Bürger, im Bundesamt für Verfassungsschutz gab es 28.000 entsprechende personenbezogene Vorgänge.[10] Das mit BRD- und anderen NATO-Geheimdiensten kooperierende Ostbüro der SPD, „Tausende von Agenten (…), finanziert mit Steuergeldern und ausgerüstet mit Geheimtinten und Minikameras"[11], beschäftigte sich ausgiebig mit Militärspionage und sammelte Informationen über rund drei Millionen DDR-Bürger.[12] Es organisierte auch 1950 die Vernichtung großer Mengen Kartoffeln und importierter Butter.[13] Die von Bundesregierung und Westberliner Senat anerkannte und geförderte, von der Westberliner Polizei abgeschirmte „Kampfgruppe gegen Unmenschlichkeit" unternahm Sprengstoffanschläge gegen Brücken und Eisenbahnanlagen und bereitete die Inbrandsetzung von Kohlenlagern und die Sprengung der Sperrmauern der Saale-Talsperre vor.[14] Selbst die extrem DDR-feindliche Westberliner Presse charakterisierte die aus der „Frontstadt" Westberlin und der BRD gegen die DDR betriebene subversive Tätigkeit als „der zwielichtige, doppelgleisige Schnüffel-, Spitzel- und Denunziantenbetrieb mit seinen vielfach noch schlimmeren Folgen" und stellte fest, „dass Westberlin ein Sammelbecken für Tagediebe und Kriminelle geworden ist".[15] Nebenbei: Es gibt zu denken, dass diese Seite der „deutsch-deutschen Beziehungen" in der umfangreichen Literatur der DDR-„Bürgerrechtler"-Szene komplett umgangen wird, obwohl sie gewiss viel zu ihrer Aufhellung beitragen könnte.

Nachdem diese massive feindliche Einwirkung durch die Grenzsicherung vom August 1961 erheblich reduziert wurde, erlebte die DDR in den 1960er Jahren die ökonomisch und politisch erfolgreichste Periode ihrer Geschichte.

10 Vgl. *Neues Deutschland*, 17./18.1.2015.
11 *Der Spiegel*, 18.6.1990.
12 Vgl. ebd. u. *Der Spiegel*, 7.4.1969.
13 Zit. bei Klaus Huhn: *Zwangsvereinigung. Posträuber. Ostbüro*, (o. O. 1996), S. 85.
14 Vgl. *Der Spiegel*, 1.5.1971. *Stern*, 11.9.1955.
15 *Der Kurier*, 14.4.1955. *Berliner Morgenpost*, 15.4.1955.

Doch noch hemmender wirkten Kräfte und Tendenzen im Innern des Realsozialismus, auch in der DDR. Die größte Gefahr, die faktisch nie ernsthaft bekämpft wurde, lag darin, dass keine lebendige, im Alltag auf Schritt und Tritt erlebbare sozialistische Demokratie entwickelt wurde. Die Entmachtung des Kapitals hatte dafür die entscheidende objektive Voraussetzung geschaffen, doch sie kam über partielle, zum Teil durchaus bemerkenswerte, Ansätze nicht hinaus. Gesamtgesellschaftlich bestimmend war und blieb, dass auf der Linie des antileninistischen Staats- und Parteikonzepts Stalins ein bürokratisch-zentralistisches Regime gestaltet wurde. Dieses war zweifellos bemüht, die materiellen und kulturellen Lebensinteressen des Volkes, besonders der arbeitenden Massen, wahrzunehmen, erwies sich aber als nicht genügend fähig, die aktive und uneingeschränkte Teilnahme aller Bürger und ihrer Volksvertretungen an den gesellschaftlichen Entscheidungsprozessen – vor allem über die Grundfragen der gesellschaftlichen Entwicklung – zu verwirklichen.

Durch die seit 1948 betriebene Entwicklung der SED zur „Partei neuen Typus" wurde diese zwar handlungsfähiger, auch basisorientierter, aber zugleich immer mehr zu einem Machtapparat formiert und dadurch immer weniger fähig, ihre eigentliche politische Rolle zu spielen. Der von antifaschistischem und sozialistischem Geist erfüllte aktive und selbstlose Einsatz vieler Hunderttausender Mitglieder der SED war eine bedeutende, die Gesellschaft bewegende Kraft, ohne die die erzielten Fortschritte nicht möglich gewesen wären. Dieses Engagement konnte jedoch auf Grund der bürokratisch-zentralistischen Parteistruktur mit weitgehend oligarchischen Entscheidungsmechanismen, der mangelhaften, ja rückläufigen Entwicklung der innerparteilichen Demokratie und der Durchsetzung einer mechanischen, antileninistischen Auffassung von Parteidisziplin nicht politikbestimmend werden. Diese Fehlentwicklung wurde durch die zunehmende Verflechtung von Partei und Staat forciert.

Der Stalinsche Dogmatismus bewirkte ein gefährliches Zurückbleiben der theoretischen, gesellschaftswissenschaftlichen Arbeit hinter der gesellschaftlichen Realität und zunehmende Theoriedefizite. Die mit der Übernahme des sowjetischen Gesellschaftsmodells verbundene Preisgabe des 1946 von KPD und SED ins Auge gefassten „besonderen deutschen Weges zum Sozialismus" fügte vor allem dem Herangehen an die Probleme des Staates und der Demokratie, der Bündnispolitik und der Wirtschaftspolitik Schaden zu.

Diese politischen und theoretischen Defizite und Deformationen hatten schwerwiegende Auswirkungen auf die Wirtschaftspolitik und das Wirtschaftssystem. Im Kern ging es darum, dass es nicht gelang, die sozialistischen Eigentumsverhältnisse so zu gestalten, dass die Produzenten ein wirkliches – und ökonomisch wirksames – Eigentümerbewusstsein entwickelten. (Wesentlich besser gelang dies in den Landwirtschaftlichen Produktions-Genossenschaften.) Deshalb wurde das den gesellschaftlichen Veränderungen immanente sozialistische Potenzial bei weitem nicht ausgeschöpft. Das äußerte sich beispielsweise in der sehr inkonsequenten Verwirklichung des Leistungsprinzips und der verbreiteten Verletzung des Wertgesetzes. (Allerdings geschah dies in erheblichem Maße unter äußeren Zwängen: Dem von der kapitalistischen BRD und der von ihr abhängigen „Frontstadt" Westberlin geführten Wirtschaftskrieg, der antisozialistischen Embargostrategie und dem Konkurrenzdruck auf dem – kapitalistischen – Weltmarkt.) All dies trug dazu bei, dass es nicht gelang, hinreichend starke soziale Antriebskräfte der sozialistischen Wirtschaft zu entwickeln und im Bemühen um wirtschaftliche Effizienz und die Meisterung der wissenschaftlich-technischen Revolution voranzukommen.

Diese negativen Momente und Fehlentwicklungen erlangten (stark beeinflusst durch weltwirtschaftliche krisenhafte Veränderungen) im Laufe der Zeit das Übergewicht und führten – im Zusammenhang mit der Krise des europäischen Realsozialismus – zur Krise und zum Zusammenbruch der frühsozialistischen Ordnung in der DDR.

Suche nach einem Ausweg zu weiterem Fortschritt

Dabei dürfen wir aber nicht übersehen, dass es ernsthafte Bemühungen und auch reale Chancen gab, einen Ausweg aus dem Teufelskreis von komplizierten objektiven Bedingungen, dogmatischen Irrwegen und schwieriger Verallgemeinerung der praktischen Erfahrungen zu finden. Sie sind insbesondere mit dem XX. Parteitag der KPdSU (1956), dieser Sternstunde für die grundlegende Korrektur bisheriger Fehlentwicklungen und die Beseitigung von Systemdefekten des Realsozialismus, verbunden.

In diese Wendezeit nach dem XX. Parteitag fällt der Versuch, mit einem „Neuen Ökonomischen System der Planung und Leitung der Volkswirtschaft" eine Lösung der Probleme zu finden. „Die DDR war das erste sozialistische Land, das 1962 mit dem Kurs auf ein

'Neues Ökonomisches System' (NÖS) ernsthafte Wirtschaftsreformen begann."[16] Im Mittelpunkt des NÖS stand die Förderung des materiellen Eigeninteresses der Betriebe, die Verbindung von Plan und Demokratie, des Produzenten mit dem sozialistischen Eigentum.

Die Erfahrungen des sozialistischen Aufbaus führten zu der Erkenntnis, dass der Sozialismus keine kurzfristige Übergangsphase zum Kommunismus, sondern eine – lange andauernde – selbständige Gesellschaftsformation ist, in der es um die optimale Nutzung und Entwicklung der Ware-Geld-Beziehungen und die Durchsetzung des Leistungsprinzips geht. Gewinn, Zins und Kredit sind keine „Muttermale des Kapitalismus", sondern eminent wichtige Instrumente, um die Produktivkräfte maximal zu entwickeln – und das heißt vor allem, die wissenschaftlich-technische Revolution zu meistern.

Es entsprach dem sich in den 60er Jahren entwickelnden vertieften Sozialismusverständnis, dass das Ringen um das NÖS begleitet wurde von weiteren bemerkenswerten Initiativen zur Entwicklung der sozialistischen Demokratie. Nach dem Ableben des langjährigen Präsidenten der DDR, Wilhelm Pieck, im September 1960 wurde das Präsidentenamt durch ein kollektives Staatsoberhaupt, den Staatsrat, ersetzt. Ihm gehörten 23 Mitglieder aus allen Bevölkerungsschichten und Bereichen des gesellschaftlichen Lebens an. Zum Vorsitzenden wurde Walter Ulbricht, Erster Sekretär des ZK der SED, gewählt, alle anderen Parteien nominierten jeweils einen stellvertretenden Vorsitzenden. Der Staatsrat als nicht nur repräsentative, sondern zugleich aktiv politisch handelnde Institution verstärkte spürbar das Gewicht der bündnispolitischen Komponente im Machtgefüge. Seine Tätigkeit belebte – vor allem in den 60er Jahren – die Bündnispolitik mit den Mittelschichten. In seiner Programmatischen Erklärung lenkte der Staatsrat die Aufmerksamkeit auf ein größeres Gewicht der regionalen und örtlichen Volksvertretungen, eine intensivere Arbeit der Staatsorgane aller Ebenen an der Basis und eine stärkere Beachtung der Rechte und Interessen der einzelnen Bürger.

Im Januar 1961 fasste der Staatsrat einen Beschluss zur weiteren Entwicklung der Rechtspflege. Er empfahl, bei der Urteilsfindung stärker die gesellschaftlichen Ursachen von Straftaten und die Kompliziertheit der Bewusstseinsentwicklung zu berücksichtigen, weniger Freiheitsstrafen auszusprechen, dafür mehr mit den Mitteln der bedingten Verurteilung und des öffentlichen Tadels zu arbeiten sowie die Verantwortung

---
16 Harry Nick: *Die Marxsche Lehre im Lichte des sozialistischen Desasters sowie der globalen Revolution*, (Berlin 1997), S. 18.

gesellschaftlicher Organe, besonders der Konfliktkommissionen in den Betrieben, zu erhöhen. Im Februar 1961 hatte der Vorsitzende des Staatsrates, W. Ulbricht, eine vertrauensvolle und resonanzreiche Aussprache mit Theologen, kirchlichen Amtsträgern und christlichen Bürgern.

Probleme aufgreifend, die gesellschaftliche Debatte anregend, auch längerfristig orientierend, Aktivitäten befördernd und viele spätere Ergebnisse zeitigend wirkten Kommuniqués des Politbüros des ZK der SED zu neuen, herangereiften Fragen der Jugend (Februar 1961) und der Frauen (Dezember 1961).

Doch alle diese Initiativen führten letztlich zu keiner grundsätzlichen Berichtigung des Kurses, weil die SED vor den dafür notwendigen politischen und gesamt-gesellschaftlichen Konsequenzen zurückscheute.

Kein Sozialismus?

Die grundlegenden Defizite im Realsozialismus – auch der DDR – machten deutlich, dass es sich noch nicht um einen reifen, einen wirklich entwickelten Sozialismus handelte, sondern um ein frühes Stadium dieser Gesellschaft, zudem durch schwerwiegende Deformationen beeinträchtigt, um eine erste Etappe auf dem Wege ihrer Gestaltung.

All dies ändert jedoch nichts an der Tatsache, dass dieser Beginn einer sozialistischen Umgestaltung der Gesellschaft mit dem kapitalistischen System und dessen Wertvorstellungen in einem Maße gebrochen hatte, das einen grundlegenden (wenn auch auf vielen Gebieten noch sehr unvollkommenen, auf manchen sogar ausgesprochen ungenügenden) emanzipatorischen Fortschritt bedeutete. Dadurch vermittelte er wichtige Impulse und setzte bedeutende Energien frei für die Weiterentwicklung der Gesellschaft und die Verbesserung des Lebens der Menschen.

Apodiktische Behauptungen, dies sei gar kein Sozialismus gewesen oder diese Gesellschaft hätte keine sozialistischen Ideale verwirklicht, verschanzen sich hinter einer pseudolinken, völlig ahistorischen „Alles oder nichts"-Position, beugen die geschichtliche Realität unter abstrakte, am grünen Tisch ausgeheckte Kriterien. Mehr noch, sie ignorieren offensichtlich eine Fülle realer Tatsachen und deren Widerspiegelung im Massenbewusstsein.

Die Stellung des Menschen in der Gesellschaft, vor allem in der Wirtschaft, der Produktion – dem wichtigsten Lebensbereich – hatte sich radikal verändert. „Ein Arbeiter in der DDR hat sich von seinem Meister weniger sagen lassen, als er es heute muss. Die Fälle der Kündigung durch die Arbeiter waren zu DDR-Zeiten gewiss nicht nur zahlreicher als die Kündigung durch den Betrieb, sondern auch als Kündigungen durch den Arbeiter heute. Der DDR-Facharbeiter war in seinem Betrieb zu DDR-Zeiten eine ziemlich souveräne Person,"[17]

Die bisher ökonomisch abhängigen, politisch beherrschten, geistig untergeordneten werktätigen Massen wurden dieser Fesseln ledig. Der Schauspieler Kurt Böwe beschrieb diese Entwicklung so: „Die BRD war für mich als Alternative undenkbar. Der bedeutsamste Grund zum Bleiben war für einen Landmenschen wie mich, dass diese Großgrundbesitzer (…) enteignet wurden. Das empfand ich als eine regelrechte Segnung für die Menschheit." Und auf die Frage, wie seine Karriere wohl im Westen verlaufen wäre, erwiderte Böwe: „Gar nicht. Ich stamme aus einer wenig bemittelten Bauernfamilie. In der Bundesrepublik wäre ich sicher nicht einmal bis zum Abitur gekommen, wir waren sieben Kinder. Wer hätte das finanzieren wollen?"[18]

Was die den Sozialismus aufbauende DDR wert war, zeigen die Folgen ihres Verschwindens. Im Osten Deutschlands hielten soziale Kälte und die Spielregeln der Ellenbogengesellschaft Einzug. Entscheidender Maßstab wurde, ob und wie sich etwas für das Kapital „rechnet". Mietwucher, Obdachlosigkeit und Grundstücksspekulation griffen um sich, Die Bundes-„Treuhand" riss das Volkseigentum an sich und verschleuderte es an das westdeutsche Kapital. In kurzer Zeit gehörten Massenarbeitslosigkeit und prekäre Beschäftigungsverhältnisse zum Alltag. Getrieben von Angst um den Arbeitsplatz wurde in immer größerem Umfange unbezahlte Arbeit geleistet. Kostenlose gesundheitliche Betreuung gehörte der Vergangenheit an. Als Folge der Überstülpung des antiquierten bundesdeutschen Schulsystems trat ein rapider Leistungsabfall ein, dafür breiten sich Privatschulen aus. Kultur, die diesen Namen verdient, wurde für immer mehr Menschen unerschwinglich. Löhne und Renten zeigen an, dass aus den früheren DDR-Bürgern Bundesbürger 2. Klasse geworden sind.

---

17 Harry Nick: *Das Eigentum und der Sozialismus*, (Berlin 1995), S. 10.
18 *Junge Welt*, 28.4.1997.

Auch die westdeutschen Arbeiter und Angestellten spürten sehr bald, dass der „unsichtbare dritte Tarifpartner", die regulierend wirkende soziale, politische und geistige DDR-Konkurrenz, weggebrochen war. Die durch den Anschluss, die Kolonialisierung der DDR abgerundete BRD ist aber keineswegs saturiert, sondern erhebt nun nicht mehr wie seit den 50er Jahren hintergründig, sondern offen den imperialistischen Großmachtanspruch – ja den der europäischen Hegemonialmacht Sie führt Kriege auf drei Kontinenten. Sie ist in EU wie NATO treibende Kraft imperialistischer Expansions- und Aggressionspolitik.

Die weitere Entwicklung der BRD in ihrer bisherigen gesellschaftlichen und politischen Verfasstheit führt sie Krisen, Erschütterungen und Katastrophen entgegen, die nicht hinter den vergangenen zurückbleiben werden, sondern sie noch übertreffen können. Erste und wichtigste Voraussetzung, solchen negativen Entwicklungen mit Erfolg entgegenzuwirken ist, nicht der überaus törichten und gefährlichen Illusion zu erliegen, man könne einvernehmlich, im Bunde mit den Kräften des Alten das notwendige Neue gestalten.

Die DDR – Resultat der Logik der Geschichte

Charakteristisch für die system- und regimekonformen DDR-„Kritiker" ist auch, dass der welt- und nationalgeschichtliche Zusammenhang, in dem die DDR steht, ihre kürzere wie lange Vorgeschichte, völlig außerhalb ihres Horizonts bleibt.

Die DDR ist aus den Klassenkämpfen der deutschen Geschichte erwachsen. In ihr sind vor allem solche gesellschaftlichen Veränderungen vollzogen worden, die seit vielen Jahrzehnten, zum Teil seit mehr als einem Jahrhundert auf der Agenda der sozialistischen deutschen Arbeiterbewegung, aber auch anderer demokratischer, progressiver Kräfte standen. Die seit 1945 und seit der Gründung der DDR durchgeführten Umgestaltungen waren Konsequenz und Vollzug von Forderungen, die schon im 19. Jahrhundert proklamiert wurden und seitdem im Zentrum der politischen Auseinandersetzungen gestanden hatten.

So entsprach die tiefgreifendste und wichtigste gesellschaftliche Veränderung im Osten Deutschlands, die Schaffung des gesellschaftlichen Eigentums an Produktionsmitteln, der Grundforderung des Erfurter Programms der deutschen Sozialdemokratie von 1891 nach „Verwandlung des kapitalistischen Privateigentums an Produktionsmitteln – Grund und Boden, Gruben und Bergwerke, Rohstoffe, Werkzeuge, Maschinen, Verkehrsmittel – in gesellschaftliches Eigentum"[19] – eine Forderung, von der sich selbst die SPD erst mit dem Godesberger Programm (1959) losgesagt hat.

Die Entscheidung für tiefgreifende gesellschaftliche Umwälzungen, um die politischen Machtstrukturen und ökonomischen Grundlagen der großbürgerlich-agrarischen Reaktion zu überwinden, erhielten durch die Erfahrungen mit deren faschistischer Herrschaftsform die stärksten Impulse, So wurden die in der sowjetischen Besatzungszone durchgeführten antifaschistisch-demokratischen Umgestaltungen, wie die Bodenreform und die Enteignung der Kriegsverbrecher und Naziaktivisten, von einer breiten Zustimmung getragen. Die Gründung der DDR schuf den staatlichen und konstitutionellen Rahmen für diese Umgestaltungen.

Neben der Festigung ihrer Ergebnisse traten in der DDR mehr und mehr gesellschaftliche Veränderungen in den Vordergrund, die sich aus der spezifisch sozialistischen Programmatik herleiten. In den Grundzügen lassen sie sich noch immer auf das Erfurter Programm zurückführen; und insgesamt halten sie sich – konkret historisch realisiert und modifiziert – in einem Rahmen, der durch im Grunde übereinstimmende oder sich doch nahekommende Kernaussagen des Heidelberger Programms (1925) und des Prager Manifests (1934) der SPD oder des Gründungsparteitages, der Brüsseler (1935) und Berner (1939) Konferenzen der KPD markiert wird.

Auch die Verankerung der gesellschaftlichen Umgestaltungen, auf die die DDR sich gründete und die in ihrem Rahmen vollzogen wurden, in der sozialistischen Programmatik der deutschen Arbeiterbewegung charakterisieren die DDR als Versuch, eine sozialistische Alternative zum kapitalistischen Deutschland der Vergangenheit und Gegenwart zu gestalten.

Die Zielvorstellungen der kämpfenden deutschen Arbeiterbewegung bildeten die historisch gewachsene programmatische Basis gesellschaftlicher Veränderungen mit dem Endziel des Sozialismus, ihre reale, zum Zeitpunkt der gesellschaftlichen Entscheidungen gegebene, Orientierung. Sie wie auch die mit ihnen verbundenen Kampferfahrungen mussten naturgemäß Inhalt, Formen und Methoden der Umgestaltungen wesentlich bestimmen. Eine Kritik, die dies nicht beachtet, ist ahistorisch.

---

19 *Dokumente und Materialien zur Geschichte der deutschen Arbeiterbewegung*, Bd. III, (Berlin 1974), S. 382.

Die weitgehende prinzipielle Übereinstimmung von Kommunisten und Sozialdemokraten (bis hin zu den Beschlüssen des westdeutschen SPD-Parteitages von Hannover 1946 – die allerdings auf dem Papier blieben) wie auch deren Unterstützung durch andere Demokraten bekräftigen, dass die eingeschlagene Entwicklungsrichtung grundsätzlich nicht subjektiv motiviert war, sondern den objektiven Gegebenheiten und konkreten historischen Anforderungen entsprach.

40 Jahre lang war die DDR der gewichtigste Faktor der Klassenauseinandersetzung mit dem deutschen Imperialismus. Als erste Verwirklichung von Sozialismus auf deutschem Boden, als vier Jahrzehnte währende antikapitalistische, antiimperialistische Realität hat sich die DDR den ehrenvollen Hass der herrschenden Klasse der kapitalistischen, imperialistischen BRD und ihrer repressiven und manipulativen Apparate zugezogen. Einen Hass, der noch lange nicht gestillt ist, wie die massenhafte Enteignung und die politische Verfolgung durch den bundesdeutschen Rechtsstaat bewiesen haben und wie die regimeoffizielle Lügen- und Gräuelpropaganda in Permanenz dokumentiert. Dies hat allerdings weniger historische als vielmehr aktuelle Motive. Denn das Erbe der DDR ist ein Ferment, ein stimulierendes Element des Klassenkampfes gegen den deutschen Imperialismus, heute und künftig.

HERBERT WÖLTGE

Gelehrte in den Wirren der Wendezeit

Ein Zeitzeugendokument zum Plenum der AdW 1989/1992

Der hier vorgestellte Text ist – zumindest aus meiner Sicht – ein eigenartiges Zeitdokument, unkonventionell nach seiner Form und sicher beachtenswert nach Thema und Inhalt. Man kann es sehen es als Zwischenergebnis, als Zwischenstation einer Debatte mit offenem Ausgang über das Plenum der Gelehrtensozietät der Akademie der Wissenschaften der DDR und sein Verhalten in den Jahren 1989/1992, sozusagen Intellektuelle in den Wirren der Wendezeit, um einen Titel unseres Jubilars zu apostrophieren.

Das Dokument ist zweiteilig. Es besteht aus Thesen zum Plenum, die ich 1995/96 ausgearbeitet habe, und deren Diskussion mit Herbert Hörz, der zu DDR-Zeiten zuletzt als Vizepräsident Verantwortung für die Geschicke des Plenums trug und der die Gründung der Nachfolgeorganisation des Plenums, der Leibniz-Sozietät, vorbereitete. Wir haben das Gespräch im November 1996 aufgezeichnet und kamen überein, es nun zu publizieren, so zeitgebunden es in manchen Aussagen auch sein mag.

Anlass für Thesen und Gespräch war ein anderes Publikationsvorhaben. 1994 erschien das Jahrbuch 1990/1991 der Akademie, an dem der Verfasser redaktionell beteiligt war, das letzte in einer seit 1946 bestehenden Reihe.[1] Es reichte nur bis 31. 12. 1991, da nach Auffassung des Zuwendungsgebers, der Berliner Senatsverwaltung für Wissenschaft und Forschung, die Akademie mit dem Auslaufen eines Moratoriums zu diesem Zeitpunkt erloschen war. Wir waren jedoch der Meinung, dass die Gelehrtensozietät bis zum Sommer des Jahres 1992 weiter bestand, mindestens bis zu dem Zeitpunkt, als die Vorbereitungen zur Gründung der Leibniz-Sozietät begannen. Es schien somit ein Gebot der historischen Vollständigkeit zu sein, auch für 1992 ein Jahrbuch vorzusehen und zu zeigen, wie sich das akademische Leben unter den neuen gesellschaftlichen Bedingungen fortsetzte, zumal sich die Gelegenheit bot, viele der mit der Landespolitik verschlungenen Vorgänge dieses Jahres darzustellen oder zumindest anzudeuten. Die Publikation erschien 1999 und enthielt ausgesuchte Dokumente der Gelehrtensozietät aus 1992, insbesondere des Plenums, die ausführlich kommentiert wurden.[2]

Unabdingbar für die Kommentare war, sich im Vorfeld ein einigermaßen akzeptiertes Urteil über das Plenum und seine Aktivitäten zu erarbeiten. Aussagen dazu fehlten noch weitgehend, schriftliche Quellen waren spärlich und wenig erschlossen, und Zeitzeugen hielten sich mit Wertungen zurück.[3] Die Thesen waren ein Versuch, einen Text als Diskussionsgrundlage anzubieten. Diese Absicht haben sie erfüllt. Sie haben für das weitere Verständnis der Vorgänge um die Gelehrtensozietät gute Dienste geleistet.

Es versteht sich, dass heute, nach fast 20 Jahren, manches politische und juristische Urteil anders zu setzen wäre. Manches hat keinen Bestand gehabt, ist aber doch als Charakteristikum des Denkens in jener Zeit für den Akademiehistoriker aufhebenswert. Soweit ich sehen kann, gibt es bislang keinen so weitgehenden Blick in das Innenleben dieses intellektuellen wissenschaftlichen Spitzengremiums der DDR.

Abseits von offiziellen Erklärungen und Verlautbarungen gewinnt man Einblick in innere Zustände, Hoffnungen, Erwartungen und Enttäuschungen einer in den Wirren der Zeit

---

[1] Jahrbuch 1990/91 der Akademie der Wissenschaften der DDR und der Koordinierungs- und Abwicklungsstelle für die Institute der ehemaligen Akademie der Wissenschaften der DDR (KAI-AdW). Akademie Verlag 1994.
[2] 1992 - Das verdrängte Jahr. Dokumente und Kommentare zur Geschichte der Gelehrtensozietät der Akademie der Wissenschaften für das Jahr 1992. Hrsg. von Horst Klinkmann und Herbert Wöltge. TRAFO-Verlag Berlin 1999 = Abhandlungen der Leibniz-Sozietät Bd. 2.
[3] Ausgenommen hier ausdrücklich: Hermann Klenner: Wissenschaftswende an der Akademie. In: Jahrbuch 1990/91 der Akademie, a.a.O., S. 549-566.

verunsicherten Akademiemitgliedschaft und erhält andeutungsweise ein Bild von einigen ihrer Versuche, sich zu behaupten.

Thesen wie Gespräch sind im Original umfangreicher als hier abgedruckt. Beide Texte sind leicht gekürzt, redundante Stellen entfernt. Vollständig wird der Mitschnitt des Gesprächs und die Originalfassung der Thesen im Archiv der Leibniz-Sozietät zu finden sein. Auf einen Erklärungsapparat wurde verzichtet, um den Text nicht zu überladen. Bei den in den Texten genannten Personen handelt es sich überwiegend um Mitglieder der Akademie.

Thesen und Hintergrundfakten zum Plenum der AdW 1989/92[4]

(1.) Das Plenum bestand im Herbst 1990 aus 286 Mitgliedern, 182 OM und 104 KM. Sie arbeiteten in 11, ab Januar 1991 in 4 Klassen. Etwa die Hälfte der Mitglieder (47%) waren Angestellte der Akademie, die andere Hälfte (53%) waren Angestellte im Hochschul- und Wissenschaftsbereich, in der Volkswirtschaft oder in staatlichen Leitungsfunktionen. Von den 286 Akademiemitgliedern waren 72 Emeriti (25%).

(2.) Das Plenum war im Herbst 1989 längst aus den gesamtgesellschaftlichen und grundsätzlichen wissenschaftspolitischen Entscheidungsprozessen ausgeschieden (wenn es überhaupt jemals daran beteiligt war). Der reale Einfluss des Plenums auf die Wissenschaftsentwicklung in der DDR war in den Jahren seit 1972 ständig gesunken, es hatte gravierend an Einfluss und Bedeutung verloren, sowohl auf die Forschungsgestaltung als auch auf die Wissenschaftspolitik in der DDR (in dem Maße, wie das Konzept der sozialistischen Forschungsakademie ausgebaut wurde). Es war in der Öffentlichkeit zuletzt weitgehend unbekannt, dass die AdW auch eine Gelehrtengesellschaft besaß.

Das Plenum war in seiner überwiegenden Mehrheit gesellschaftskonform und der Politik der Partei- und Staatsführung verpflichtet. Es wurde ideologisch und personalpolitisch von der Partei- und Staatsführung dominiert und, soweit erforderlich, über die Kaderpolitik und die Arbeit der Parteiorganisationen diszipliniert. Geistige Ansätze in Plenum und Klassen zur Vorbereitung der Wende sind nicht bekannt. Die kritische Betrachtung einzelner Seiten

---
[4] Ausgearbeitet in den Jahren 1995 und 1996.

der Wissenschafts-, Wirtschafts-, Gesundheits- und Bildungspolitik in Plenum und Klassen hat zu keinem Zeitpunkt zu einem Infragestellen des gesellschaftlichen Systems geführt.

Es ist dem Plenum nicht gelungen, die Interessen der Grundlagenforschung gegenüber den Forderungen nach volkswirtschaftlichem Nutzen der Forschung ausreichend und entscheidend zu vertreten. Memoranden, gesellschaftliche Stellungnahmen von Plenum und Klassen, die die politische Führung oder die Öffentlichkeit auf Probleme aufmerksam machen sollten (etwa Umwelt, Gesundheit, Wirtschaftsprobleme, Wissenschafts- und Bildungspolitik, nationale Mahnfunktion), gab es so gut wie nicht.

(3.) Was hat die Akademie-Mitgliedschaft den Mitgliedern vor der Wende bedeutet?

Die Wahl zum Akademiemitglied wurde meist als die längst fällige, einem zustehende Anerkennung der wissenschaftlichen Leistung angesehen. Der dadurch bewirkte Zuwachs an gesellschaftlichem Prestige in der science community und in der Öffentlichkeit außerhalb der Gelehrtengesellschaft wurde angenommen.

Bei vielen ergab sich daraus ein elitäres Zugehörigkeitsgefühl inter pares, Corpsgeist, bis hin zu einer verinnerlichten Integration, Identifikation (im Sinne von Corporate Identity). Diese Identifikation war sehr unterschiedlich ausgeprägt, am meisten vielleicht noch bei den Emeriti oder Mitgliedern, die der Gelehrtengesellschaft viele Jahre angehörten. Es zeigte sich später, dass das Identifizierungsgefühl leicht durch andere Lebensinteressen zurückzudrängen war. Es hatte keine organisatorische, keine Handlungskonsequenz, es führte nicht zu pflichtgemäßen Handlungen für die Gelehrtengesellschaft, es bot nur eine allgemeine Verhaltensnorm.

Die Akademiemitgliedschaft befriedigte ein intellektuelles Bedürfnis nach wissenschaftlichem Austausch auf höchstem Niveau. Klasse und Plenum boten die Möglichkeit der Äußerung von weitergreifenden Gedanken über gesellschaftliche und wissenschaftliche Entwicklungen. Dass diese Gedanken oft über den Diskussionsstand üblicher wissenschaftlicher und auch gesellschaftspolitischer Thesen hinausgingen, beruhte auf der weitgehenden Nichtöffentlichkeit, einer (erfolgreich praktizierten, geduldeten) Verschwiegenheit nach außen.

(4.) Für kein Mitglied war die Gelehrtensozietät Lebensmittelpunkt oder Organisationszentrum (außer zeitweilig für den zuständigen Vizepräsidenten, den vom Staat bezahlten gewählten Funktionär des Plenums), weder für die außerhalb angestellten Mitglieder noch für die AdW-Angestellten, am ehesten noch für die Emeriti. Die Gelehrtengesellschaft konstituierte kein Arbeitsrechtsverhältnis zu ihren Mitgliedern. Die Dotation war Zuschuss, Prämie, Unterhaltsverbesserung, Besserstellung, doch keine wirtschaftliche Existenzsicherung. Die Gefährdung der sozialen Existenz und der wissenschaftlichen Arbeit nach der Wende kam für die Mitglieder nicht von der Gelehrtengesellschaft, sie kam immer von außerhalb.

Es gab demzufolge keinen existentiellen Zwang, sich als Akademiemitglied unbedingt für den Erhalt der Gelehrtengesellschaft einzusetzen, die Antriebe dazu waren intellektueller oder politischer Art oder kamen aus der oben erwähnten inneren Identifizierung, einer Art Traditions- und Zugehörigkeitsbewusstsein. Es gab in den Jahren 1990/92 genügend Möglichkeiten, sich unbeschadet an individuellem Prestige oder gesellschaftlichen Einbußen der Verantwortung für die Gelehrtengesellschaft zu verweigern oder sich ihr einfach zu entziehen. Es war für viele wichtiger, ja lebensnotwendig, einen Platz in der sich neu eröffnenden science community außerhalb der Gelehrtengesellschaft zu suchen. Im Ringen um den wissenschaftlichen Arbeitsplatz und die soziale Existenz als Wissenschaftler (und gegen das drohende Renten-Unrecht bei den Emeriti) entfaltete sich naturgemäß ein ganz anderer Aktionismus als gegenüber der ebenfalls in ihrer Existenz bedrohten Gelehrtengesellschaft. Beim Untergang der Gelehrtengesellschaft verlor man bestenfalls die Mitgliedschaft, bei den anderen Fragen aber die wissenschaftlichen und sozialen Existenzmöglichkeiten. Der aus Traditionsbewusstsein, aus der individuellen Verpflichtung eines Mitglieds gegenüber der 290 Jahre alten Institution erwachsende Impetus rückte an eine hintere Stelle der Werte- und Handlungsskala. Er erwies sich bei vielen als nicht tragfähig für solidarisches Handeln.

(5.) Die Akademiemitglieder waren daran gewöhnt, stets über einen externen Organisationsmittelpunkt zu verfügen, der ihnen die Bedingungen zur Entfaltung ihrer Absichten gab und ihnen die technisch-organisatorischen und operativ-durchführenden Maßnahmen und deren Kontrolle weitgehend abnahm. Da die Interessen als Akademiemitglieder nicht die eigentlichen Lebensinteressen waren, haben sie im Falle des Wegfalls der externen Strukturen nicht mit eigenen Handlungen zu deren Ersatz reagiert, sondern mit Rückzug, Laisser-faire, Abwenden, Abwarten, Verzicht, Duldung der Misslichkeiten und Klage darüber. Das führte nicht zum eigenen Aufgreifen der Initiative.

(6.) Von Oktober 1989 bis Juli 1992 haben 30 wissenschaftliche und Geschäftssitzungen des Plenums sowie entsprechende Klassensitzungen stattgefunden. Drei Sitzungen waren Festsitzungen zu den Leibniz-Tagen 1990, 1991 und 1992. Reine Geschäftssitzungen gab es neun, wissenschaftliche Sitzungen mit Geschäftsordnungsteil vier. Das Plenum nahm auf fast allen Sitzungen z. T. ausführliche Informationen über die Lage durch die jeweiligen Präsidenten oder Vizepräsidenten entgegen. Mit Ausnahme der Monate Oktober 1990 und April 1991 fanden die Sitzungen regelmäßig allmonatlich statt. Die wissenschaftliche Tätigkeit der Gelehrtengesellschaft wurde somit in gewohntem Umfang aufrecht erhalten, die Geschäftstätigkeit den Erfordernissen angepasst.

(7.) Das Plenum hat zur Bearbeitung anstehender, von der politischen Entwicklung aufgeworfenen Fragen Gremien gebildet und damit neue Strukturen geschaffen. Es war bis zur Trennung von den Instituten an den neuen Gremien der AdW angemessen durch gewählte eigene Vertreter beteiligt:

Insgesamt wurden 63 Mitglieder in die neuen Gremien oder Redaktionsgruppen gewählt und haben in ihnen mitgearbeitet. Von ihnen haben 25 in zwei, 12 in mehreren Gremien gewirkt. Für den Zeitraum nach dem 3. 10. 1990 ergibt folgendes Bild: In die sieben Gremien, Ausschüsse und Funktionen wurden 29 Mitglieder gewählt. Zu juristischen Spezialfragen fanden Konsultationen mit entsprechenden Experten in der Mitgliedschaft statt (Heuer, Poppe, Klenner u.a.).

(8.) Das Plenum hat versucht, zu den gesellschaftlichen Veränderungen und zur eigenen Vergangenheit Position zu beziehen, Schritte u.a.: Rehabilitierung Bloch, Havemann u.a. Maßnahmen im Herbst 1989, Kritik der DDR-Führung und der bisherigen Wirtschafts- und Wissenschaftspolitik, Forderungen nach Änderung des Statuts und Mitarbeit daran mit dem Ziel, Bedingungen und demokratischen Strukturen für eine möglichst staatsferne, autonome, von parteipolitischen Einflüssen freie, unabhängige wissenschaftliche Tätigkeit zu schaffen. Die Kritik blieb im Grundsatz DDR-systemimmanent.

Im Kernpunkt, der Frage der Mitgliedschaft, war das Plenum trotz signifikant divergierender Auffassungen nicht bereit, eine kritische Debatte über die eigene Vergangenheit zu führen und sich von Mitgliedern aus politischen Gründen zu trennen. Es lehnte in seiner Mehrheit – aus durchaus unterschiedlichen Gründen – eine Altlasten-Debatte ab. Die Mehrheit des Plenums, stellte sich vor alle seine Mitglieder und war nur bereit, sich von Mitgliedern zu trennen, die nach Meinung des Plenums bewiesenermaßen aus außerwissenschaftlichen Gründen Mitglied wurden.

Versuche, sich in Erklärungen zur Vergangenheit zu positionieren, blieben schwach und scheiterten im Plenum oder schon im Vorfeld (z.B. Erklärungsentwürfe von September 1990, die vom Plenum abgelehnte Erklärung vom Februar 1992, die Abschlusserklärung). Einzige veröffentlichte Erklärung war der kurze Appell von Bielka, David, Hörz, Lohs und Philipp im August 1990, der sich aus Traditionsgründen gegen eine mögliche Auflösung der Gelehrtengesellschaft wandte und keine kritische Sicht auf die Mitgliedschaft einschloss. Die Koppelung von Vergangenheitsbetrachtung und Mitgliedschaftsbewahrung in toto verhinderte eine durchaus denkbare und mögliche öffentlichkeitswirksame Positionierung zu den Fehlern und Versäumnissen der Gelehrtengesellschaft in der Vergangenheit. Das war ein erschwerender Faktor für die Pflege der politischen Bedingungen für die Fortführung der Gelehrtensozietät im Sinne von Art. 38(2)EV.

Die Bereitschaft, sich mit der Vergangenheit kritisch und selbstkritisch zu beschäftigen, nahm in dem Maße ab, wie der Druck von außen wuchs. Dabei differenzierte sich das Plenum weiter. Mitglieder, die sich kritisch gegenüber Vergangenheits- und Personalfragen verhielten oder deren Vertrauen in die Vorgehensweise der Gelehrtensozietät abnahm, zogen sich im Verlauf der Diskussionen aus dem Leben der Sozietät zurück und nahmen keinen Einfluss mehr auf das Geschehen

(9.) Das Plenum hat erst relativ spät die eigenen Interessen der Gelehrtensozietät behandelt, von der Bloch-Havemann-Rehabilitierung abgesehen. Die Haltung des Plenums zur Einheit der Akademie oder Trennung von Gelehrtensozietät und Forschungsinstituten, die durch die Arbeit an einem neuen Statut, an der Formulierung von Reformmaßnahmen hervorgerufen war, war gespalten, die Meinungsbildung wurde nicht zum Ende gebracht, sie führte zu keinen Entscheidungen und erledigte sich durch den Einigungsvertrag. Die Vertretung spezifischer eigener Interessen begann mit der Diskussion um die

Mitgliedschaft, als sichtbar wurde, dass die bestehende Mitgliedschaft oder zumindest (nicht näher definierte) Teile von ihr aus politischen Gründen in existentielle Gefahr geriet. Etwa seit Mitte 1990 (genauer nach dem Kamingespräch vom 3. Juli 1990) gab es erste Befürchtungen, die Gelehrtengesellschaft könne aufgelöst oder eliminiert werden. Um diesen Gefahren zu begegnen, entstand die Idee der ruhenden Mitgliedschaft, die in den Klassen und im Plenum breit diskutiert, aber letztlich abgelehnt wurde.

Die Ablehnung, die zeitlich erst nach Vollzug der im Einigungsvertrag vorgesehenen Trennung von Gelehrtensozietät und Instituten erfolgte, hat damit auch den Nukleus-Gedanken hinfällig gemacht, dessen Realisierung unter den eingetretenen gesellschaftlichen Umständen Gelegenheit geboten hätte, einen Neuanfang aus eigener Kraft, von innen heraus, zu beginnen, der nicht nur die Vergangenheitsaufarbeitung in Personalfragen, sondern auch die Sachfragen der anstehenden Reform zum Inhalt gehabt hätte.

(10.) Mit dem Beitritt entstand nicht nur für die Gelehrtensozietät eine neue Situation, sondern auch neuer Handlungsspielraum für das politische Umfeld gegenüber der Sozietät. Weder den DDR-Bürgerrechtlern noch den Westberliner politisch führenden Kreisen war an einer Weiterexistenz der Gelehrtensozietät in Gestalt ihrer gegenwärtigen Mitgliedschaft gelegen. Die Vorgeschichte von Art. 38(2)EV beweist diese Auseinandersetzung, in der die AdW/Gelehrtensozietät ihre Fortführung staatsrechtlich sichern wollte. Mit Wegfall der DDR-Staatlichkeit ging jedoch für sie auch das politische Bedingungsgefüge verloren, das diese Fortführung hätte stützen können. Die veränderten politischen Machtverhältnisse bewirkten eine rasche Umorientierung in den Zielen gegenüber der Gelehrtensozietät. Bis etwa Mitte Oktober 1990 war die Liquidierung der Gelehrtensozietät erhofftes, aber keineswegs gesichertes Ergebnis des Handelns der politisch dominierenden Kräfte im Land Berlin. Man richtete sich durchaus darauf ein, eine Kompromisslösung als eine reale Möglichkeit anzusehen (Gespräche mit Albach, Riedmüller-Seel u.a.). Im Verlauf des Oktobers 1990 setzte sich aber die Auffassung durch, nicht zuletzt durch die Aktionen und Beschlüsse der Parlamente, die Liquidierung sei erreichbar und durch die Gelehrtensozietät höchstens noch langwierig-juristisch in Teilen abwendbar. Die Verletzung von Art. 38(2)EV wurde billigend in Kauf genommen, der politische Sinn uminterpretiert und die eigene Interpretation in der Öffentlichkeit verbreitet und machtpolitisch realisiert.

(11.) Felder, auf denen diese Auseinandersetzung ausgetragen wurde, waren:

- der parlamentarische Raum, Stadtverordnetenversammlung, Abgeordnetenhaus. Nutzung für die politische Verurteilung und Diffamierung der Gelehrtensozietät in der Öffentlichkeit, insbesondere die Einschaltung der Bürgerrechtskräfte der ehemaligen DDR (Grüne/AL, Neues Forum, Adlershofer Erklärung),
- die Medien, Auseinandersetzung zur Altlasten-Diskussion, Darstellung der gegenseitigen Standpunkte,
- das Recht, seine Nutzung etwa für die juristische Uminterpretationen (Umwandlung der Gelehrtensozietät in Privatvereinigung,) und für Konstruktionen (Thieme), bis zur Rechtsbeugung selbst (Entlassung der Akademiemitglieder durch den Senator),
- die Verfügbarkeit/Nichtverfügbarkeit über die materiellen Machtmittel, besonders des bürokratischen Verwaltungs- und Machtapparats (Senatsverwaltung für Wissenschaft, KAI-AdW, KAI e.V., Planungsgruppe), die allmähliche Reduzierung und später die völlige Drosselung der materiell-finanziellen Zuwendungen, die Kappung der personellen Voraussetzungen der Arbeit der Gelehrtensozietät,
- der Verhandlungsraum mit den Gremien der Wissenschaftslenkung und -organisation der Bundesrepublik und international.

Beschrieben werden sollte, wie die Gelehrtensozietät sich auf den einzelnen Feldern verhalten hat, ob sie Möglichkeiten erkannt und genutzt hat.

(12.) Die Evaluierung war die schwächere Antwort der Gelehrtensozietät auf die Gefahr: Sie war keine Antwort auf die Altlasten- und Personaldebatte, sondern das Ausweichen davor. Das Bestreben, eine öffentliche Personaldebatte zu vermeiden, war stärker als das Bestreben, die Möglichkeit zu probieren, den Verbleib einer politisch gefilterten, von offensichtlichen Altlasten befreiten Mitgliedschaft zu sichern. Die Evaluation zog sich bis Mitte 1992 hin und kam zu spät. Ihr Ergebnis hatte überhaupt keinen Einfluss auf den Verlauf des Geschehens. Die ihr folgende Vertretung der Anwartschaft auf Mitgliedschaft stieß ins Leere, Christian Meier als Vorsitzender der Planungsgruppe diskreditierte das Ergebnis der Bemühungen öffentlich und machte es lächerlich.

Die Evaluation beruhte auf der Hoffnung, auf der vom Einigungsvertrag genährten Fehleinschätzung, der Ausweis der wissenschaftlichen Bonität würde über das politische Machtverhältnis siegen, man würde in Ehren weiter Mitglied einer wie auch immer veränderten Gelehrtensozietät sein können, vielleicht zusammen mit anderen, neuen Mitgliedern aus den alten Bundesländern. Die existentielle Bedrohung der Mitgliedschaft der Gelehrtensozietät wurde von den Mitgliedern erst allmählich gesehen, aber von vielen nicht geglaubt. Der bevorstehende Interessenausgleich mit der übrigen Wissenschaft im Land Berlin bzw. mit bisher für eine Akademiemitgliedschaft nicht berücksichtigten Wissenschaftlern der ehemaligen DDR würde nach Auffassung vieler Mitglieder zwar mit Kompromissen verbunden sein, aber den Mitgliederstamm erhalten und bestätigen. Es wurde verdrängt, dass es nicht um Interessenausgleich, sondern um die politische Machtfrage ging. So war die Evaluation weniger der geglaubte legitime und angemessene Weg, als vielmehr eher eine akademische Trotzhaltung, die die politischen Realitäten zu umgehen versuchte.

Die der Evaluierung zugrunde liegende Olymp-These (Wer sich selbst wählt, kann sich auch selbst evaluieren, er braucht keine Bewertung von außen, wer soll die Besten in ihrer wissenschaftlichen Arbeit beurteilen, wenn nicht sie selbst?) ging von der falschen Erwartung aus, die andere Seite würde sich vorwiegend nach einem wissenschaftlichen Ehrenkodex und weniger politisch verhalten oder man könnte sie durch die Einleitung der Evaluierung und deren innere Vernunft dazu zwingen oder bewegen. Die These war ohne entsprechende politische Absicherung im Umfeld unrealistisch. Das Vertrauen der Mitglieder in die Wirkungskraft dieser These nahm mit Verlauf der Evaluierung ab.

(14.) Der Präsident und das Plenum.

(a) Klinkmann war seit 17. 5. 1990 designierter, seit 27. 6. 1990 Geschäftsführender Präsident. Er war zu keinem Zeitpunkt Angestellter der Akademie und versuchte, während der Zeit seiner Präsidentschaft seine persönlichen wissenschaftsorganisatorischen und wissenschaftspolitischen Angelegenheiten, besonders in der internationalen wissenschaftlichen Welt, weiter zu verfolgen. Er kam aus dem Hochschul- und Medizinbereich und war mit der Akademie als Forschungsinstitution, mit ihren apparativen Möglichkeiten und Zwängen und den Personalfragen nur wenig vertraut. Ihm stand bis zum Beitritt ein großer, gut eingespielter Verwaltungsapparat zur Verfügung, später ein immer weiter eingeschränkten kleiner Arbeitsstab, der wegen seiner arbeitsrechtlichen Situation an der Fortführung der Gelehrtensozietät interessiert war und der am Ende über den materiellen Restbestand an Logistik und über die logistischen Anschlusswerte verfügte.

Klinkmann genoss bis zum Schluss in seiner Tätigkeit das Vertrauen des Plenums, auch wenn es Meinungsdifferenzen gab. Er war die Integrationsperson für divergierende Strömungen im Plenum und stützte sich bei seinem Wirken als Präsident auf überkommene oder vom Plenum selbstgeschaffene Gremien der Selbstverwaltung.

(b) Klinkmanns Auftrag und seine Absicht bestanden darin, durch Verhandlungen die Bedingungen zu schaffen, um die Gelehrtensozietät im Sinne des Einigungsvertrages im vereinigten Deutschland fortzuführen. Das entsprach dem Auftrag der letzten Regierung der DDR und den Interessen der Mitglieder der Gelehrtensozietät, die ihn dazu insgesamt und bei verschiedenen seiner Schritte bevollmächtigten. Als weiteren Beziehungspunkt seiner Verhandlungen hatte er die Haltung der Mehrheit des Plenums zu respektieren, alle Mitglieder politisch zu schützen und keine öffentliche Debatte zu einzelnen Mitgliedern oder zur Mitgliedschaft insgesamt zu führen, weder in Richtung auf politische Altlasten noch auf nichtwissenschaftlich begründete Mitgliedschaften. Klinkmann vertrat die vom Plenum diskutierten oder beschlossenen Positionen gegenüber den Parlamenten, der Landesverwaltung und den großen deutschen Wissenschaftsorganisationen der Allianz. Versuche, ihn als Verhandlungsführer politisch zu diskriminieren (Rostock), beeinträchtigten seine Verhandlungsfähigkeit und seine Wirksamkeit in der Öffentlichkeit nicht.

(c) Maximalziel war: Die Herbeiführung einer landesrechtlichen Regelung, die den Bestand der Gelehrtensozietät unverändert gesichert hätte. Das hätte bedeutet: 1. Überführung der ganzen Mitgliedschaft ohne politisch bedingte Einbuße; und 2. Überführung der möglicherweise inzwischen aus eigener Kraft reformierten, d. h. der Entwicklung angepassten Gelehrtensozietät als Institution, verbunden mit der Akzeptierung ihrer rechtlichen Stellung als Körperschaft des öffentlichen Rechts, der Identität mit der Preußischen Akademie/DAW/AdW, der damit verbundenen Rechte einschließlich Stiftungen und Editionsrechten, Überführung der traditionellen wissenschaftlichen Arbeitsvorhaben, Weiterführung des Traditionsanspruches, Weiterführung von Archiv, Bibliothek, Vermögen, Immobilien und vorhandenen Mitarbeitern.

(d) Politisch war diese Maximalvorstellung nicht realisierbar. Diese Auffassung teilten die Mitglieder in ihrer überwältigenden Mehrheit, aber auf differenzierte Weise. Ob ein Maximalismus juristisch hätte tragfähig sein können, wie von einigen Mitgliedern erörtert, wurde nicht erprobt, die Chancen dürfen für gering gehalten werden. Das Verhältnis vieler Mitglieder zum Präsidenten regelte sich über ihr Verhalten zum Maximum.

(e) Als Verhandlungsführer mit tieferem Einblick in die Absichten, Mentalität, Strukturen und Kräftekonstellationen seiner Verhandlungspartner (oder -gegner) hatte Klinkmann relativ früh die Erkenntnis gewonnen, dass die Festlegung des Einigungsvertrages nur über weitgehende Kompromisse in der Mitgliederfrage realisierbar war.

Seine Verhandlungsstrategie war im Wesentlichen davon bestimmt, ein möglichst großes Minimum des Überlebens der Mitgliedschaft und der Institution zu sichern und die dafür jeweils verbliebenen Möglichkeiten auszuloten und den sich immer weiter zuungunsten der Gelehrtensozietät verändernden Handlungsspielraum auszunutzen. Konzepte zur Sicherung der Mitgliedschaft waren die ruhende Mitgliedschaft und der Nukleus-Gedanke, danach die Evaluation und schließlich die Anwartschaft auf Mitgliedschaft. Im Verlaufe der Verhandlungen schrumpfte das Ziel immer mehr in Richtung auf die Überführung einer abgemagerten (nach welchen Kriterien auch immer) Mitgliedschaft, schlechtestenfalls eines Kerns, allerschlechtestens eines geringen Restbestandes, und auf die Erhaltung von Werten, des Namens, der Tradition, der Langzeitprojekte, des kulturell unersetzlichen Vermögens.

(f) Dem Interessensausgleich schien die Bildung der Planungsgruppe zu dienen, die die Senatsverwaltung für Wissenschaft und Forschung als einzige Maßnahme zur Erarbeitung einer landesrechtlichen Regelung einleitete. Die Mitarbeit in diesem Gremium erschien als eine günstige und zudem die einzige Möglichkeit, die Interessen der Gelehrtensozietät zu artikulieren und mit denen der AWB (und anderen Interessenträgern) abzugleichen. Es zeigten sich im Verlaufe der Erarbeitung der Konstruktion einer neu zu konstituierenden Akademie gewisse Möglichkeiten, über das Wahlgremium (personelle Dominanz oder Parität) bestimmenden (oder mitbestimmenden) Einfluss auf die Zusammensetzung der neuen Mitgliedschaft zu erhalten und auf diesem Wege die Liste der evaluierten Anwartschaft zu realisieren. Voraussetzung war, dass der Rechtsrahmen eingehalten wurde. Diese Möglichkeit wurde durch die Verletzung des Rechtsrahmens machtpolitisch zu Fall gebracht.

(g) Präsident, Vizepräsident und Arbeitsstab haben stets darauf geachtet, das Plenum eingehend über den jeweiligen Verhandlungsstand zu informieren und es nicht zur bloßen Verhandlungsmasse werden zu lassen. Auf jedem sich bietenden Plenum sowie in Briefform wurde informiert und appelliert, um sich der Zustimmung des Plenums zu den vergangenen und nächsten Verhandlungsschritten zu versichern und keine größeren Differenzen aus Mangel an Information aufkommen zu lassen.

Die Appelle an die Mitglieder im Plenum, von sich aus eigene, individuelle Aktionen zur Rettung der Gelehrtensozietät zu unternehmen, die eigenen Verbindungen und Möglichkeiten für die Gewinnung von Bundesgenossen, für Appelle international usw. zu nutzen, blieben im wesentlichen ohne Resonanz. Die Reaktionen und eigenen Aktivitäten und Anregungen aus dem Plenum waren minimal. Fast alle Vorschläge, Ideen und konzeptionellen Anregungen kamen von einem sehr engen Kreis von Mitgliedern, meist aber von Präsident/Vizepräsident oder vom Arbeitsstab. Sie wurden in das Plenum zur Diskussion und Beschlussfassung hineingetragen.

(h) Mit Sichtbarwerden der zunehmenden Erfolglosigkeit der Kompromisspolitik nahmen maximalistische Meinungen im Plenum zu. Sie waren Zeichen des Unverständnisses und des Trotzes, aber auch Reaktion auf die Polarisierung der politischen Entwicklung in der Gesellschaft insgesamt, auf die Beseitigung alter DDR-Strukturen auf breiter Front usw. Die gesellschaftliche Differenzierung erfasste auch das Plenum und führte u. a. dazu, dass sich Mitglieder aus dem Plenum zurückzogen, die sich von bisherigen Vorstellungen getrennt hatten, die bürgerrechtlich orientiert waren oder die ihre Chancen in einer neuen Wissenschaftslandschaft für ihre berufliche Existenz nicht gefährden wollten.

(i) Im Verlaufe dieser Diskussionen wurden zwei Gruppen von Vorwürfen gegen die Strategie des Präsidenten der Gelehrtensozietät in den Verhandlungsfeldern sichtbar: Appellativismus und ungenügende Nutzung des geltenden Rechts.

Die Verhandlungsführung sei nicht hart genug, nicht konsequent genug gewesen, Präsident wie Gremien hätten zu sehr an appellative Möglichkeiten geglaubt, an Fairness unter Gleichen, an gegebene Versprechen unter Kollegen Wissenschaftlern (z. B. Wissenschaftsrat Dieter Simon, die Konferenz der Akademien, einzelne Akademiepräsidenten, Senator Erhardt), an eine Art von beruflichem Ehrenkodex. Die

Erwartungen in die Planungsgruppe seien von Anfang an illusionär gewesen, es sei dieser Sache und den Verhandlungspartnern unangemessenes Vertrauen entgegengebracht worden.

Die Überschätzung des Appellativen (die zweifellos vorhanden war) nährte sich auch aus der lange Zeit überwiegend freundlichen Haltung der meisten Medien gegenüber den Problemen der Gelehrtensozietät. Den wesentlichen Anteil an der öffentlichkeitswirksamen Darstellung der Ansprüche und Forderungen der Gelehrtensozietät trug der Präsident. Die Mitglieder erbrachten von sich aus nur wenige, seltene öffentliche Stellungnahmen und Aktionen für den Erhalt der Gelehrtensozietät. Öffentlichkeitswirksame Erklärungen kamen nicht zustande.

Das Recht sei ein Feld vieler Versäumnisse gewesen, den juristischen Fragen der Gelehrtensozietät sei von Anfang an zu wenig, und wenn, dann meist zu spät oder zu zögerlich (zugunsten des Appellativen) Aufmerksamkeit gewidmet worden (von R. Klar immer wieder betont): Die Rechtsform der Gelehrtensozietät, Ausstattung mit rechtlichen Befugnissen möglichst noch vor Beitritt, Klärung der Vermögensfragen, Reaktion auf die Rechtsvorstellung des Senators, Verzicht auf gewichtige juristische Schritte, auf den Klageweg (Klenner: man muss sich auf den Weg nach Karlsruhe vorbereiten).

Der Bodenverlust hätte durch energische, rechtzeitige juristische Schritte gemindert werden können, es hätte die Kompromissbereitschaft der anderen Seite befördert. Da aber juristisches Vorgehen gegen eine Verhandlungsmentalität stand, die darin eine mögliche Beeinträchtigung in noch nicht weiter ausgehandelte, aber sich doch andeutende, wenn auch vage Möglichkeiten und deren Auslotung sah, wäre davon abgesehen worden. (Beispiel: Verzögerungen in der Behandlung der Vermögensfrage.)

(15.) Der Vizepräsident.

(a) Seit Ende 1989 amtierender Vizepräsident für das wissenschaftliche Leben der AdW, seit März 1990 Vorsitzender der Klasse Philosophie, Ökonomie, Geschichte, Staats- und Rechtswissenschaften. Wahl am 19. April 1990 zum Vizepräsidenten durch das Plenum. Er war das einzige gewählte hauptamtliche Mitglied der Gelehrtensozietät. Eine offizielle Beendigung des Amtes (etwa Abberufung durch den MR) gibt es nicht. Kann gefolgert werden, dass durch das Fehlen einer offiziellen Abberufung der Vizepräsident eine dem

Amt innewohnende Kompetenz auf die Leibniz-Sozietät übertragen hat, deren Gründung er in die Wege leitete und die dann ja auch die Entlastung von der Funktion vornahm?

(b) Der Vizepräsident hatte die Verantwortung für die Tätigkeit des Plenums und der Klassen. Er war verantwortlich für das Inganghalten des wissenschaftlichen Lebens, der wissenschaftlichen Sitzungen von Plenum und Klassen, für die Einhaltung des Statuts und seine Weiterentwicklung und für die Pflege der Mitgliedschaft. Er hatte die Aufgabe, die Interessen der Mitglieder zur Sicherung der weiteren Existenz der Gelehrtengesellschaft zu artikulieren und zu organisieren.

(c) Der Vizepräsident fungierte als Berater des Präsidenten vor allem in den Fragen der zurückliegenden Entwicklung der AdW, ihrer Strukturen und Personen, die dem Präsidenten relativ fremd waren. Er vertrat die Traditionslinien und die historischen Interessen der Gelehrtensozietät als historische Institution.

In Arbeitsteilung mit dem Vizepräsidenten war Klinkmann vor allem Verhandlungs- und Aushandlungspartner gegenüber den Behörden, dem wissenschaftspolitischen Establishment, den großen Wissenschaftsorganisationen, der Gegenseite insgesamt, er war juristischer Vertreter der Gelehrtensozietät und erfolgreicher Sprecher der Sozietät in den Medien.

HERBERT HÖRZ / HERBERT WÖLTGE

Gespräch über die AdW 1989/1992

Herbert Hörz: Generell ist der Versuch gescheitert, einen fairen Kompromiss für die Gelehrtensozietät der Akademie zu erreichen, der sowohl der Entwicklung der Wissenschaften entsprach, die Kontinuität der Gelehrtensozietät von der Leibniz-Akademie über die Preußische Akademie und die Deutsche Akademie der Wissenschaften gesichert hätte und die Leistungen der Akademiemitglieder zum Ausdruck brachte. Gescheitert sowohl durch politische Entscheidungen gegen Institutionen der DDR und letzten Endes durch Rechtsbeugung, weil der Einigungsvertrag in seiner Formulierung, wie die Gelehrtensozietät weiterzuführen ist, nicht eingehalten wurde. Der Versuch von Präsident, Vizepräsident, dem geschäftsführenden Präsidium oder den anderen Gremien wurde von der Mehrheit des Plenums mitgetragen; wobei der Vorschlag des Präsidenten und Vizepräsidenten an die Mitglieder neben dem Kompromissweg andere Wege zu gehen, die letzten Endes auch der maximalistischen Forderung von Mitgliedern entsprochen hätten, die Gelehrtensozietät voll zu erhalten, wurde leider nicht aufgegriffen. So existierte zum Kompromissweg keine Alternative. Das ist in den Thesen richtig ausgedrückt. Die von mir oft gehörten Beteuerungen mancher Mitglieder, andere Wege gehen zu wollen, darunter auch rechtliche, haben zu keinen Taten geführt.

Eine zweite Bemerkung: Die wichtigste Chance wurde von Januar bis März 1990 vertan, also vor der Amtszeit von Klinkmann. Als im Januar 1990 die Beratung mit der Regierung und insbesondere mit dem Ministerpräsidenten Modrow stattfand, wurde auf meinen Vorschlag hin, die Gelehrtensozietät schnellstens von der Forschungsgemeinschaft zu trennen, damit beide überleben können, die Forschungsgemeinschaft in eine Helmholtz-Gesellschaft und eine Mommsen-Gesellschaft aufzulösen, überhaupt nicht reagiert. Er wurde sogar als ein Versuch abgetan, die Akademie aufzulösen. Das zeigt, dass die Möglichkeiten für eine Strategie zum Überleben der Gelehrtensozietät, die unter der Modrow-Regierung noch bestanden hätten, entweder überhaupt nicht gesehen oder noch für verfrüht gehalten, auf jeden Fall aber nicht genutzt wurden. Es gab selbst auf meine wiederholten Hinweise, dass die Volkskammer-Wahlen im März eine neue politische Situation bringen könnten, keine Aktivitäten.

Das Jahr 90 ist dann zum großen Teil, mindestens bis zum Sommer, mit der Bildung der entsprechenden gewählten Organ vergangen, danach begannen dann die Aktivitäten, auf den Einigungsvertrag einzuwirken, um die weitere Existenz der Gelehrtensozietät zu sichern und um für sie einen öffentlich-rechtlichen Status zu erreichen. Sie waren letztlich aber mit dem Ende der DDR selbst beendet. Da Chancen durch die DDR nicht mehr existierten und der politische Wille der Bonner Ratgeber immer deutlicher wurde, der in den Beschlüssen der beiden Berliner Parlamente im Oktober 90 ausgedrückt wurde, musste eine Strategie gefunden werden, mit der die vorgesehene Politik der Auflösung der Gelehrtensozietät, wenn nicht durchkreuzt, so doch verzögert werden konnte. Wenn von den nun herrschenden politischen Kreisen eine Kontinuität gesehen wurde, dann höchstens mit der Institution der Leibniz-Akademie, auf keinen Fall mit den Mitgliedern der DDR-Akademie.

Herbert Wöltge: Das Problem der Trennung kam offiziell auf in der Vorbereitung von Art. 38, als der Text diskutiert wurde. Bis dahin gab es aber im Plenum seit November 1989 ständig Forderungen nach der Trennung und beständige, beharrliche Ablehnung im Plenum. Das wurde nie ausdiskutiert.

HH: In der Zeit von November 1989 bis zu den Wahlen im März 1990 herrschte die Auffassung vor, dass es möglich sein wird, die Akademie als Ganzes zu erhalten, indem zwar bestimmte Einrichtungen mit Dienstleistungscharakter herausgenommen und andere reduziert werden, aber die Einheit von Gelehrtengesellschaft und Forschungsgemeinschaft bestehen bleibt, ein Standpunkt, der Mitte der achtziger Jahre mühsam erarbeitet wurde, nun jedoch der Lage nicht mehr angepasst war. Auf die Problematik der weiteren Existenz der

Gelehrtensozietät ist kaum jemand eingegangen. Dafür gab es keine Überlebensstrategien mit Rückzugsvarianten. Es wurde der Status quo immer wieder beschworen und darauf gehofft, dass man überleben wird. Hinzu kommt, was in den Thesen deutlich gesagt wird, dass die existentiellen Interessen vor allem im Erhalt der Einrichtungen lagen, nicht in der weiteren Existenz der Gelehrtensozietät, so dass man diese mit ihrer Problematik immer beiseite schob. Meine Forderung, einen eigenen Haushalt der Gelehrtengesellschaft aufzustellen, wurde in den Gremien, in denen Vertreter der Institute und Mitarbeiter saßen, die, selbst, wenn sie Akademiemitglieder waren, mehr an die weitere Existenz der Einrichtungen dachten, abgelehnt. Man war der Meinung, dass damit von den eigentlichen Problemen abgelenkt würde, verbunden mit der Hoffnung, es werde ja schon einen Debattierklub geben, in dem Akademiemitglieder weiter diskutieren können, aber jetzt haben wir erst die wichtigen Probleme zu lösen. Das setzte sich dann noch weiter fort, denn bis zum Oktober 1990 war Präsident Klinkmann sehr stark in die Lösung der Institutsprobleme eingespannt, in die vielen Probleme, die über den Vizepräsidenten Nowak liefen und die die Forschungsgemeinschaft betrafen. Die Probleme der Gelehrtensozietät, die sich vor allem auf ihre wissenschaftlichen Diskussionen konzentrierte und ihre inhaltliche Erneuerung erörterte, spielten in den von mir geleiteten Beratungen der Klassensekretare, in den Klassen und im Plenum eine Rolle.

Die generelle Strategie, die mir vorschwebte, war, wenn man so will, eine Prioritätenliste aufzustellen, und in dieser Richtung habe ich auch versucht, von Anfang an zu arbeiten:

1. Rettung der Institution als Leibniz-Akademie.
2. Rettung akademischer Einrichtungen, Bibliothek, Kustodie und Archiv.
3. Rettung der langjährigen Akademienvorhaben. Auch dort gab es Stimmungen, sogar unter Akademiemitgliedern, die das nicht für so wichtig ansahen, aber es gehörte natürlich zu einer Gelehrtensozietät, dass sie solche Forschungsgruppen hatte. Manche Naturwissenschaftler hatten dafür kein Verständnis, weil die Akademienvorhaben wesentlich geisteswissenschaftlich orientiert waren.
4. Rettung der Mitgliedschaft. Auf diesem Gebiet ist von uns kaum etwas erreicht und auch wenig unternommen worden, sicher geprägt durch die Beschlüsse der Parlamente und die Meinung mancher Mitarbeiter und der Massenmedien, dass, wenn die Institution fortgeführt werden soll, dann die Mitglieder wegen ihrer Staatsnähe auf keinen Fall übernommen werden dürften. Die wissenschaftlichen Leistungen spielten gar keine Rolle. Es gab

politisch negative Bewertungen. Das zeigt sich auch in den späteren Beratungen zum Staatsvertrag von 1992, bei denen eine Reihe von politischen Kräften, etwa in der Diskussion im Abgeordnetenhaus, im Wissenschaftsausschuss, sich mit scharfen Worten gegen die Akademiemitglieder und das Plenum wandte.

HW: Die ersten Thesen sind als Einstimmungsthesen gedacht, sie berühren zunächst einmal allgemeine Voraussetzungen. Die These 1 ist eine quantitative Analyse der Mitgliedschaft (...)

HH: (...) wobei ich bei These 1 darauf aufmerksam mache, dass wir ab Januar 91 wegen der von den Klassen beschlossenen Evaluierung in vier Klassengruppen gearbeitet haben, aber gleichzeitig die Klassen mit ihren Klassensekretaren weiter ihre Diskussionen durchführten. Die Sekretare haben mit den Geschäftsführenden Mitgliedern zusammengearbeitet. Der Präsident und ich waren damals der Meinung, die Evaluierung in größeren Gruppen durchzuführen, um neben den fachlichen Problemen auch weitere Wirkungsebenen einbeziehen zu können. Es gab deshalb vier verschiedene Evaluierungsgruppen für die Sozial- und Geisteswissenschaften, für die Naturwissenschaftler, für Mathematik, Informatik und für Biowissenschaften/Medizin. Diese vier Gruppen waren dann aber nicht nur für die Evaluierungsfragen da, sondern führten wissenschaftliche Diskussionen durch. So kam es, dass manche Tagungen der Klassen dann in den vier Klassengruppen, manchmal aber auch Sitzungen getrennt stattfanden. Die Struktur der Klassen wurde von uns nicht einfach aufgehoben. Es sollte eine neue Struktur, die mit einem neuen Statut angestrebt wurde, schon inhaltlich vorbereitet werden.

Bei den 22 Zugewählten von 1990 wurden auch, was ich als Vizepräsident angestrebt habe, Korrekturen an früheren Entscheidungen vorgenommen. Ich denke an die Zuwahl von Schmutzer, von Hagemann, von Bierwisch. Manche, wie Hagemann, standen vorher mehrmals zur Diskussion und wurden nicht aufgenommen. Ich hatte mit erreicht, dass diese Vorschläge realisiert wurden und keine Kontingentdiskussionen die Aufnahme verhinderten. Bierwisch nahm die Wahl mit großen Vorbehalten an, was seine kritische Rede zur Akademie und der damaligen Leitung auf dem Leibniztag dokumentiert.

HW: These 2 ist nur der Versuch, festzustellen, wie es vorher war, eine erste Beschreibungsrichtung.

HH: Erstens ist es problematisch, zu sagen, das Plenum sei aus den Entscheidungsprozessen ausgeschieden, weil es vorher in Entscheidungsprozessen kaum eine Rolle gespielt hatte, eigentlich seit 1946 nicht. Es kann also in dem Sinne nicht ausscheiden, wenn es vorher nicht integriert war. Richtig ist, dass die Akademie insgesamt immer mehr in Entscheidungsprozesse einbezogen wurde, als sie zur sozialistischen Forschungsakademie werden sollte. Das traf aber vor allem auf Institutsdirektoren zu, die auch Akademiemitglieder waren. Das Problem liegt deshalb an einer anderen Stelle. Die Gelehrtensozietät war immer ein Gremium kreativer Diskussionen, interdisziplinären Zusammenwirkens und der Debatte globaler Probleme, schließlich auch von politisch relevanten Fragen. Sie sah ihre Aufgabe kaum darin, als Plenum Stellungnahmen zu fachlich relevanten Fragen abzugeben, das haben eher die Klassen gemacht, die sich etwa zu Bildungsfragen äußerten, denn es wurden Lehrpläne und Lehrbücher zur Diskussion gestellt. In dieser Richtung war die Gelehrtengesellschaft durchaus tätig, aber sie war eigentlich nie in die Entscheidungsprozesse direkt eingebunden. Einbezogen waren die Institute, Kommissionen und Räte bei der Akademie. Dort sind die Akademiemitglieder mit ihren Haltungen aufgetreten. Ich denke auch an solche Konferenzen, bei denen es darum ging, die Grundlagenforschung gegenüber praktizistischen Anwendungen zu verteidigen.

HW: Da ging es um die Akademie als Institution, nicht um die Gelehrtensozietät, deshalb ist es auch schwierig herauszufinden, was das Spezifikum der Gelehrtengesellschaft in Entscheidungsprozessen, in dem Prozess der wissenschaftspolitischen Weiterentwicklung war.

HH: Das Plenum war keine der Einrichtungen, die von der politischen und staatlichen Führung der DDR für Entscheidungsfindungen herangezogen wurde. Man muss jedoch das Wirken einzelner Akademiemitglieder nennen, allerdings als Institutsdirektor, als Präsident, also überwiegend in staatlichen Funktionen, in staatlicher Verantwortung. Man hatte doch als Akademiemitglied im Grunde keine staatliche Verantwortung. Es gab eine gewisse Autorität als Akademiemitglied. Ich denke an das Wirken von Jürgen Kuczynski. Er hatte zwar keine Funktion mehr in dieser Zeit, aber er hat eine große Rolle gespielt, und, was ich mir noch notiert habe, wir dürfen nicht das Wirken von Robert Rompe über die interdisziplinären Diskussionsrunden von Akademiemitgliedern vergessen. In den von ihm organisierten kleinen Diskussionsrunden informeller Art hat man sich mit wichtigen wissenschaftlichen Fragen befasst. Da ging es um Probleme von der Ökologie bis zur Kernenergie. Rompe lud zu diesen Runden bestimmte Akademiemitglieder ein, die, ohne eine bestimmte Funktion, zur Meinungsfindung beitragen sollten. Es kamen auch Leute hin, die Entscheidungen mit zu treffen hatten, sie sollten jedoch in diesen Debatten, ohne Zwang zur Stellungnahme als Direktor usw., mit den anderen, die keine Funktion hatten, den wissenschaftlichen Gehalt eines Problems, seine politische Relevanz und die praktische Verwertung einer Lösung besprechen. Rompe selbst war nicht direkt in Entscheidungsprozesse eingebunden, war jedoch als ZK-Mitglied jemand, dessen Meinung beachtet wurde. Es gibt also nicht nur den linearen Entscheidungsweg, in dem das Plenum keine Rolle spielte, wohl aber verschiedene Einflüsse auf Entscheidungen. In den staatlich fixierten Entscheidungsprozeß war es nicht einbezogen, also kann man nicht von einem Ausscheiden aus ihm sprechen. Deshalb ist es für mich problematisch zu sagen, es hätte Einfluss und Bedeutung verloren.

HW: Hatte es keine Bedeutung und keinen Einfluss?

HH: Das Plenum hatte es nicht, wohl aber einzelne Mitglieder. Ich nenne wieder Kuzcynski, ohne dass er eine Position hatte, aber er war natürlich als Akademiemitglied gefragt, ich nenne Rompe, Fuchs. Fuchs hatte andererseits wieder Bedeutung, weil er den Kernenergierat geleitet hat. Man darf neben den informellen Gruppen, die ich genannt hatte, nicht die Räte vergessen, die bei der Akademie gebildete wurden und in denen Akademiemitglieder eine große Rolle spielten. Dort ging es schon um Entscheidungen

HW: Räte für Forschungsplanung?

HH: Das waren Räte für die verschiedensten Gebiete, wie Informatik, ökonomische Probleme und so auch der Umweltrat, in dem ich mitgearbeitet habe. Es gab jedoch auch einen Rat für die Zusammenarbeit mit dem IIASA in Laxenburg bei Wien. Auch lagen viele internationale wissenschaftliche Aktivitäten durch die Existenz der Nationalkomitees bei der Akademie in ihrer Verantwortung. Diese Gremien berieten und entschieden jedoch selbständig, wobei vorgegebene Richtlinien zu beachten waren. Der Vizepräsident für das wissenschaftliche Leben trug auch dafür die Verantwortung.

HW: Es gab elf Forschungsprogramme in der DDR-Forschungsplanung, davon hat die Akademie acht verantwortet, die anderen waren in Verantwortung des Hochschulwesens. Das war aber die staatliche Ebene. Da waren meist die Akademiemitglieder die entscheidenden Leute.

HH: Das ist richtig. Sie waren das aufgrund ihres wissenschaftlichen Profils, ihrer fachlichen Autorität, nicht unbedingt wegen ihrer Funktion. So berichtete beispielsweise im Umweltrat der stellvertretende Minister für Umweltfragen. Er war Mitglied des Rats und nahm auch an den Sitzungen teil. Gleichzeitig konnten wir als Akademiemitglieder und weitere Spezialisten unsere Auffassungen einbringen, die meist sehr kritisch waren. Ich habe dort, jedoch auch in Vorträgen, die ökologische Politik der DDR als einen auf die massenhafte Warenproduktion orientierten ökologischen Havariedienst ohne langfristige Konzeption bezeichnet. Das wurde zustimmend zur Kenntnis genommen, änderte jedoch nichts daran, dass meine Forderung nach einem ökologischen Stufenplan mit dem Argument, dafür fehlten Devisen, nicht ernst genommen wurde. Dieser Umweltrat hatte wieder Untergruppen. Die von mir geleitete befasste sich mit der humanen Gestaltung des Mensch-Naturverhältnisses. In ihr saßen eben nicht nur Leute, die Funktionen hatten. Bei uns gab es eine kritische Haltung zur Nutzung der Kernenergie. Sie wurde jedoch nicht zur Kenntnis genommen, da sich mit Kernenergie ein anderer Rat zu befassen hatte.

Die Argumente für Entscheidungen wurden aus den Gremien bezogen, die die vorgegebene Haltung stützten. Das ist jedoch nicht spezifisch für die DDR-Wissenschaftsakademie. Vor dem Umweltrat gab es eine Umweltklasse, die dann aufgelöst wurde. Zu ihrer Auflösung hielt ich einen Vortrag zu Philosophie und Ökologie, und Lehmann, der sie geleitet hat, bedauerte ihre Auflösung, weil nun die wissenschaftliche Diskussion dem staatlichen Entscheidungsprozess, für den der Rat Vorlagen zu machen hatte, untergeordnet wurde. Man kann hier von einer gewissen Wende sprechen, denn nun geschah eine neue Einbindung in den Entscheidungsprozess, jedoch auf Kosten der inhaltlich-wissenschaftlichen Debatte, die einer Akademie vor allem zusteht. Was in der Klasse an Umweltfragen diskutiert wurde und durchaus schon entscheidungsrelevant war, ging jetzt an einen Rat, der Vorlagen erarbeitete. Damit wurde, in diesem Fall, kritisches Potential der Akademie durch Einbindung in Entscheidungsprozesse weniger als vorher genutzt.

HW: Das waren also sozusagen Übersetzungsgremien aus dem, was in der Grundlagenforschung, in der Angewandten Forschung in der Akademie erarbeitete wurde, Übersetzung in staatliche Aufgaben?

HH: Die Räte übersetzten Erkenntnisse in staatliche Aufgaben einschließlich der weiteren Forschungsaufgaben der Akademie. Sie verloren aber dadurch ihre wissenschaftliche Unschuld, nämlich ungeachtet der Vorgaben die Probleme prinzipiell zu diskutieren und Alternativen zu behandeln. Man muss also das Wirken der Akademiemitglieder nicht nur persönlich, sondern auch in diesen Gremien sehen. Es ist richtig, dass in der Öffentlichkeit kaum bekannt war, dass die Akademie auch eine Gelehrtengesellschaft besaß. Die internationale Zusammenarbeit der Akademien und auch der Akademiemitglieder lief aber oft über die Gelehrtengesellschaft. So gab es Abkommen mit anderen Akademien, die das Wirken der Klassen und des Plenums betrafen, da Akademien in den westlichen Ländern keineswegs den Charakter von Forschungsakademien großen Ausmaßes hatten.

Den Satz „*Gesellschaftskonform und der Politik der Partei- und Staatsführung verpflichtet* (…).'' Das würde ich gern noch weiter differenzieren. Gesellschaftskonform besagt ja eigentlich noch gar nichts, nachher gibt es den Ausdruck systemkonform. Das würde aber heißen, direkt diesem System verpflichtet. Viele von uns fühlten sich den Idealen des Sozialismus verpflichtet, mit einer sehr kritischen Haltung zu Systemfragen. Das ist zwar nicht relevant geworden in Beschlüssen des Plenums, zeigte sich aber in vielen Diskussionen, die in den Klassensitzungen durchgeführt wurden, Insofern ist das zu differenzieren. Es gab keine Beschlüsse gegen die DDR. Die DDR wurde als eine Möglichkeit gesehen, die sozialistischen Ideale zu realisieren. Deshalb wurde mehr oder weniger kritisch das Verhältnis von Ideal und Wirklichkeit betrachtet. Es gab Mitglieder, die kritischer und solche, die weniger kritisch waren.

HW: Dissidenten hat diese Mitgliedschaft nicht hervorgebracht.

HH: Doch, hat sie gehabt. Aber was heißt Dissidenten? Die Akademie hat diesen Potsdamer Geowissenschaftler aufgenommen, der in Potsdam keine Stelle bekam, weil er wegen seiner kritischen Äußerung zur Mauer in Potsdam gemaßregelt wurde. Leute wie Stubbe, die ganze Leopoldina-Gruppe, standen natürlich sehr kritisch zu vielen Dingen in der DDR. Sie haben sich stets aktiv an den wissenschaftlichen Debatten beteiligt. Durch den

Einfluss von Stubbe konnte der Lyssenkoismus in der biowissenschaftlichen Forschung der DDR keinen Fuß fassen, obwohl er in die Lehre und Volksbildung einging und politisch gefördert wurde.

HW: Bethge, Mothes, Stubbe, Hagemann, Parthier?

HH: Man könnte sicher noch mehr Naturwissenschaftler und Mediziner nennen, die voll in die Gelehrtensozietät der Leopoldina eingegliedert waren, aber gleichzeitig die wissenschaftliche Arbeit in unserer Akademie ernst genommen haben. Die Leopoldina unterstand dem Minister für Hoch- und Fachschulwesen. Politisch gab es immer wieder die Forderung, sie aufzulösen. Das scheiterte am Widerstand vieler Kollegen, zu denen auch „systemkonforme" Mitglieder der AdW gehörten. Zur Leopoldina gehörten ja auch Scheler oder Klinkmann u. a. Es gab dort, wie gesagt, eine starke Gruppe, die sich kritisch zu vielen Entscheidungen in der DDR verhielt und Bethge hat seine Positionen, die er in der Leopoldina vertrat, auch in der AdW vorgetragen.

Kurz gesagt: Geistige Ansätze zur direkten Vorbereitung der Wende, wenn wir darunter die Auflösung der DDR verstehen, aus Plenum und Klassen sind nicht bekannt. Es gab jedoch viele Vorschläge zur Verbesserung des Sozialismus, die letztlich bei der Wende eine Rolle spielten und konstruktiv aufgegriffen wurden. Ich meine, es hätte keine Mehrheit im Plenum für diese Art der Wende gegeben, insofern stimmt die Aussage, aber es ist mir die kritische Haltung zum System noch ungenügend ausgedrückt.

HW: Die kritische Haltung war vorhanden. War sie aber systemimmanent? Sie hat zu keinem Zeitpunkt zur Infragestellung des gesellschaftlichen Systems geführt.

HH: Das ist wieder nur prinzipiell richtig, denn es gab scharfe Kritiken sowohl an Personen, an Einrichtungen und an Beschlüssen. Stellt man sich jetzt die Frage, wie es möglich war, dass die DDR implodierte, so war eine der inneren Ursachen die kritische Haltung vieler Intellektueller. Die Folgen der Vereinigung, die „Abwicklung" fast der gesamten wissenschaftlichen Elite der DDR, die Missachtung des wissenschaftlichen Potentials der DDR-Forschung und ihres Wissens, die Zerstörung der Institutionen haben denen recht gegeben, die nicht bereit waren, diesen Crashkurs mitzumachen. Warum sollte ein System, das zwar prinzipielle Mängel nach Meinung vieler wissenschaftlicher Kritiker aufwies, zu denen ich auch gehörte, in Frage gestellt werden, wenn nur eine schlechtere Alternative sich anbot. Dazu zähle ich das jetzige System in seiner Unmenschlichkeit und Ausgrenzung. Die Mehrheit der Akademiemitglieder, das zeigen auch jetzige Diskussion, wollte einen humaneren Sozialismus und keine Gesellschaft mit vielen Arbeits- und Obdachlosen auch unter Wissenschaftlern und einem Sparzwang, der kreative Arbeit ebenfalls einengt.

Was das Plenum und die Vertretung der Interessen der Grundlagenforschung angeht – da ist viel getan worden. Ich erinnere an die Diskussion des Plenums zur Mathematik, wo es selbst innerhalb des Plenums Meinungsverschiedenheiten über die praktische und theoretische Rolle der Mathematik gab. Denken wir auch an solche Konferenzen wie die: „Zur Wirksamkeit der naturwissenschaftlich-technischen Grundlagenforschung für die Entwicklung der Wissenschaftsdisziplin und den wissenschaftlich-technischen Fortschritt. Gemeinsame Konferenz AdW-MHF 1978" – in der es darum ging, die Rolle der Grundlagenforschung zu verteidigen, was durch die Mehrheit der Akademiemitglieder geschah.

HW: Es gab eine Konferenz in der ersten Hälfte der 70er Jahre zur volkswirtschaftlichen Nutzung der Grundlagenforschung unter Klare, die damals als bahnbrechend für die Zusammenarbeit mit der Industrie aufgefasst wurde.

HH: Das ist ja auch richtig und entsprach dem Motto: theoria cum praxi. Es geht zugleich jedoch immer darum, dass auf diesen Konferenzen von Akademiemitgliedern hervorgehoben wurde, man könne industriell relevante Entwicklungen nur erwarten, wenn die Grundlagenforschung weiter gefördert wird. Deshalb habe ich auch die anderen Diskussionsrunden genannt, denn es ging bei den informellen Diskussionen bei Rompe darum, genau diesen Aspekt immer wieder zu betonen. Beispielsweise wurden dort die keineswegs praxisrelevanten Arbeiten von Ebeling zur Selbstorganisation diskutiert. Von dort ging der Vorschlag aus, unbedingt diese Arbeiten voranzutreiben.

HW: Es gibt sicher Beispiele, deshalb ist das hier wirklich nur ein Einführungspassus. In den 80er Jahren ging es ja darum, dass ein hoher Prozentsatz der Forschung durch die Partei auf einen direkten gesellschaftlichen Verwertungseffekt gebracht werden sollte. Da gab es die Beauflagung der Parteiorganisationen, es wurde versucht, das mit Druck durchzusetzen, es wurde gerügt und gelobt. Das zu untersuchen ist nicht unsere Aufgabe, die wir uns gestellt haben, aber hier ist ganz sicher ein späterer Darstellungsbedarf. These 3 zur Befindlichkeit der Akademiemitglieder – da bin ich Außenstehender, ich habe es so aufgeschrieben, wie ich es gehört habe.

HH: Da würde ich vor allem der These zustimmen, dass die Mitgliedschaft zum gesellschaftlichen Prestige beitrug, wobei das später für die Öffentlichkeit stärker sichtbar wurde als in den 60er Jahren.

HW: These 4: Die Frage nach dem Lebensmittelpunkt.

HH: Das war die Akademie etwa für solche Leute wie Lehnert, Knepler, Rompe, auch als sie noch nicht Emeriti waren. Es gab ja eine Zeit, wo die Akademieinstitute schneller und besser ausgebaut wurden als die an den Universitäten, etwa in den 50er und auch noch in den 60er Jahren. Damals spielte die Akademiemitgliedschaft eine ganz wichtige Rolle, um Direktor eines Instituts zu werden. Erst musste man Mitglied sein, später wurde das dann umgekehrt, ein Direktor musste irgendwann Akademiemitglied werden, während vorher versucht wurde, aus den Akademiemitgliedern den richtigen Direktor zu finden. Max Planck lässt grüßen. Da hat es Änderungen gegeben mit der Zeit. Vorher haben die Klassen über Forschungsrichtungen mit entschieden. Sie beurteilten Promotionen und bestätigten Direktoren. Das wurde später formalisiert und kaum noch inhaltlich nach wissenschaftlichen Kriterien abgehandelt.

HW: Die These lautet: Der Einfluss des Plenums, der Klassen wurde zurückgedrängt.

HH: Die Zäsur dafür war die Akademiereform, als die großen Zentralinstitute gebildet wurden, das hat großen Einfluss gehabt, damals wurden Klassen und Plenum zurückgedrängt. Die Bemerkung zur Entsolidarisierung kann ich, bezogen auf die Akademiemitglieder, nicht teilen. Es gab keine Entsolidarisierung bei der Mehrheit des Plenums mit den Arbeiten in der Gelehrtensozietät, die Mitglieder meinten, wir müssen die wissenschaftliche Arbeit weiterführen. Sie haben in schwierigen politischen Zeiten gesagt, das wissenschaftliche Niveau muss gehalten werden. Sie sind fast alle gekommen, außer denen, die unter existentiellen Druck gerieten, die keine Gelder mehr hatten oder die sich vom Plenum lossagen wollten. Das gab es auch. Das waren wenige. Der Kampf um den

Erhalt der Gelehrtensozietät oder um die Übernahme ihrer Mitglieder in die BBAW war außerdem politisch aussichtslos geworden. Diese Einsicht hatte jedoch nichts mit der Solidarität der Gelehrten untereinander, die den wissenschaftlichen Zusammenhalt der Mitglieder der Sozietät verkörperte, zu tun.

HW: These 6 ist eine Aufzählung. Daraus geht hervor, dass die Gelehrtensozietät in keiner Phase ihrer Entwicklung auf die wissenschaftliche Arbeit verzichtet hat.

HH: Das war zu jeder Zeit das Anliegen der Mehrheit des Plenums, des Präsidenten und Vizepräsidenten, nach außen hin zu zeigen, wir lassen uns durch politische Unruhen nicht von unserer wissenschaftlichen Arbeit abbringen. Dann kommen die Gremien. Die Personendecke war nicht ganz so dünn, wie es in der These aussieht. Die regelmäßigen Beratungen mit den Klassensekretaren fanden unter meiner Leitung bis 2. 10. 90 statt. Sie müssen dort genannt werden. Es ging dabei immer um die Konzeption für das wissenschaftliche Leben, um die zentralen Veranstaltungen, auch darum, was für das Plenum Wichtiges und Interessantes von den Klassen beigetragen werden kann, da das Plenum möglichst in den entsprechenden Klassen vorbereitet wurde. Es ging um die Zuwahlen, die dort vorbereitet wurden. Das waren die wichtigsten Punkte.

HW: Dazu kamen alle Gremien, die bis Oktober 1990 gearbeitet haben, Senat, davor Präsidium, Kollegium, Vorstand der Forschungsgemeinschaft.

HH: Ich erinnere mich noch an die Diskussion zur Präsidentenwahl, sie hat uns viel Zeit gekostet. Zuerst war nur Bielka Kandidat als Präsident. Dann hat der Runde Tisch gegen einen alleinigen Kandidaten protestiert. Klenner rief mich als den schon gewählten Vizepräsidenten an, um diese Forderung nach mehreren Kandidaten durchzusetzen. In der Vertreterversammlung gab jeder am Schluss auf seiner Einladung Vorschläge ab. Ich hatte mindestens drei Wochen zu tun, um mit den Vorgeschlagenen zu reden. Zum Schluss waren fünf Kollegen bereit, für das Amt des Präsidenten zu kandidieren, darunter Bielka und Klinkmann.

Ich war in dieser Zeit der einzige gewählte Vertreter der Akademieleitung. Von fünf Kandidaten erhielt ich im April durch das Plenum in geheimer Wahl im ersten Wahlgang die erforderliche Mehrheit. Die anderen, Präsident und seine Vertreter, waren nicht gewählt und warteten auf die Abberufung. Scheler hat nur noch die Ämter verwaltet, um die notwendigen Unterschriften geben zu können, so hat er es auch gesagt. Ansonsten kümmerte sich der Runde Tisch um alles. Ich sorgte dafür, dass das wissenschaftliche Leben in Plenum und Klassen reibungslos weiter ging. Es gab die Zusammenkünfte der Präsidentenkandidaten. Da wurden ja strategische Fragen beraten, denn sie hatten Programme vorzulegen. Es waren dann bei allen Beratungen Gruppen von 60-70 Personen. Dabei handelte es fast immer um die gleichen Leute, die aktiv warten.

These 8: <u>Die Kritik</u> blieb <u>im Grunde DDR-systemimmanent</u>. Das ist das Problem, das ich schon behandelt habe: DDR-immanent ja, aber systemimmanent ist mir zu viel. Das muss differenziert werden, weil es natürlich viele Kritiken auch an den systemaren Grundlagen gab, ohne den Sozialismus infrage zu stellen. Man wollte die DDR besser machen, aber nicht verlassen. Es wurden repressive Maßnahmen verurteilt und Beschlüsse kritisiert, die die Bedeutung der Grundlagenforschung unterschätzten. Ungenügende Förderung der Wissenschaft und richtiger Einsatz der Mittel, Forderung nach ökologischen Konzeptionen, Kritik an Konzeptionen der Volksbildung und vieles andere gab es. Dabei standen sich in Klassen und Plenum oft die Verteidiger und Kritiker der Wissenschaftspolitik der DDR gegenüber.

Nicht bereit, eine kritische Debatte über die eigener Vergangenheit zu führen: Das ist für mich etwas problematisch. Eine kritische Debatte über die eigene Vergangenheit wollten sie immer führen, aber sie wollten sich nicht zwingen lassen, vor allem nicht durch die neue politische Obrigkeit eingeordnet zu werden in die Vorverurteilung, denn gefordert war ja eigentlich nur die Zustimmung zu dieser öffentlich gemachten Vorverurteilung, auch von Bürgerrechtlern und von westdeutschen Kollegen. Dort einfach mit einzustimmen, dazu war die Mehrheit der Mitglieder, auch die, die sich vorher sehr kritisch zu Verhältnissen in der DDR äußerten, nicht bereit. Ich habe mehrmals Kommissionen geleitet, in denen diese divergierenden Auffassungen aufeinanderprallten, die der bedingungslosen Verteidiger des Bestandes der Akademie und die der absoluten Kritiker der Akademie mit allen Zwischenstufen. Keiner davon hat bestritten, dass man sich kritisch auseinandersetzen müsse mit der Vergangenheit. Das wollten alle.

HW: Hier wird ja an anderer Stelle noch unterschieden zwischen der eigenen, persönlichen und der Vergangenheit der DDR.

HH: Auch das reicht nicht aus, weil hier nur von der Altlast-Rolle geredet wird. Es gab kritische Äußerungen auch in unseren Diskussionen, etwa auch in der Klasse Philosophie. Immerhin hat ein Akademiemitglied damals an den Klassenvorsitzenden geschrieben, dass er zurücktreten müsse, sonst wäre er nicht mehr bereit, die Arbeit in dieser Akademie weiterzuführen. Das hat Koziolek zum Anlass genommen, zurückzutreten. In dieser Klassensitzung gab es sehr viele kritische Äußerungen zur Vergangenheit der Klasse, der wissenschaftlichen Arbeit, der DDR. Lekschas und andere haben deutlich ihre Meinung gesagt, was man verändern muss. Es gab Beschlüsse, wie das weitergehen soll. In dieser kritischen Atmosphäre, die den Wunsch auf Veränderung und den Erhalt einer umgestalteten Gelehrtensozietät ausdrückte, wurde ich in geheimer Wahl aus mehreren Kandidaten als Klassenvorsitzender gewählt.

Es gab andere persönliche Konsequenzen. Verzicht auf die Anwartschaft war eine Schlussfolgerung, die mehrere dann gezogen haben. Darüber ist zu wenig bekannt. Es war eine Art Bekenntnis, dass man einem Neuanfang nicht im Wege stehen wolle. Auch die Diskussion in der Klasse Philosophie u. a. über ihre Vergangenheit halte ich für wichtig. Es hat auch in anderen Klassen Auseinandersetzungen mit der Vergangenheit gegeben, die nicht immer ins Plenum hineingetragen wurden, harte Auseinandersetzungen, in der Klasse Mathematik etwa. Insofern kann man der These so nicht zustimmen. Es gab eine kritische Debatte, die nicht öffentlich gemacht wurde, und dafür haben die Leute gute Gründe angeführt, warum sie sie nicht öffentlich machen wollten.

HW: Warum hat eigentlich Werner Scheler das Vertrauen damals, in der Dezembersitzung 1989, wieder bekommen?

HH: Der einzige, der es nicht bekam, war Kalweit, Grote mit einer Stimme. Es ging eigentlich darum, auch wenn ich jetzt rückblickend sage, man hätte maximalistisch weitermachen müssen, wir lassen uns nicht von außen aufzwängen, was wir zu entscheiden haben. Und insofern war das Vertrauen nur in die Weiterführung der Geschäfte gegeben, keineswegs als Bestätigung der Vergangenheit. Man wollte keinen einfachen Bruch riskieren und man war nicht gegen diesen Präsidenten, wenn er sich an die Spitze der Erneuerungsprozesse stellte. Und die liefen ja. Es ist eine falsche Darstellung von außen, dass das nicht der Fall gewesen sei. Wir hatten generell die Position: Wir wollen keine externe Klärung der Probleme, wir wollen selber damit fertig werden. Und da hat es harte

Auseinandersetzungen gegeben. Es hat sich als Rahmen durchgesetzt, die innere Klärung durchzuführen. Und deshalb ist die Kopplung von Vergangenheitsbewältigung und innerer Diskussion fraglich.

Die öffentliche Positionierung hatte ihre Gefahren auch darin, dass in der Öffentlichkeit die Vorverurteilung der Gelehrtengesellschaft und ihrer Mitglieder schon erfolgt war. Viele, die sich zwar sehr kritisch intern mit der Vergangenheit der Akademie auseinandergesetzt haben, meinten, wenn sie damit in die Öffentlichkeit gehen würden, bedeute das, alles aufzugeben, und überhaupt nicht mehr die Frage stellen und beantworten zu können, was erhaltenswert sei. Man muss die damaligen Bedingungen berücksichtigen. Es war eine Zeit der Hexenjagd auf rote Professoren. Die Akademie wurde in den Medien beschimpft, weil sie den Friedrich-Engels-Preis noch verlieh. Und außerdem: Es waren ja Wissenschaftler, und die wollen nicht einfach provokante Thesen äußern. Sie wollen sie argumentativ belegen, bestätigen und beweisen können. In einem solchen Umfeld die öffentliche Diskussion kritisch nur mit der eigenen Vergangenheit politisch zu führen, hätte bedeutet, dass die wissenschaftlichen Leistungen im Hintergrund standen oder vergessen wurden. Gerade daran lag aber vielen, die Leistungen der Akademiemitglieder hervorheben wollten, um sie gegen diese öffentliche Vorverurteilung zu richten.

HW: Wissenschaftliche Leistung wurde überhaupt nicht gefragt, sie war in dieser Zeit überhaupt kein Maßstab für die Urteilsfindung. Und generell gilt: Das Urteil der Öffentlichkeit in dieser Zeit über die Akademie und einzelne ihrer Mitglieder war niemals ein wissenschaftliches, war immer ein politisches.

HH: Akademiemitglieder haben mir damals gesagt, sie wären nicht bereit, jetzt mit kritischen Äußerungen an die Öffentlichkeit zu gehen, weil das nur die Verurteilung mit unterstütze. Sie seien aber sofort bereit, über all diese Fragen zu diskutieren. Und da gab es, wie gesagt, die harten Diskussionen. Das betrifft auch die nächste Bemerkung, die Bereitschaft, sich mit der Vergangenheit auseinanderzusetzen. Das gilt eben nicht generell. Die 9. These: Es gab nicht nur Arbeit am neuen Statut, sondern das Statut lag vor. Es sollte ja der Landesregierung, also der Senatorin Riedmüller-Seel, zur Bestätigung vorgelegt werden, warum das so nicht gemacht wurde, weiß ich nicht, ich war immer überzeugt, dass es zur Bestätigung vorgelegt wurde. Ich hatte eigentlich gehofft, dass wir noch die

Bestätigung der DDR-Regierung kriegen, es gab aber dann den Hinweis von Klinkmann, dass wir sie nicht mehr bekommen würden.

HW: Zu DDR-Zeiten lag wohl noch kein bestätigungsreifes Statut vor.

HH: Richard Klar war damals der Auffassung, dass wir ein Ministatut bestätigen sollten, das uns als öffentlich-rechtliche Einrichtung bestätigt auch nach dem 3. Oktober, darum ging es wohl in erster Linie.

HW: Das hat, wie man gehört hat, das Büro Ministerrat systematisch verhindert. Nicht zufällig wurde Klinkmann so spät in sein Amt eingeführt, er war dadurch in vielen Dingen handlungsunfähig.

HH: Genau genommen wurde er erst zum Leibniztag handlungsbevollmächtigt. Wir hatten schon einen guten Entwurf zu DDR-Zeiten. Es hätte ja neben der gesetzlichen Festlegung des öffentlich-rechtlichen Status der Akademie der Auftrag für ein Statut erteilt werden können. Bei der BBAW sind die inneren Beziehungen auch erst später geregelt worden. (Zu These 9:) Dass es die Befürchtungen nach dem Kamingespräch gab, dass die Gelehrtengesellschaft aufgelöst wird, ist richtig. Diese Befürchtungen gab es vorher nicht. Auch danach vielfach noch nicht. Viele hatten die Auffassung, das kann man nicht machen, das können sie sich nicht erlauben bei dieser internationalen Reputation, die die Mitglieder haben, bei der historischen Kontinuität, die gesichert werden müsste. Wir haben ja immer hervorgehoben die Mitgliedernachfolge und die Funktionsnachfolge, das heißt, es waren ja in der Deutschen Akademie und in der DDR-Akademie Mitglieder sogar noch der Preußischen Akademie, die dann die anderen Mitglieder gewählt haben. Die Kontinuität existierte. Es wurden die Akademievorhaben weitergeführt. Viele haben geglaubt, dass das so weiter geht. Es gab zwar immer mal Befürchtungen, aber es blieb bis zum Schluss die verbreitete Illusion, dass die Auflösung der Gelehrtengesellschaft nicht gemacht werden könne. Deshalb wurde die Idee der ruhenden Mitgliedschaft von der Mehrheit der Mitglieder abgelehnt in den Klassen, es gab keine Plenumsdiskussion, aber in den Klassen schon, und zwar mit dem Hinweis beim größten Teil darauf: Was sollen wir mit der ruhenden Mitgliedschaft, wir wollen unsere wissenschaftliche Arbeit weiterführen, wir wollen aktiv arbeiten.

Man muss dazu sagen, man war weniger an den Geschäftssitzungen interessiert, da wollte man Informationen, wollte wissen, wie ist der Stand, aber man war natürlich interessiert daran, über die brennenden Probleme zu diskutieren, sich weiterhin über wissenschaftliche Fragen zu informieren und die Diskussion, interdisziplinär und disziplinär, weiterzuführen. Insofern war ruhende Mitgliedschaft eine Idee, die von kaum jemandem angenommen wurde. Aus politischer Einsicht, haben einige gesagt, wenn es uns hilft, dann machen wir es. Aber die ruhende Mitgliedschaft ist nicht zu vereinbaren mit diesen Aktivitäten, mit der Vergangenheit abzurechnen, ein neues wissenschaftlicher Leben aufzubauen.

Der Nukleus-Gedanke war schwer einzusehen. Was sollte er bedeuten? Dass ein Teil bleibt? Der größte Teil war überzeugt davon, wir sind in geheimer Wahl gewählt, wir stehen in der Nachfolge der Leibniz-Tradition, was soll dann der Nukleus bedeuten? Der Nukleus-Gedanke wurde nur aufgenommen an den Stellen, wo wir argumentiert haben, dass es Geschäftsführende Mitglieder gibt, oder eine kleine Gruppe, die die Verantwortung für die Führung der Geschäfte im Sinne des Primus inter pares übernimmt, aber doch nicht in Bezug auf die Mitgliedschaft.

HW: Es wurde später so interpretiert, dass man die Mitgliedschaft auf Null setzt bis auf den einen Präsidenten, der in seiner leiblichen Person die juristische Weiterführung bedeutete, übrigens eine Sache, die nirgendwo bestätigt wurde. Der beruft dann eine Arbeitsgruppe aus den Mitgliedern, die dann die anderen Mitglieder aus dem Schlaf ruft. Das wäre dann eine Neukonstituierung gewesen.

HH: Das war eine Konstruktion, die beim Präsidenten manchmal auftauchte, die aber nie die Mehrheit im Plenum bekommen hätte.

HW: Wenn man nach Beweggründen dafür sucht, so muss man berücksichtigen, dass der Präsident eine tiefere Einsicht in den festen politischen Willen der Gegenseite hatte als die Mehrheit der Mitglieder. Er sah die ruhende Mitgliedschaft als eine legitime Möglichkeit, der drohenden Gefahr, die er besser gesehen hat als andere, vielleicht doch noch zu entkommen.

HH: Wobei ich dabei immer die Interessen des Plenums zu vertreten hatte, auch aufmerksam machen musste, wie die Stimmung ist, und selbst bei einsichtigen

Akademiemitgliedern, ich habe ja viel mit Hintze und anderen diskutiert, wäre eine Infragestellung ihrer eigenen Mitgliedschaft nie möglich gewesen.

HW: Sie haben dann wirklich nicht geglaubt, dass sie politisch eliminiert werden sollten?

HH: Sie haben das wirklich nicht geglaubt. Zumal ja aus der Planungsgruppe immer wieder schöne Töne kamen, dass zwar eine Neukonstituierung stattfinde, dabei überprüft werde, welche Mitglieder dort hineinkommen könnten. Es hieß bis zum Schluss, dass eine Liste der angemeldeten Anwartschaften übergeben werde.

HW: Die ist auch übergeben worden, aber sozusagen in den bereits luftleeren Raum hinein, das Wahlgremium, auf dessen Konstruktion gewisse berechtigte Hoffnungen ruhten, war bereits ein ganz anderes, seine geheime Umwandlung war das entscheidende Mittel, das gegen die Sozietät eingesetzt wurde.

HH: Es stimmt, das wurde unter der Hand ausgetauscht, das war die Rechtsbeugung und die politische Entscheidung gegen uns. Hintze hat das nie richtig verstanden, was da eigentlich passiert ist, das hat er mir noch kurz vor seinem Tod gesagt. Das bestätigt meine These, dass es uns ähnlich gegangen wäre wie in der APW, die mit einem Nukleus, einer Gruppe von fünf Akademiemitgliedern, bestätigt durch das Plenum der APW, alles an politischen Forderungen zur Neubegründung erledigen konnte in einem Jahr, ein neues Statut aufstellte, einen völlig neuen Mitgliederbestand begründete, und, trotz des Lobs über die kritische Bewältigung der Vergangenheit und für die Begründung der Gelehrtensozietät für Bildungsforschung, einfach ihre Arbeit wieder einstellen musste. Dort hatte der bestätigte Nukleus wieder Mitglieder vorgeschlagen, er hat die anderen aus dem Schlaf geweckt, das ist alles gemacht worden. Mit dem Ergebnis, dass mit der APW auch die reformierte, neu konstituierte Gelehrtensozietät aufgelöst wurde. Mit diesen APW-Erfahrungen, ich gehörte dem Nukleus an, aus dem Jahre 90 saß ich in den Debatten der Sozietät von 91 und 92, so dass ich viele Forderungen nach dem Motto, wenn ihr euch politisch reinigt und kritisch eure Vergangenheit verurteilt, dann könnt ihr bleiben, mit Skepsis betrachten musste. Nach meinen Erfahrungen, die ich schon gesammelt hatte, war der politische Wille zur Auflösung der DDR-Institutionen entscheidend, was aber mit möglichst viel eigener Kritik und vielleicht sogar aus eigenem Willen geschehen sollte. Es gab auch Akademiemitglieder, aber nur einzelne, die für eine Selbstauflösung plädierten.

These 10 – wird unterstützt. Ich habe bis zum Schluss bedauert, dass keine anderen Alternativen erprobt wurden, z. B. dass etwa eine Gruppe geklagt hätte. Das trifft mit einer anderen These zusammen, dass sie das immer von der Führung verlangt hatten. Wenn man das jetzt betrachtet: Die Kompromisslösung musste von jemand gesucht werden, der demokratisch legitimiert war, für die Institution und die Mitglieder zu sprechen. Das waren wir beide, der Präsident nach außen, ich als Vizepräsident nach innen. Den Weg rechtlicher Schritte zu gehen, hätte sofort bedeutet, aus der Planungsgruppe auszuscheiden, das heißt, den Kompromiss hätten wir nicht mehr erreichen können. Das war eine Entscheidung. Ich war der Meinung, dass es wichtig ist, den Kompromissweg durch die Leitung zu gehen. Es war zumindest ein weiterer Versuch, eine DDR-Institution mit internationaler Reputation auf wissenschaftlichem Gebiet zu erhalten, aber gleichzeitig hätten Gruppen von Mitgliedern sich zusammenfinden müssen, um Einzelklagen, Feststellungsklagen und anderes zu erheben, was nicht geschah. Ob es am Ergebnis etwas geändert hätte, bezweifle ich. Es hätte aber die Zerstörung der Gelehrtengesellschaft erschwert.

HW: Es gab in dieser Zeit unter der Hand Vorwürfe, der Präsident hätte gar nicht erst in der Planungsgruppe mitmachen dürfen, oder der Präsident hätte, als er gesehen hat, wie der Hase läuft, aussteigen sollen.

HH: Die Vorwürfe sehe ich alle ein, sie sind aber nie öffentlich geworden, nie zu einer Abstimmung gebracht worden, sie sind nicht zu einer Aktion, zu einer organisierten Meinung geworden. Im Plenum wurde die Politik des Präsidenten immer wieder bestätigt, es hat keine Gegenstimmen gegeben interessanterweise, es ist eine Legitimation immer wieder durch das Plenum erfolgt. Selbst in der Erklärung des Plenums, bei deren Diskussion es viele Probleme gab, ist der Passus, dass dem Präsidenten das Vertrauen ausgesprochen und seine Tätigkeit unterstützt wird, generell angenommen worden. Andere Stimmungen sind nicht offiziell ausgedrückt worden. Sie gab es. Ich hatte in diesbezüglichen Gesprächen versucht, sie dadurch aufzufangen, dass ich, da die Kompromisslösung vom Plenum bevorzugt wurde, Kritiker darauf aufmerksam gemacht habe, in organisierten Gruppen oder als Einzelmitglieder andere Wege zu gehen. Das hätte von den jetzigen Kritikern damals zur Unterstützung der Gelehrtensozietät gemacht werden müssen.

HW: Was wäre denn noch denkbar gewesen?

HH: Es wäre denkbar gewesen eine Feststellungsklage, auch schon vor dem Schreiben von Erhardt im Juli 1992, man hätte eine Aktion von Mitgliedern starten können, die an Erhardt sich wendet mit der Anfrage, wie ernst die Landesregierung es meint mit dem Wie im Einigungsvertrag. Als wir den Brief damals schrieben wegen der Auflösung, in der Zeit hätten andere Aktionen starten müssen. Denn für mich war von vornherein klar, wenn wir den Weg der Klage gehen, dann muss der Präsident sofort aus der Planungsgruppe heraus. Dann wäre auch die letzte Möglichkeit verspielt gewesen, Mitglieder in die neue Akademie durch Vorschlag aus der alten aufzunehmen. Dass man das überhaupt nicht wollte, wurde deutlich, als gesagt wurde, von euch kommt keiner rein. Das, was von uns angeregt wurde, es müssten andere Mitglieder etwas unternehmen, an den Senator schreiben, an die Parlamente schreiben, eine Interpretation verlangen, wie das laufen soll. Der Senator konnte uns gegenüber ja immer sagen, wie es läuft, das entscheidet die Planungsgruppe, damit waren wir, Präsident und Vizepräsident, offiziell eingebunden. Oder das Plenum hätte entscheiden müssen, der Präsident geht sofort raus, damit die Rechte der Gelehrtensozietät gesichert werden. Eine solche Entscheidung gab es nicht. Das wurde weder diskutiert oder beantragt. Insofern kann ich auf diese Stimmung nichts geben, sondern ich hätte von denen verlangt, die diese Stimmung verbreiteten, dass sie entsprechende Schritte gehen. Eine Feststellungsklage hätte doch dahin gehen können, wie es, wenn ich mich erinnere, Hans-Peter Schneider vorgeschlagen hat. Auf ihn ist keiner weiter eingegangen. Unsere Überlegungen waren die, diese Kompromisslösung noch weiter zu suchen. Schneider hat im Plenum direkt gesagt, es muss Leute geben, die die Feststellungsklage erheben. Und da hat man darauf vertraut, dass Präsident und Vizepräsident das machen. Sie sind aber dazu nicht beauftragt worden.

HW: Anders herum gesagt, keiner wollte sich auf diesen Weg begeben. Es waren sicher Unsicherheiten in Rechtsfragen, aber dazu kamen auch noch finanzielle Gründe und vielleicht auch Mentalitätsfragen.

HH: Das ist das nächste: Mit welchen Finanzen hätten wir eine generelle Klage bezahlen sollen? Das war mein Problem, nachdem wir da schon die Schwierigkeit hatten, das Gutachten zu bezahlen, was ja offensichtlich das Plenum nie richtig wahrgenommen hat, obwohl wir immer darauf hingewiesen haben. Als wir das Anderkonto eingerichtet haben, kam eine sehr geringe Summe zustande, sie hätte nie ausgereicht, um eine Klage zu finanzieren, deshalb war die Forderung, zum Bundesverfassungsgericht zu gehen, zwar völlig richtig, aber ich habe immer die Frage gestellt, wer das bezahlen soll. Die einzige Möglichkeit war, denn wir haben ja unsere vermögensrechtlichen Regelungen alle auf den Präsidenten übertragen, das Vermögen der Akademie dazu zu nutzen. Wir haben ein Schreiben unterzeichnet, dass alle vermögensrechtlichen Fragen durch den Präsidenten zu regeln sind, das war zum Abschluss des Geschäftsführenden Präsidiums. Ich habe immer gesagt, eine Klage war für mich nur sinnvoll, wenn wir über das Vermögen hätten verfügen können.

HW: Das Büro des Präsidenten hat im April 1992 an die Oberfinanzdirektion Berlin geschrieben und Restitutionsansprüche gestellt. Das wurde hinhaltend behandelt. Die Meinung der OFB war die, wir wären nicht klagefähig gewesen. Also hat die juristische Konstruktion von Erhardt uns die Klage verwehrt, weil wir seiner Meinung nach ein privatrechtlicher Verein waren nach dem 31. 12. 1991. Die Gelehrtensozietät hätte gar nicht mehr klagen können, ihre Klage wäre von keinem Gericht angenommen worden. Nur die Mitglieder, die hätten klagen können. Und da hat keiner geklagt.

HH: These 12: Liquidierung, bin ich einverstanden. Die Medien. Wir haben das ja zum Beispiel mit Hintze versucht in der FAZ, das hat nicht geklappt, wir waren ja keine Opfer des Regimes und deshalb nicht attraktiv. These 13: Die Evaluierung als schwächere Antwort: Das ist problematisch, ich glaube, es war die uns angemessene, aus unterschiedlichen Gründen. Vor allem war es wichtig, die wissenschaftlichen Fragen in den Mittelpunkt zu stellen. Die Akademie ist kein Ort, der politische Verhandlungen und Verurteilungen durchführt. Das ist wiederum im Zusammenhang mit meinen Erfahrungen in der APW zu sehen, wo wir das versucht haben und trotzdem zu keinem brauchbaren Ergebnis gekommen sind.

HW: Dann wäre es natürlich noch konsequenter gewesen, keine Evaluierung zu machen, sondern nur den Ehrenausschuss einzuschalten, falls einer aus nichtwissenschaftlichen Gründen Mitglied geworden ist. Das wäre das einzige, was akzeptabel war.

HH: Nein, es geht ja um die andere Frage, dass wir intern diesen Erneuerungsprozess vorantreiben wollten, und dazu gehörte eine Evaluierung. Das ist die konsequente Fortsetzung der inneren Diskussion, um mit der Vergangenheit fertig zu werden. Wir mussten uns damit beschäftigen, weil auch Leute zugewählt sein konnten nicht aufgrund von wissenschaftlichen Leistungen, sondern aufgrund von externen Anforderungen. So lautete einer der Vorwürfe. Das musste durch diese Kommissionen untersucht werden.

HW: Man wusste doch, wer damit gemeint war, es hätte doch keine Gesamtevaluierung sein müssen.

HH: Doch, die Mitglieder kannten sich nicht untereinander, dazu haben wir die Klassengruppen geschaffen. In der Klasse selbst war es anders, aber in den Klassengruppen wusste man nicht alles, da gab es Gerede, mehr nicht. Und es waren Leute eingesetzt, von internationalem Ruf, wenn ich an Lehnert denke, an Hintze, die auch politisch sich nicht für die DDR hervorgetan hatten, beide waren nicht Mitglied der SED, die versuchen mussten, da einen Ausweg zu finden. Es wurde von allen eine Publikationsliste angefordert, eine Selbsteinschätzung und ein Lebenslauf, das ist in den Gruppen behandelt, und Herr Bierwisch hat in diesen Gruppen mitgewirkt. Es hat auch welche gegeben, die sich nicht der Evaluierung gestellt haben. Das ist auch positiv für die Erneuerung.

HW: Über die Evaluierung, ihren Verlauf und ihre Ergebnisse wurde nie gesprochen, es wurde nichts veröffentlicht.

HH: Wir haben die Frage damals gestellt, es war die übereinstimmende Meinung bei allen, darüber wird nichts veröffentlicht, wir haben es noch nicht mal im Plenum mitgeteilt.

HW: Das einzige, mit dem die Gelehrtensozietät hätte wuchern können in der Öffentlichkeit, hat sie für sich behalten.

HH: Es hätte nur weiter zur Vorverurteilung beigetragen. Entweder wären wir weiter verurteilt worden als die Nostalgiker, oder wir wären verurteilt, weil es dann geheißen hätte, sie sagen ja selbst, was alles nicht stimmte. Man konnte machen was man wollte, es lief immer auf die Ergebnisse der Vorverurteilung hinaus. Wo ich Probleme sah: Wir hatten ja die Erklärung kurzfristig für die Presse ausgearbeitet. Das war im September 90. Sie war im schweren Ringen zustande gekommen. Zum Schluss hatten alle zugestimmt. Sie war vom Plenum bestätigt, im Wesentlichen mit den Veränderungen aus der Diskussion in Plenum und Klassen, aber der Präsident hat sie nicht an die Presse gegeben. Sie steht jetzt auch im Jahrbuch. Damit hätte man an die Öffentlichkeit gehen können. Aber nicht mit Ergebnissen der Evaluierung. Deshalb habe ich auch Schwierigkeiten mit der Olymp-These. Es ist nun so: Wissenschaftler haben diesen Münchhausen-Status, sich am eigenen Zopf aus dem Sumpf zu ziehen. Sie müssen sich selbst beurteilen in ihrer wissenschaftlichen Leistung, wer soll sie denn sonst bewerten. Wenn sie sich nicht wissenschaftlich, sondern politisch evaluieren, ist das was ganz anderes. Das steht ihnen genau genommen nicht zu. Jedoch haben sie sich als Institution bekannt auch zu den Fehlern, das steht auch in der Erklärung drin. Die Evaluierung muss aber im Wesentlichen selbst gemacht werden, es sei denn, wenn politische Determinanten die wissenschaftliche Leistung beeinträchtigten, das kann man feststellen. Aber es muss immer der Standpunkt der Wissenschaft sein. Ehrenkodex: Das gab es. Die andere Seite hat sich nicht danach verhalten.

HW: Zu den Klinkmann-Thesen. War er die Vertrauensperson, die Integrationsperson, wie er in den Thesen bezeichnet wird?

HH: Ganz sicher. Die Arbeitsteilung: Da hatte ich immer viel vorzubereiten, im Zusammenhang mit den Diskussionen mit den Akademiemitgliedern, die aus alter Sicht immer noch meistens zu mir kamen, obwohl der Präsident seit Oktober 1990 auch direkt verantwortlich war. Früher war ich vor allem verantwortlich für die Mitglieder, für Plenum und Klassen, eigentlich waren wir es jetzt beide. Durch den Brief von de Maizière vom September 1990 nach dem Untergang der DDR wird Klinkmann nur noch verantwortlich gemacht für die Sozietät, insofern war der Sonderstatus des Vizepräsident für Plenum und Klassen nicht mehr da. Ich wurde jetzt sozusagen zum Stellvertreter, obwohl ich viele der Dinge gemacht habe, mit der Arbeitsteilung er nach außen ich nach innen, insofern kamen viele Probleme auch bei mir an. Die hat sich bewährt. Ich habe die wissenschaftlichen Probleme mit behandelt, er hat von mir bekommen, welche Tagungen wir machen, was in den Klassen passiert. Er hat informiert über die Planungsgruppe und andere Verhandlungen.

HW: Dann kommt die These mit dem Maximalziel. Das war ganz offensichtlich ein gedankliches Problem.

HH: Ich muss noch mal dazu sagen, auch wenn das nur Zierrat für die politischen Kräfte war: Es ging landesrechtlich so nicht, es hätte keine reformierte Akademie der DDR geben können. Die Crux war, dass vorher schon eine Westberliner Akademie existierte. Da liegt schon in der DDR ein Problem, das wir uns selber geschaffen haben, wir haben da mal zugestimmt. Ich war immer dagegen, hatte aber keinen Einfluss, irgendetwas gegen eine Westberliner Akademie zu tun, da ich es für unmöglich hielt, in einer, selbst in einer gespaltenen, Stadt, zwei Akademien zu haben. Da sah man in der DDR nur Berlin als Hauptstadt der DDR. Die Existenz beider Akademien ist direkt abgesprochen worden damals mit dem Senat, zwischen Scheler und Turner. Ich muss aber jetzt sagen, landesrechtlich wäre es nicht möglich gewesen, in Fortsetzung der Preußischen Akademie eine Fortsetzung DDR-Akademie zu machen. Dass man es jetzt gemacht hat, ist sozusagen eine hintersinnige Gemeinheit dieser Leute, die von vornherein dieses Argument gegen uns benutzt haben und uns jetzt ausgeschaltet haben.

HW: Dieses Argument haben wir, soweit ich mich erinnere, niemals verwendet, als wir darüber nachgedacht haben, wie eine Akademie der Wissenschaften neu zusammenzusetzen ist.

HH: Wir haben schon vorher diskutiert, woher, aus welchem Einzugsbereich die Gruppen kommen sollen. Das ist schon Gegenstand in unseren Gesprächen gewesen. Es war im Gespräch, die Thüringer Akademie zu bilden, die Sächsische bestand ja weiter, und die Frage, die wir dann diskutierten, war, ob wir den ganzen norddeutschen Raum einbeziehen sollten. Mecklenburg-Vorpommern, Schleswig-Holstein, Berlin und Brandenburg. Wir haben das nie umgedreht: Weil der Föderalismus eine andere Mitgliedschaft vorschreibt, müssen wir uns anders zusammensetzen. Ich habe das durchprobiert, die Hauptmasse blieb in Berlin.

These 14, 5: Problematisch, aber wir haben das schon besprochen. Es gab keine Chance für unseren Kompromiss. Klinkmann hat immer wieder in der Planungsgruppe darauf hingewiesen, dass wir mit einem Stamm kommen wollen, das klappte nicht. Wie das Ende der Gelehrtensozietät juristisch bewerten: Es gibt kein juristisches Ende der Gelehrtensozietät. Es ist im Staatsvertrag unsere Gelehrtensozietät nie aufgelöst worden, das ist ein Verdienst von Klinkmann, sondern es wurde nur festgestellt, was an Vermögen usw. übernommen wird, auch mit den Vorhaben, aber es wurde nie festgestellt, sie ist damit im juristischen Sinne aufgelöst. Ein actus contrarius im Sinne von Schneider fehlt. Ob man das aufgreifen will oder nicht, das ist auf jeden Fall wichtig für die Geschichtsschreibung, sie kann dann sagen, es bestand offensichtlich zwischendurch eine Akademie, die man dann in ihren Mitgliedern einfach ausgetauscht hatte, das muss die Geschichte dann herausarbeiten, da ist wichtig, dass sie niemals aufgelöst wurde. Wichtig könnte das auch noch mal sein, falls die Sozietät noch mal einen öffentlich-rechtlichen Status beantragen würde, ich sehe jetzt dafür keine Möglichkeit, aber es könnte ja kommen. Zumindest möchte ich das offenlassen.

These 15, 1: Ich war kein hauptamtlicher Vizepräsident, sondern Mitarbeiter des Instituts. Ich habe meine durch Wahl erhaltene Kompetenz auf die Leibniz-Sozietät übertragen, genauer auf die Gründungsgruppe, die Initiativgruppe 1993, die den Auftrag hatte, ein Statut auszuarbeiten. Hier im Protokoll von Juni 1992 wird noch festgehalten: „Abschließend informierte Vizepräsident Hörz über die Konstituierung des Vereins der Freunde und Mitglieder der Leibniz-Sozietät, der seine Tätigkeit September 1992 aufnimmt", siehe Beratung des Geschäftsführenden Präsidiums vom 7. Juli 1992. Das war natürlich meine Überlegung, da ich nie abberufen worden bin, mit mir auch kein Gespräch geführt worden ist zum Ende der Gelehrtensozietät wie mit Klinkmann, als er die Insignien übergab, habe ich weiter amtiert. Da ich meine Funktion nur für zwei Jahre übernommen hatte, faktisch drei Jahre amtiert habe, war ich im Januar 1993 der Meinung, sie abzugeben. Der Übergang zur Leibniz-Sozietät war geebnet, nachdem ab September (1992) monatlich die Sitzungen stattgefunden haben, der Kreis sich ständig erweiterte. Ich war immer der Meinung, es ist jetzt nur möglich, einen privatrechtlichen Status einzunehmen, man muss die Sozietät gründen, wir kamen dann zum Namen Leibniz-Sozietät, und sie wurde gegründet. Sie ist die legitime Fortsetzung der Gelehrtengesellschaft der AdW der DDR. Meine Kompetenz ist nicht direkt von mir übertragen worden, sondern ich habe faktisch in Fortsetzung meiner Arbeit darum gebeten, mich nun als Vizepräsident zu entlasten, da eine Gründungsgruppe existierte, die die weiteren Aktivitäten leiten wird. So ist es dann gekommen. Noch mal die Arbeitsteilung. Sie war zweckmäßig, weil nach den ersten Angriffen auf mich viele Diskussionen gekommen wären, wenn ich ständig öffentlich aufgetreten wäre, Engels-Preis, roter Professor, Philosoph usw. Ich habe gesagt, ich mach diese Arbeit, wollte nie als Präsident kandidieren, war nur bereit, meine Erfahrungen für die Gelehrtensozietät zur Verfügung zu stellen. Klinkmann hat mir bestätigt, dass das für ihn wichtig war. Die starke rechtliche Position. Das Problem war, sie hätte auch durch die Mitglieder genutzt werden müssen, eben nicht nur durch Präsident und Vizepräsident. Das Plenum noch mehr zu mobilisieren, war insofern etwas schwierig, da alle Appelle an Mitglieder oder Gruppen des Plenums, andere Wege zu gehen, maximalistische Positionen einzufordern, rechtliche Schritte zu gehen, appellative Wege zu gehen, nichts gebracht haben, die Mitglieder hätten flankierend vieles machen können zum Weg des Präsidenten, den ich unterstützt habe. Ansonsten muss man die Abschlusserklärung heranziehen, die besagt, dass das Plenum letzten Endes sicher im Vertrauen darauf, dass Mitglieder übernommen werden, diesem Kompromiss zugestimmt hat.

HW: Es sind letztlich auch Mitglieder der DDR-Akademie zu Mitgliedern der BBAW geworden, soweit wir sehen können acht Ordentliche, fünf außerordentliche und ein Ehrenmitglied, insgesamt 14, dazu noch vier Mitglieder der DDR-AdW aus den alten Bundesländern. Das sind etwa 6,4 Prozent der zuletzt 278 Mitglieder der DDR-Akademie.

HH: Man ist einen anderen Weg gegangen, es ist genau das negiert worden, was diese unsere Gelehrtensozietät wollte. Die alte Gelehrtensozietät ist nicht juristisch, aber doch de facto aufgelöst. Die Sozietät ist de facto übergegangen aus einem öffentlich-rechtlichen in einen privatrechtlichen Status. Sie ist nicht liquidiert, sondern auf kaltem Wege abgewickelt worden durch die politischen Machthaber, sie hat ihren Status in einen privatrechtlichen verwandelt, um die Traditionen weiterzuführen. Insofern gibt es in der Traditionspflege der Leibniz-Akademie zurzeit zwei Gremien, die nebeneinander existieren und auch können. Beide begehen auch den Leibniztag. Wir bleiben in dieser Tradition, es ist ganz wichtig, dass immer die Traditionslinien von Leibniz über die Preußische, über die Deutsche, über die DDR-Akademie bis zu uns geführt werden. Wir haben eine ununterbrochene Kontinuität, die anderen nicht. Die anderen haben bestenfalls eine unterbrochene Kontinuität, nämlich eine Einrichtung, die ohne Mitglieder lange geruht hat. Sie haben kein einziges Mitglied in der Kontinuität. Bis auf die wenigen von uns, durch die DDR-Akademie.

Was zu sagen war, ist gesagt. Man muss bloß, da das Jahr 1992 eine Rolle spielte, in dem vorgesehenen Projekt die Mitglieder und Freunde der Leibniz-Sozietät nennen und müsste dann faktisch bis Dezember die wissenschaftlichen Tagungen dort dokumentieren. Im September 1992 sprach Löther, dann Eichhorn, dann Knepler. Ich halte das einfach für wichtig, dass das ein Übergang ist, der wie gesagt angekündigt wurde und dann durchgeführt worden ist.

HERBERT WÖLTGE

Beschlusssache Gelehrtengesellschaft

Neun Bilder aus der Vorzeit der Leibnizsozietät

Neben dem offiziellen Erinnerungsstrom gibt es eine Menge historischer Ereignisse und Fakten, die ganz am Rande erwähnt oder überhaupt nicht genannt werden. Sie landen oft im Friedhof einer Erinnerungspolitik, die manchen damaligen Vorgängen nicht geneigt ist oder sie nicht haben will. Die letzten 25 Jahre machen da keine Ausnahme. Insofern macht es einen gewissen Sinn, über Vergangenes noch Dinge auszusagen, denen heute nur noch wenig Bedeutung zugemessen wird. Manches ist sicher wert, vor dem Gedächtnisverfall gerettet zu werden, und man wird darin bestärkt, da zu allen Zeiten Memorabilia, Merkwürdigkeiten, Aufmerksamkeit gefunden haben, die, vom Hauptstrom der Ereignisse verdeckt, manches erhellen, was an seinen Rändern auftauchte und wieder verschwand.

Zu den heute noch erzählenswerten Memorabilia aus der späten Vorzeit der Leibnizsozietät vor 25 Jahren gehören die akademiehistorisch interessanten Beschlüsse der Berliner Parlamente vom Oktober 1990 zur Auflösung der Gelehrtensozietät der Akademie der Wissenschaften der DDR. Sie sind in den Akten und Archiven abgelegt und schon weitgehend vergessen, ihre Akteure längst nicht mehr im Amt oder im Lande verstreut. Aber noch mehr vergessen sind gewisse Umstände, die zu den Beschlüssen führten, und die Wirkung, die von ihnen ausging. Manche sind wirkliche Memorabilia, die noch heute einen

Erzählwert haben. Es wird versucht, in neun Bildern eine dieser Geschichten zu erzählen, die in die Ursprünge der Leibnizsozietät fallen.

Erstes Bild: Der Beschluss der Parlamente

Im Herbst 1990, nach dem Beitritt der DDR zur Bundesrepublik, stand das Land Berlin vor der Frage, wie die dem Land durch den Artikel 38(2)Einigungsvertrag auferlegte Regelung zur Fortführung der Gelehrtensozietät der AdW zu handhaben sei. Der Artikel ordnete die Fortführung der Sozietät an und überließ dem Land die Art der Ausführung: Kernpunkt der politischen Vorstellungen in Berlin war, die vorhandene, als politische Altlast aus DDR-Zeiten angesehene Mitgliedschaft auszuschalten, aber die Arbeitsstellen, Langzeitunternehmen, Sammlungen, Stiftungen, Bibliothek und Archiv, das Vermögen, die Immobilien und auch die Geschichte und Tradition der Preußischen Akademie als Vorgängerakademie zu erhalten und in die Verfügungsgewalt des Landes zu bringen.

Die noch bis Dezember 1990 nebeneinander bestehenden beiden Parlamente des Landes Berlin verabschiedeten im Oktober 1990 nahezu gleichlautende Beschlüsse, die dieser Absicht dienen sollten, nachdem das Abgeordnetenhaus einen zu eilig gestellten Antrag der Fraktion GRÜNE/AL auf direkte Auflösung zurückziehen musste[1].

In den Beschlüssen hieß es: "Die Landesregierung von Berlin wird beauftragt, die seit dem Jahre 1701 in Berlin bestehende traditionsreiche Gelehrtensozietät (Akademie der Wissenschaften) zu erhalten, gleichwohl den gegenwärtigen personellen Bestand der ordentlichen und korrespondierenden Mitglieder der Akademie der Wissenschaften der DDR aufzulösen und eine personelle Neukonstituierung dieser Körperschaft vorzubereiten."[2] Eingebracht wurden die Anträge von der Fraktion GRÜNE/AL im Abgeordnetenhaus und von der Fraktion Bündnis90/Grüne/UFD in der Stadtverordnetenversammlung.

---

[1] Abgedruckt in: Jahrbuch 1994, 411.
[2] Stadtverordnetenversammlung von Berlin. Drs. 1/291 vom 29. 10. 1990. Protokollvermerk: „angenommen in der Sondersitzung der Stadtverordnetenversammlung am 31. 10. 1990 (TOP 4 A). Einen nahezu gleichlautenden Beschluss hatte das Abgeordnetenhaus bereits am 26.10.1990 angenommen. Abgedruckt in: Jahrbuch 1994, 413, 417. Zu dieser Frage s. a. Klinkmann/Wöltge 1999: 25-29, 179ff.; s. a. Wöltge 1995: 149.

Der Beschluss nahm zwei verschiedene politische Interessenlagen im Lande in sich auf: Die der führenden politischen Kräfte Westberlins, die generell einer Übernahme von DDR-Einrichtungen ablehnend gegenüberstanden und die gerade erst die Westberliner Akademie durch Gesetz ihrer rot-grünen Regierung verloren hatten. Der Landes- und Fraktionsvorsitzende der damaligen CDU-Opposition, Eberhard Diepgen, der die Westakademie in seiner Regierungszeit protegiert hatte, brachte das Problem politisch auf den Punkt: „Eine demokratische Akademie wird zerschlagen, die alte SED-Akademie dagegen wird zum Ausgangspunkt für eine neue Berliner Akademie. Das ist doch schizophren."[3]

Die zweite Interessenlage war die einer Gruppe früherer DDR-Bürgerrechtler, die nach dem Beitritt bei der Politik geblieben waren und ihre politische Tätigkeit in den grünen Fraktionen der Parlamente fortsetzten. Sie hatten schon zu DDR-Zeiten vergeblich versucht, die Gelehrtengesellschaft zu Fall zu bringen und trachteten nun danach, dieses Ziel auf parlamentarischem Wege zu erreichen. Ihre Grundmotivation war der Kampf gegen die aus dem öffentlichen Leben auszuschaltenden Eliten der DDR, die den Beitritt überlebt hatten. Sie hatten es geschafft, einen typischen Ost-Ost-Konflikt bis in die Berliner Länderparlamente zu bringen. Was uns heute an den Beschlüssen interessiert, ist weniger ihre etwas herbe Logik, sondern der Tatsache, dass ihr Begründungstext mit einer Argumentationshilfe Ost ausgestattet waren, die den Parlamentariern die politischen Absichten deutlich machen sollte, worum es ging. In der Begründung hieß es: „In ihrer jetzigen Zusammensetzung ist diese Gesellschaft ein Ergebnis der Kaderpolitik der SED. Sie kann damit nicht den Anspruch erheben, die große Tradition der von Leibniz gegründeten Akademie in Würde und Ansehen fortgeführt zu haben. Damit die Leibnizsche Tradition, die in diesem Jahrhundert von Max Planck und Albert Einstein verkörpert wurde, nicht verloren geht, sollte eine Neugründung/personelle Neukonstituierung (…) erfolgen."[4]

Zu diesem Antrag gab es den Entwurf einer Beschlussempfehlung des Ausschusses für Wissenschaft und Forschung mit einer erweiterten Begründung. Darin wurde u. a. ausgeführt: "Zuwahlen Ordentlicher und Korrespondierender Mitglieder, die 1969 oder später stattfanden, sind als ungültig anzusehen". Sie hätten „nachweislich unter

---

[3] A. a. O.
[4] Jahrbuch 1994, 411/12.

fachfremden ideologischen Prämissen und äußerem Druck stattgefunden und seien daher „vom Standpunkt einer freiheitlichen Wissenschaftsauffassung aus" ungültig. „Sie können in keinem Fall, insbesondere nicht durch Übernahme, die Mitgliedschaft in einer öffentlich-rechtlichen Gelehrtensozietät legitimieren, an der das Land Berlin beteiligt ist." Die Tendenz dieser Argumentation war eindeutig. In Wortlaut und Gedankenführung kann man in ihr die Fortführung der lang andauernden Fehde sehen, die jene Gruppe von Bürgeroppositionellen mit der Akademie austrugen, aus der sie kamen und die sie damals, im stürmischen Herbst 1989, demokratisch erneuern und umgestalten wollten. Es war vor allem die Enttäuschung über die Ergebnisse der demokratischen Erneuerung an der Akademie, die sie dazu bewog. Die Umgestaltung verlief nicht nach ihren Vorstellungen. Sie ging nicht weit genug. Und eine Vertreterin dieser Gruppe schrieb später: „Das beste wäre gewesen, wir hätten die Gelehrtengesellschaft aus dem Tempel gejagt, aber das ging nicht, weil der Rechtstitel der Akademie genau an dieser Gelehrtengesellschaft hing."[5] Das gibt Veranlassung, einige Aspekte dieser Umgestaltung in Erinnerung zu rufen.

Zweites Bild: Die Akademie 1989/90

Von September bis Dezember1989 hatten sich die politischen Protestaktionen an der Akademie zu einer respektablen Bewegung entwickelt und alle Institute erfasst. Ihre hauptsächliche Forderung war das Aufbrechen der bisherigen zentralistischen Strukturen und die demokratische Erneuerung der Akademie. In ihr entlud sich die aufgestaute Unzufriedenheit sowohl mit den politischen und gesellschaftlichen Verhältnissen im Lande als auch mit den Verhältnissen an der Akademie selbst, der Zorn richtete sich gegen die Führungsgremien der Akademie und auch gegen das leitende Personal in vielen Instituten, anfangs aber noch nicht gegen die Gelehrtengesellschaft. Eine aus Aktivisten verschiedener Institute entstandene Gruppe, die sich Initiativgruppe Wissenschaft nannte, setzte sich an die Spitze der Bewegung und trieb die Dinge voran. Der Initiativgruppe gelang es, mit der Bildung von Räten an den Instituten und ihrer Zusammenfassung in einem Rat der Institutsvertreter (RdI) das wesentliche Instrumentarium zu installieren, das eine demokratische Mitwirkung der Belegschaft an der Erneuerung der Akademie ermöglichte. Institutsräte und RdI waren die „Gegenmacht von unten[6], ohne die an der Akademie nichts mehr ging.

---

[5] Stark 1992, 98.
[6] S. a. die Darstellung von Hermann Klenner, in: Jahrbuch 1994, 553.

Um die Jahreswende 1989/90 geriet die Entwicklung, die ungestüm begonnen hatte, in ruhigere und geordnetere Bahnen. Die Initiativgruppe, die Räte, das Plenum der Gelehrtengesellschaft, die verschiedenen Arbeitsgruppen und auch die Akademieleitung trafen sich rasch in der Erkenntnis, dass den jeweils gewollten Veränderungen die Gesamtstruktur und damit das bisherige Statut der Akademie im Wege stand, das einer politisch und staatlich eng eingebundenen und zentralistisch organisierten wissenschaftlichen Institution als Grundlage gedient hatte. Ein neues Statut musste her, das die Umwälzungen und die Ergebnisse der demokratischen Erneuerung als künftige Existenzweise der Akademie festzuhalten hatte.

Auf dessen Ausarbeitung fokussierten sich nun die Anstrengungen aller Interessengruppen. Es würde zu weit führen, hier die weitere Entwicklung näher darzustellen. Parallel zu der weiteren Herausbildung der Räte an den Instituten und in Diskussion mit ihnen wurden Konzepte und Entwürfe vorgelegt, erörtert, verworfen und beschlossen. Vertreter der Initiativgruppe Wissenschaft und später des RdI nahmen an den Beratungen in den bisherigen Leitungsgremien Präsidium und Kollegium teil und versuchten dort, ihren Einfluss geltend zu machen. Im Februar gründete sich auf Betreiben der oppositionellen Gruppen ein Runder Tisch, mit dem die Akademie in „eine Phase einer durch wechselseitige (nichtrepressive) Toleranz temperierte Doppelherrschaft" eintrat, der „eine den Erfordernissen der Gesellschafts- und Wissenschaftsentwicklung gemäße Akademiekonzeption auszuarbeiten" hatte.[7] Ein von allen bestätigter Statutenentwurf wurde schließlich im April beschlossen. Vorgesehen war ein zweigleisiger Aufbau der Akademie mit der Gelehrtengesellschaft und einer Forschungsgemeinschaft, die die Institute als weitgehend autonom verstandene Einrichtungen zusammenfassen sollte. Wichtigster Punkt bei der Schaffung der für diese Struktur erforderlichen Leitungsgremien war deren demokratische Legitimation, ihre Leiter sollten von allen Mitarbeitern gewählt werden. An der Spitze würde ein Konsilium stehen als Vertretungskörperschaft der gesamten Belegschaft.

Mit der Wahl des Mediziners Horst Klinkmann zum Präsidenten waren im Mai alle erforderlichen neuen, auf demokratischem Wege entstandenen Gremien der Akademie vorhanden: Senat und Vorstand der Forschungsgemeinschaft, das Konsilium hatte erstmals getagt, RdI sowie Instituts- und Wissenschaftliche Räte hatten ihre Arbeit aufgenommen

---

[7] Klenner 1994, 558.

oder waren gerade noch im Aufbau. Die Akademie war demokratisch reformiert und hatte ein kunstvolles Räte-Gebäude konstruiert, das nun darauf wartete, in Betrieb zu gehen. Die neuen Führungsgremien waren arbeitsbereit, konnten aber nicht beginnen.

Das ist hier ebenfalls nicht unser Thema, nur soviel: Die Gründe dafür lagen außerhalb der Akademie. Die Regierung de Maizière zögerte lange Zeit, die Ergebnisse der demokratischen Umgestaltung und die gewählten Funktionäre zu bestätigen und die alten abzuberufen, und als sie es dann widerstrebend und nur teilweise tat, war es zu spät, da die wissenschaftspolitischen Gremien und die großen Wissenschaftsorganisationen der Bundesrepublik inzwischen zu der Meinung gekommen waren, eine wie auch immer geartete DDR-Akademie – ob demokratisch oder nicht – nicht zu übernehmen. Dem Räte-Prachtbau waren nur noch wenige Wochen Existenz geblieben.

Hinzu kam, dass es bereits während der Erneuerungsprozesses äußerst beunruhigende Entwicklungen an der Basis gab. Die Forschungspartner der Institute in der DDR-Wirtschaft brachen in rascher Folge weg, Gerüchte und Mitteilungen über ungesicherte Finanzierung und über notwendige beträchtliche Personalreduzierungen führten zu Zweifeln an der Weiterexistenz der Institute und bewirkten, dass sich viele Mitarbeiter nach Wirkungsmöglichkeiten außerhalb der Akademie umsahen. Die Akzente für die Arbeit der neu entstehenden Räte verschoben sich: Die Suche nach früheren Repressionen, nach fragwürdigen Handlungen und Entscheidungen von Leitern und nach Privilegien von bevorzugten Personenkreisen, die noch im Herbst breiteren Raum eingenommen hatten, wich der essentiellen Sorge um die Sicherung einer sozialen Zukunft für das Institut. Einige Mitglieder der Initiativgruppe Wissenschaft sahen das Ergebnis der demokratischen Erneuerung an der Akademie anders. Sie dachte radikaler, inspiriert vom Vorgehen des Neuen Forum und der Bürgerbewegung Demokratie Jetzt (DJ) und anderen politischen Gruppen überall im Lande, die einen Hauptakzent ihrer politischen Arbeit auf die Ausschaltung und Ablösung aller bisherigen Leiter als Verantwortliche für die Fehlentwicklung der DDR-Zeit gerichtet hatten. Aus diesem Grunde konnte ihnen die auf Kompromissbereitschaft orientierte „temperierte Doppelherrschaft" des Runden Tischs, in der Vertreter der bisherigen Führungsgremien und der Gelehrtengesellschaft aktiv mit den Vertretern des Rats der Institutsvertreter und anderer oppositioneller Gruppen zusammenarbeiteten, nicht gefallen.

Doch eine schärfere Gangart war am Runden Tisch der Akademie nicht durchzusetzen. Das mussten sie gleich zu Beginn, in der ersten Sitzung erfahren, als ihr erster Vorschlag zur Tagesordnung nach Rücktritt des noch amtierenden Akademiepräsidenten Werner Scheler keine Zustimmung fand[8]. Sie kamen später zu der Meinung, die demokratische Erneuerung der Akademie sei als eine Reform „von oben" nicht akzeptabel, sie sei ein Werk der alten Leitungskader, die infolge ihrer Berufsroutine am Runden Tisch die Oberhand behielten und demzufolge keine wirkliche demokratische Erneuerung bewirkten. Aus ihrer Sicht „gingen die Akteure aus der Initiativgruppe Wissenschaft bzw. aus dem RdI den abgefeimten Spitzenleuten der Akademieleitung treuherzig und dilettantisch in die Falle."[9] So konnte später das verbitterte Fazit nur sein, der Runde Tisch sei ein missglückter Versuch der Selbsterneuerung der Akademie gewesen. „Die Revolution hatte einen zu kurzen Atem", so Stark weiter, „und wurde schließlich wegen mangelnder Beteiligung nicht konsequent fortgeführt"[10].

Ohne politische Hilfeleistung von außen war offenbar nichts zu bewegen. Die Radikalfraktion der Initiativgruppe Wissenschaft wandte sich an den Zentralen Runden Tisch der DDR (ZRT), an das einzige Gremium, dem genügend politischer Einfluss und exekutive Kraft für die Änderung der Lage an der Akademie zugetraut wurde. Allerdings war die eigene demokratische Legitimation der Gruppe nur noch schwach, denn die Initiativgruppe hatte mit der Konstituierung des RdI am 28. Februar dem Rat ihr Mandat und ihre Aufgaben übertragen und sich aufgelöst.

Drittes Bild: Der Zentrale Runde Tisch und die Wissenschaft

In der 14. Sitzung des Zentralen Runden Tisches der DDR am 26. Februar 1990 brachten die Delegierten von Demokratie Jetzt (DJ) die Vorlage Nr. 14/44 zur Behandlung ein. In dem knappen Vorlagentext wurde vorgeschlagen, eine Arbeitsgruppe Wissenschaft des RT zu bilden. Begründet wurde das Vorhaben damit, dass die Initiativgruppe Wissenschaft in der Akademie der Wissenschaften allein nicht in der Lage sei, „die notwendige

---

[8] Scheler hatte in der Plenarsitzung von Dezember 1989 bereits seinen Rücktritt angeboten. Das Plenum nahm das Angebot jedoch nicht an und bat ihn, zur Aufrechterhaltung der Geschäftstätigkeit der Akademie bis zur Wahl eines neuen Präsidenten auf der Grundlage eines neuen Statuts im Amt zu bleiben. Abgewählt wurde nur der Vizepräsident für Gesellschaftswissenschaften Werner Kalweit.
[9] Stark 1997, 441.
[10] Stark 1997, 444.

Demokratisierung wesentlich zu fördern und eine sinnvolle Wissenschaftsreform in Gang zu bringen". Man dürfe die Akademie- und Hochschulreform nicht allein denen überlassen, „die für die verfehlte Wissenschaftspolitik vergangener Jahre verantwortlich sind".[11]

Das Papier erreichte den ZRT unvorbereitet und sozusagen in vorgerückter Stunde. Unter der Last der Probleme der zusammenbrechenden sozialistischen Gesellschaft hatte sich das Gremium bis zu diesem Zeitpunkt mit der Wissenschaft als gesellschaftlichem Bereich ausgesprochen randständig beschäftigt, weder mit Strukturen noch mit Institutionen noch mit Personen. In den umfangreichen Wortlautprotokollen der Sitzungen des ZRT lassen sich keine Vorlage oder Anträge, keine konzeptionellen Entwürfe oder Empfehlungen finden, etwa für den Umbau des Wissenschaftssystems und für das Hochschulwesen oder überhaupt für Maßnahmen in diesem Bereich, demzufolge auch nichts über Akademien und die AdW und erst recht nichts über die Gelehrtengesellschaft.

Wenn im Verlaufe der Sitzungen Wissenschaft überhaupt erwähnt wurde, dann lediglich im Zusammenhang mit machtpolitischen und personalpolitischen Fragestellungen und Demokratisierungsforderungen, die auf Kultur, Bildung und dann auch auf Wissenschaft und ihre Institutionen ausgedehnt werden sollten. Empfehlungen oder überhaupt Forderungen an die Wissenschaft gab es ebenso wenig wie gegenständliche Debatten über wissenschaftspolitische Fragen und über das Wissenschaftssystem insgesamt. Der ZRT war wissenschaftspolitisch nicht tätig geworden.

Mit dem Antrag von Demokratie Jetzt lag erstmals ein Diskussionspapier vor, das die Aufmerksamkeit des Gremiums auf die Entwicklungen im Wissenschaftsbereich lenken sollte. Doch man kam damit nicht so recht zum Zuge. Über die Debatte, die sich dabei entwickelte, gibt das Wortprotokoll genauere Auskunft.[12] Sie befasste sich vor allem mit formalen Präliminarien und nicht mit inhaltlichen Fragen. Zunächst strich das Gremium den im Antrag enthaltene Bezug auf die Initiativgruppe Wissenschaft der Akademie, da sich der Sachverhalt nicht nur auf die AdW, sondern auch auf andere Akademien beziehen sollte, etwa auf die Akademie der Landwirtschaftswissenschaften. Für eine Arbeitsgruppe Wissenschaft des ZRT gab es wenig Begeisterung. In Erinnerung wurde gerufen, dass die Prioritätengruppe des ZRT, die über Struktur und Arbeitsweise am Beginn der Tätigkeit des

---

[11] Thaysen 2000.
[12] Thaysen 2000, Bd. IV, 918-920.

Tisches zu entscheiden hatte, die Bildung einer Arbeitsgruppe Wissenschaft schon früh abgelehnt hatte, und die Moderatoren wandten weiterhin ein, dass die Zeit für ein Wirksamwerden einer Arbeitsgruppe nicht mehr ausreiche, da der ZRT nur noch zwei Wochen bis zu den bevorstehenden Volkskammerwahlen tagen würde und danach seine Arbeit beendet sei. Erwogen wurde, statt einer Arbeitsgruppe einen Runden Tisch Wissenschaft zu bilden. Dieser Vorschlag fand eine Mehrheit. Doch man kam nicht mehr dazu festzulegen, wer diesen Runden Tisch einrichten, wer in ihm vertreten sein sollte und welche Absichten er zu verwirklichen hätte. Man kam letztlich zu der Ansicht, dass dieser Runde Tisch Wissenschaft von einer Initiativgruppe einzurichten sei. Offen blieb, wer diese Initiativgruppe selbst initiieren sollte und was sie zu tun hatte. Der Punkt wurde, so unfertig wie er war, abgeschlossen, man hatte es eilig, die Sitzungszeit drückte – nächster Tagesordnungspunkt war die Militärreform der DDR.

Für unseren Zusammenhang ist festzuhalten, dass eine Arbeitsgruppe Wissenschaft des ZRT zwar erwogen und im Prinzip begrüßt, aber nicht beschlossen wurde. Beschlossen wurde stattdessen ein Runder Tisch Wissenschaft – ein in der Organisationshierarchie darunter stehendes und lediglich empfehlendes Gremium ohne Befugnisse, das durch eine Initiativgruppe installiert werden sollte, deren Akteure nicht benannt und dessen Auftrag und Wirkungszeit weder besprochen noch festgelegt wurden. Kein einziges Problem einer Wissenschafts- oder Hochschulreform konnte zur Sprache gebracht werden, das der Akademie und ihrer Gelehrtengesellschaft eingeschlossen, reflektiert wurden auch nicht die Entwicklungen, die sich ähnlich wie an der AdW an den anderen Wissenschaftsakademien der DDR vollzogen hatten. So gesehen fiel die Hilfe des ZRT für die abgesplitterte Initiativgruppe Wissenschaft der AdW sehr bescheiden aus.

Viertes Bild: Die Suche nach den altstalinistischen Leitern

Indessen bot der ZRT auf seiner letzten Sitzung doch noch einen Ansatz, das Anliegen der Akademie-Initiativgruppe zu unterstützen, wenngleich nur indirekt und weniger in Richtung auf eine grundlegende Reform des Wissenschaftssystems oder der Lage an der Akademie, sondern eingeengt auf das Problem der Leiter.

Es lohnt sich, dem Antrag 14/51 Einsatz von sachkompetenten und demokratisch bestätigten Leitern etwas Aufmerksamkeit zu schenken, nicht zuletzt deshalb, weil sich die

Initiativgruppe Wissenschaft später auf diesen Beschluss als Auftraggeber berief. Der Antrag war von Neues Forum bereits in der 14. Sitzung eingebracht, aber seine Behandlung wurde erst auf die 15. Sitzung verschoben und dann auf die 16. (letzte) Sitzung am 12. März. Dort erfolgte eine heftige und ausführliche Debatte, in deren Verlauf der Text mehrfach Änderungen und Erweiterungen erfuhr. Die Vorlage forderte, die durch stalinistische Kaderpolitik geschaffenen Machtstrukturen aufzubrechen. Es sei bei der Kaderauswahl in erster Linie um politisches Wohlverhalten und nicht um fachliche Kompetenz, moralische Integrität und Leistungsqualität gegangen. Deshalb hätten sich Leiter in mittleren und höheren Funktionen durch Vertrauensabstimmungen bestätigen zu lassen, damit den von den Antragstellern mit Sorge beobachteten scheindemokratischen Legitimierungen in Wirtschaft, Wissenschaft, Bildungswesen und Verwaltungen entgegen getreten werde. In Punkt 6 der Maßnahmen, der einzigen, in der das Wort Akademie vorkam, wird gefordert, die laufenden Berufungsverfahren zu Hochschullehrern bzw. Akademieprofessoren generell auszusetzen. Härtefälle seien durch den Minister für Bildung bzw. durch den neugewählten Präsidenten der Akademie der Wissenschaften zu entscheiden.[13]

Das war nun die große und letzte Debatte der DDR-Bürgerbewegung um die Entmachtung der altstalinistischen Kader in ihrem schon dem Beitritt zusinkenden Staat. Der Antrag wurde nach längerer Debatte mit dem Antrag 14/15 Zur Einführung einer sozialen Marktwirtschaft zusammengelegt, der sich mit der gleichen Problematik befasste und sich vor allem gegen die Leiter in der Wirtschaft – Generaldirektoren und Leiter von Unternehmen – richtete. Vertreter von DJ argumentierten, die herrschende Klasse sei die Nomenklatur der SED gewesen, es gebe sie immer noch und sie wolle ihre Machtpositionen nicht aufgeben, die Vorlage sei deshalb von größter Bedeutung, um einen Wandel zu erreichen. Indes gab es Einwände, vor allem zu zwei Punkten: Alle höheren und mittleren Kader sofort einem demokratischen Legitimierungsprozess zu unterziehen, würde zu empfindlichen Störungen in Wirtschaft und Verwaltung führen, Und zweitens: Die Forderungen des Antrags verstießen gegen das noch geltende Recht der DDR, die rechtlichen Regelungen in Personalangelegenheiten, die dagegen stünden, seien nicht bedacht. Der Antrag wurde trotz der Einwände angenommen[14] Im Protokoll spürt man die

---

[13] Thaysen 2000, Bd. IV, 1064.
[14] Wortlaut in: Thaysen 2000, Bd. IV, 1077. In Bd. V, 658, dem Dokumentenband, befindet sich eine davon abweichende Textfassung des Beschlusses, welches nun die gültige Endfassung war, blieb offen.

Eile, das Problem nunmehr in letzter Minute zum Abschuss zu bringen, damit die nur noch wenige Tage im Amt befindliche Regierung Modrow doch noch etwas unternehmen konnte. Mit den Volkskammer-Wahlen am 18. März würde das ursprüngliche Mandat des ZRT erlöschen, seine grundsätzliche politische Legitimation war dann beendet. So sollte der Beschluss eine Aufforderung nicht nur an die gegenwärtige, sondern auch an die künftige Regierung werden, die frühere Machtelite auszuschalten.

Fünftes Bild: Die Gruppe Wissenschaft und ihre Papiere

Unberührt von den Unbestimmtheiten der Beschlusslage im Zentralen Runden Tisch machte die Gruppe nunmehr als Arbeitsgruppe Wissenschaft des ZRT weiter. Es war ein bemerkenswerter Akt der Selbstlegitimierung und Selbstermächtigung, da sie weder ein Mandat des ZRT aufweisen noch als Initiativgruppe Wissenschaft der Akademie auftreten konnte. Wenig später, nachdem sie weitere Interessenten aus dem Politikbereich um sich gesammelt hatte und nachdem es den ZRT nicht mehr gab, navigierte sie fortan auftragslos im politischen Raum als Arbeitsgruppe Wissenschaft der Parteien und politischen Organisationen, in ihren Bestrebungen immer mehr eingeengt auf die Ausschaltung von personalen DDR-Bedeutungsresten, wo immer sie sich zeigten. Die Arbeitsgruppe ist hier nicht unser Gegenstand, zumal ihre internen Dokumente noch nicht ausgewertet und nur wenige publizierte Aussagen bekannt sind.[15]

Die Gruppe verfasste zwei Dokumente, die sie der Öffentlichkeit zugänglich machte: Ein Memorandum zur Lage von Wissenschaft und Forschung in der DDR, herausgegeben am 20. April 1990, und eine Stellungnahme zur Reform der Akademie der Wissenschaften der DDR, vom 21. Juni 1990.[16] Ein weiteres Dokument, das von der Gruppe in der Zeitung der Humboldt-Universität am 28.4.1990 veröffentlicht wurde, Memorandum zur Wissenschaft, war offenbar eine Langfassung des ursprünglichen Memorandums. Sein von der Erstfassung beträchtlich abweichender Text verriet ein gründlicheres wissenschaftspolitisches Verständnis als das flache und meist deklamatorische Original. Neben den auf demokratische Erneuerung – und hier vor allem auf eine demokratische Legitimierung der Leiter – zielenden Forderungen der Bürgerbewegung enthielten sie Vorstellungen von gesamtstaatlichen Lösungen für die Entwicklung der Wissenschaft,

---

[15] Etwa Dahme/Haberlandt 1992, Stark 1992, Fischbeck 1992.
[16] Dahme/Haberlandt 1992, 45f.

ausgehend von einer als noch länger bestehend angenommenen und initiativfähigen Staatlichkeit der DDR.

Für ein an die DDR gebundenes Konzept war es zu spät. Die zu diesem Zeitpunkt bereits fragwürdige Annahme korrespondierte mit dem Niedergang der Bürgerrechtsbewegung, die die Situation einer bevorstehenden deutschen Einheit zu spät erkannt hatte und damit im Begriff war, die politische Meinungsführerschaft und ihre Avantgarde-Rolle endgültig an andere Kräfte zu verlieren.[17] Die meisten Erwägungen zur Akademie waren schon vorher an der Akademie selbst debattiert, aber stets von der realen Entwicklung der Dinge in Akademie und Staat überholt worden. Der Minister für Wissenschaft und Technik hatte die Akademie bereits Ende Februar aufgefordert, sich auf eine Einpassung in die bundesdeutsche Wissenschaftslandschaft einzustellen, nachdem Ministerpräsident Modrow vorher, Anfang Februar, „Deutschland – einig Vaterland" verkündet hatte. Die Gelehrtengesellschaft, um die es uns hier geht, wurde in den Memoranden weder erwähnt noch behandelt. Anders aber in der Stellungnahme zur Reform der Akademie der Wissenschaften der DDR. Mit dem Untertitel „Die Akademie der Wissenschaften der DDR kann nicht so bleiben wie sie ist", äußerte sich das Papier zur Forschungsgemeinschaft und zur Gelehrtengesellschaft - ausführlich zum Institutsverbund und sehr knapp, mit nur zwei kurzen Absätzen, zur Gelehrtengesellschaft.[18]

Der Text liest sich heute wie eine unfertige und unbeholfene Manifestation wissenschaftspolitischen Wunschdenkens, fernab der realen Welt und ohne Kontakt zu den tatsächlichen Entwicklungen. Zu diesem Zeitpunkt, Ende Juni 1990, hatte die wirkliche Lage sämtliche Forderungen des Dokuments weitgehend gegenstandslos gemacht. Die demokratischen Erneuerungsprozesse an der Akademie hatten im Großen und Ganzen ihren institutionellen Abschluss gefunden. Man wartete auf das Placet der Regierung de Maizière für das neue Statut und auf die Einsetzung der demokratisch gewählten Führungsspitze der Akademie.

Mit dem bekannten Kamingespräch der obersten Etagen der Wissenschaftspolitik beider deutscher Staaten Anfang Juli 1990 wurde bestätigt, was sich schon vorher abgezeichnet hatte, dass die Existenz der Akademie insgesamt auf dem Spiel stand und es nicht um eine

---

[17] Dazu s. a. zur Mühlen 2000.
[18] Dahme/Haberlandt 1992, 49-52.

nochmalige Wiederholung der demokratischen Legitimation der Leiter oder um die Verankerung der Institutsräte in einem Wissenschaftsgesetz der DDR gehen würde. In der bald wiedervereinigten deutschen Republik würde kein Platz sein für eine wie auch immer reformierte DDR-Akademie, ob genug oder noch nicht genügend demokratisch reformiert, weder die nach den eigenen Vorstellungen geschaffene Akademie noch jene nach den Vorstellungen radikaler Demokraten.

Es würde sinnlos sein, nach der fachlichen Kompetenz und der persönlichen Integrität der demokratisch zu legitimierenden Leiter zu fragen, weil der Gesamtrahmen und damit eine zentrale Ebene für die Austragung dieses Konflikts dafür zu verschwinden drohte, die Institute würden dezentral in der Zuständigkeit der noch nicht gebildeten Länder verschwinden. Bürgerrechtler wie die als altstalinistisch bekämpften Leiter würden die Bühne Akademie gemeinsam verlassen.

Beide Dokumente wandten sich an die Volkskammer und an die Regierung der DDR. Doch weder die Modrow-Regierung noch die Regierung de Maizière reagierten anders als mit unverbindlicher Höflichkeit auf die Vorschläge. Resigniert und einsichtig schrieb Stark später: „...wir haben letztlich für den Papierkorb gearbeitet."[19] Mitarbeiter der Arbeitsgruppe gaben später Kenntnis von den vergeblichen Anstrengungen der Gruppe, Gehör zu finden. Das Memorandum wurde an fünfzig Institutionen in der DDR, aber auch in der Bundesrepublik verschickt, „an die Abgeordnete der Volkskammer und die Mitglieder der Regierung, aber auch an alle, denen die Weiterentwicklung der deutschen Wissenschaft und Forschung am Herzen liegt"[20]

Die Gruppe wandte sich an die zuständigen Minister und führte Gespräche mit zahlreichen wissenschaftspolitisch verantwortlichen Persönlichkeiten, hauptsächlich in der Absicht, auf die personalpolitische Vorgehensweise im bürgerrechtlichen Sinne Einfluss zu nehmen. Aus der weiteren Schilderung geht hervor, dass die Wirkung ihrer Dokumente und Gespräche offensichtlich nicht ertragreicher waren als bei Volkskammer und Regierung. Auch ihre späteren Versuche, ihre inzwischen drastisch reduzierten Vorstellungen dem Vorsitzenden des Wissenschaftsrates, Dieter Simon, und dem Berliner Wissenschaftssenator Manfred Erhardt nahe zu bringen, waren ohne sichtbaren Erfolg.

---

[19] Stark 1992, 99.
[20] Dahme/Haberlandt 1992, 46.

Es blieb dabei: Die Gruppe hatte bis zuletzt wenig Einfluss auf den Fortgang der tatsächlichen politischen Ereignisse. Die exekutive Macht und die Deutungshoheit lagen woanders. Die Mission der selbsternannten Arbeitsgruppe war gescheitert, im September 1991 stellte sie ihre Tätigkeit ein.

Sechstes Bild: Erfolg nach Toreschluss

Vorher gab es allerdings noch eine Sache, die sie als Erfolg ansehen konnte: Zwar war das Papier zur Akademiereform insgesamt unbrauchbar, doch ein Teil erwies sich als nützlich: die kurze Passage zur Gelehrtengesellschaft. Der Wortlaut wird uns bekannt vorkommen: „Die Zusammensetzung der Gelehrtengesellschaft ist ein Ergebnis der Kaderpolitik der SED. Das Plenum kann in seiner Gesamtheit nicht den Anspruch erheben, die große Tradition der von Leibniz gegründeten Akademie in Würde und Ansehen fortgesetzt zu haben.

An der demokratischen Erneuerung der DDR hatte das Plenum keinen Anteil. Damit die Leibnizsche Tradition, die in diesem Jahrhundert von Max Planck und Albert Einstein geprägt wurde, nicht verloren geht, sollte eine Neuformierung der Akademie der Wissenschaften zu Berlin unter Mitwirkung der Projektgruppe erfolgen."[21] Der hier zur Verfügung gestellte Text bedurfte nur weniger Änderungen, um ihn in eine für die Abgeordneten plausible Antragsbegründung zu verwandeln. Mit ihm kamen echte Ost-Formulierungen von Akademie-Bürgerrechtlern zu parlamentarischen Ehren, der Ost-Ost-Konflikt hatte wieder eine öffentliche politische Bühne gefunden. Nun endlich würde es gelingen, der Gelehrtengesellschaft beizukommen.

Die Reste des demokratischen Erneuerungswillens aus dem wilden Herbst 1989 und dem Frühjahr 1990 waren zusammengeschrumpft auf eine Formulierungshilfe für die Eliminierung der Gelehrtensozietät, eine komplette Absage an alle früheren Reformbemühungen und Reformergebnisse an der Akademie.

Die wenigen Sätze machten eine kurze landespolitische Karriere. Sie waren aktuell verwertbar und passten ausgezeichnet in die vorherrschende Meinung der führenden politischen Kreise des Landes Berlin. Einen besseren parlamentarischen Mantel für die von

---

[21] Dahme/Haberlandt 1992, 52.

Diepgen so prägnant ausgedrückte Interessenlage konnte man sich kaum wünschen. Die Schwierigkeiten, die Artikel 38(2)EV bereitete, schienen damit ausgeräumt und die Gruppe Wissenschaft konnte es als Genugtuung empfinden, wenigstens den Kern der Akademie getroffen zu haben, während diese Arbeit für die abgetrennten Institute bereits bei anderen in Erledigung war.

Siebentes Bild: Plenum und Gelehrtensozietät

Niemanden störte es, dass die dem Text zugrunde liegenden Aussagen in den hektischen Tagen der Zusammenführung beider Stadthälften nicht weiter hinterfragt wurden, obwohl es über das Plenum viel zu sagen gegeben hätte. Mit ihrer groben Pauschalisierung drohten die Beschlüsse vor allem weitergehende wissenschaftspolitische Überlegungen zu ersticken, die dem ambivalenten Charakter des Plenums hätten Rechnung tragen können. Das im Plenum versammelte bedeutende wissenschaftliche Potenzial trug in den Augen der Bürgerrechtler den Makel, in seiner überwiegenden Mehrheit gesellschaftskonform, der Politik der Partei- und Staatsführung der DDR verpflichtet gewesen zu sein und deshalb kaum regimekritische Ansätze entwickelt zu haben. Indessen gab es in Plenum und Klassen und in der Akademieleitung in den 80er Jahren zunehmend kritische Betrachtungen einzelner Seiten der Wissenschafts-, Wirtschafts-, Gesundheits- und Bildungspolitik. Sie führten allerdings zu keinem Zeitpunkt zu einer öffentlichen oder generellen Systemkritik, da sie die DDR-Führung meist auf dem „Dienstweg" erreichten und hier kaum ein Echo fanden. Zu einem Dialog in der Öffentlichkeit kam es nicht, anders als im Fall der Akademie der Künste in den letzten Jahren der DDR.

Unter dem Druck von unten und der Ereignisse im Staat versuchte das Plenum im Herbst 1989, zu den gesellschaftlichen Veränderungen und auch zur eigenen Vergangenheit Position zu beziehen. Schritte waren hier etwa die Rehabilitierung der vor Jahren ausgeschlossenen Akademiemitglieder Bloch und Havemann, die Trennung von der SED und den gesellschaftlichen Organisationen, die an der Akademie tätig waren, u. a. Maßnahmen im Herbst 1989. In der Arbeit an einem neuen Statut zeigte das Plenum wachsende Absichten, Bedingungen und demokratischen Strukturen für eine möglichst staatsferne, autonome, von parteipolitischen Einflüssen freie, unabhängige wissenschaftliche Tätigkeit zu schaffen. Erhebliche Meinungsunterschiede zeigten sich im Plenum bei den Versuchen, sich in Erklärungen zur Vergangenheit zu positionieren. Sie blieben bis zuletzt schwach und scheiterten im Plenum oder schon im Vorfeld. Die einzige veröffentlichte Erklärung war ein kurzer Appell der Akademiemitglieder Bielka, David, Hörz, Lohs und Philipp im August 1990[22], die sich gegen eine mögliche Auflösung der Gelehrtengesellschaft wandten und deren lange Tradition beschworen. Ein Erklärungsentwurf, der im September 1990 von einer Arbeitsgruppe des Plenums ausgearbeitet war, wurde nicht veröffentlicht. [23] Er enthielt die politischen essentials der Gelehrtensozietät in dieser Zeit: Nachfolge auf die Leibnizsche Gründung, zu kritisierendes Verhalten in zwei Perioden des Machtmissbrauchs im 20. Jahrhundert, Versäumnisse bei der wissenschaftlichen und humanistischen Verantwortung der Gelehrtengemeinschaft, kritische Aufarbeitung der letzten 40 Jahre, Neuorientierung und Neugestaltung aus eigener Kraft im geeinten Deutschland.

Im politischen Kernpunkt, der Frage der Mitgliedschaft, war das Plenum trotz stark divergierender Auffassungen nicht bereit, sich von Mitgliedern aus politischen Gründen zu trennen. Es lehnte in seiner Mehrheit – aus durchaus unterschiedlichen Gründen – eine zur Wendezeit übliche Altlasten-Debatte ab und stellte sich vor alle seine Mitglieder. Es war jedoch bereit, sich von Mitgliedern zu trennen, die nach Meinung des Plenums bewiesenermaßen aus außerwissenschaftlichen Gründen Mitglied wurden. Als die Beweise aber nach einer sich hinziehenden Selbstevaluierung vorlagen, blieben sie ohne jeglichen Einfluss auf den weiteren Gang der Ereignisse und waren wertlos.

Die Parlamentsbeschlüsse trafen die Gelehrtensozietät nicht unbedingt überraschend, aber doch unvorbereitet. Sie war gerade damit befasst, ihre Gedanken zu sammeln und sich in die völlig veränderte Situation nach dem Beitritt einzuordnen. Bis dahin hatte die Akademie letzte Angelegenheiten zu regeln versucht. Im September 1990 waren Senat und Vorstand der Forschungsgemeinschaft, schon in Endzeitstimmung, zu ihren letzten Sitzungen zusammengetreten und hatten sich danach aufgelöst. Auch der RdI und sein Sprecherrat hatten ihre Auflösung beschlossen. Der Senat hatte Eckpunkte der nach dem Beitritt fortzuführenden Gemeinschaft der Akademiemitglieder behandelt und eine Grundstruktur mit Präsident – Plenum – Klassen – Rat der Klassensekretare als Generallinie festgehalten. Das Plenum hörte in seiner Sitzung am 20. September einen Vortrag von Akademiemitglied Manfred Rätzsch über chemische Stoffumwandlung. Das Plenum, immer noch in dem

---

[22] akademie intern 1(1990)3 – August. Abgedruckt in: Jahrbuch 1994, 335f.
[23] Jahrbuch 1994, 371f.

Glauben, zu einem Kompromiss auf der Grundlage des für tragfähig gehaltenen 38(2)EV zu kommen, hatte im Oktober eine Arbeitsgruppe gebildet, die daran ging, ein neues Statut vorzubereiten, das der Präsident mit der Senatsverwaltung aushandeln sollte, Die Parlamentsbeschlüsse mit ihrer indirekten Umgehung von Artikel 38 machten deutlich, dass der Wind stärker wehen würde als befürchtet.

Achtes Bild: Aus der Arbeit der Senatsverwaltung

Die Ironie der Geschichte wollte es, dass es der Anstrengungen der Parlamente und damit der Arbeitsgruppe Wissenschaft nicht unbedingt bedurft hätte, die Gelehrtensozietät „aus dem Tempel" zu treiben, denn auch Senat und Wissenschaftsverwaltung waren fest entschlossen, eine DDR-Nachfolgegesellschaft nicht zuzulassen und den Mitgliedercorpus der DDR-Gelehrtensozietät nicht oder nur zu ihren politischen Konditionen zu übernehmen. Das aber sollte behutsamer und sorgfältiger vorbereitet und durchgeführt werden als es der grobschlächtige Vertreibungsbeschluss der Parlamente vorsah.

Der ab Januar 1991 amtierende neue Wissenschaftssenator Manfred Erhardt ließ später durchblicken, dass er sich an die Parlamentsbeschlüsse keinesfalls zwingend gebunden gefühlt habe, sie hätten nicht den Charakter von staatlichen Auflagen, sie seien lediglich Empfehlungen (im Protokoll der 1. Sitzung der Planungsgruppe am 26.1.1991). Und: Sie hätten „keine rechtsgestaltende Kraft" und enthielten lediglich einen Auftrag an den Senat (aus der Beantwortung der Kleinen Anfrage des Abgeordneten Fischbeck im Wissenschaftsausschuss vom 23.8.1991).

Die Senatsverwaltung hatte schon lange vor Erhardt andere Möglichkeiten ausgelotet. Der flüchtige Anfangsgedanke der Wissenschaftssenatorin des Momper-Senats, Barbara Riedmüller-Seel (SPD) im Sommer 1990, dass jetzt nur noch „über die Nachfolge der DDR-Akademie der Wissenschaften diskutiert" werden könne, da sich der Streit um die Westakademie „durch die historischen Ereignisse praktisch erledigt" hätte[24], hielt dem sofortigen scharfen politischen Echo nicht stand. Auch die Idee der Zusammenlegung der Gelehrtensozietät mit der kurz zuvor aufgelösten Westberliner Akademie (AWB) zu einer einheitlichen Akademie Berlins ließ sich nicht halten, denn nach Gesprächen mit Akademiepräsident Klinkmann war die Senatsverwaltung zu der Meinung gekommen, eine

---

[24] Zit. in einem Bericht der „Berliner Morgenpost" vom 8. November 1990.

Reduzierung der Mitgliedschaft nach ihren politischen Vorgaben sei nicht erreichbar. Die Parlamentsbeschlüsse setzten die Senatsverwaltung unter Druck und trieben sie zur Eile an. Mehrere Varianten der Verwaltung zur Lösung des Fortführungsproblems sind bei Peter Th. Walther aufgezählt, in der wohl besten und sachkundigsten Beschreibung der Innenseite dieser der Entwicklung. [25] Die Senatorin kündigte an, ein Gründungsgremium „für eine neue Berliner Akademie" (Berliner Morgenpost 30.11.1990) einzusetzen. Der Weg in Richtung auf die Neukonstituierung und letztlich Gründung der Berlin-Brandenburgischen Akademie der Wissenschaften (BBAW) begann.

Als Diepgen mit der Wahl im Dezember 1990 wieder Regierender Bürgermeister wurde, versprach er zunächst, die AWB neu zu beleben. Doch seinem neuen Wissenschaftssenator ging es nicht um die Wiedereinsetzung der Akademie West in ihre angestammte Position, sondern um mehr, um eine Akademie, die bundesweiten Interessen entsprechen konnte, um eine Akademie mit Repräsentanten aus den anderen Akademien und Spitzenleuten aus den großen überregionalen Forschungsorganisationen aus dem gesamten Bundesgebiet, und dies keinesfalls unter Federführung der früheren Westberliner Akademie und mit möglichst wenig Mitgliedern aus der Ostakademie. Das veranlasste den AWB-Präsidenten Horst Albach, der Planungsgruppe für eine neue Akademie den Rücken zu kehren. Der alte West-West-Konflikt flammte kurzfristig wieder auf.

Neuntes Bild: Nachklänge

Am Ende gab es eine Menge Enttäuschte und enttäuschte Hoffnungen: Den Präsidenten der AdW Horst Klinkmann, der auf die Kraft von 38(2)EV vertraut hatte, aber die Gelehrtensozietät nur bis 1992 retten konnte und dem es nicht gelang, größere Teile seiner Mitgliedschaft in die neue Akademie zu überführen; den gewesenen Präsidenten der AWB Horst Albach, der seine aufgelöste Westakademie durch Abwägungen einer Fusion beider Akademien neu beleben wollte und der verärgert aus den Vorverhandlungen für eine neue Akademie in Berlin ausstieg, als ihm keine Regenerationszusage gegeben wurde; den wieder Regierenden Bürgermeister Eberhard Diepgen, der zwar keine DDR-Akademie schlucken musste, aber auch keine AWB zurückbekam, der aber von seinem Wissenschaftssenator mit der BBAW eine moderne und überregional orientierte Akademie erhielt, deren minimaler Ost-Mitgliederanteil den politischen Erwartungen der

---

[25] Walther 2005.

Parlamentsbeschlüsse weitgehend entsprach; den Wissenschaftssenator Manfred Erhardt, der die Gründung der BBAW mit der Vision einer Nationalakademie in Berlin spätestens bis zum Jahre 2000 verband, dessen Blütenträume sich aber nicht erfüllten und der mit ansehen musste, wie Jahre später zwar eine Nationalakademie ernannt wurde, aber die Wahl nicht auf die Berliner Akademie, sondern auf die Leopoldina in Halle fiel.

Auch der Sieg der Ost-Radikalen war nicht vollkommen. Zwar verschwand die Gelehrtensozietät, aber sie verschwand nicht völlig. Aus ihren Überresten formierte sich 1993 ein resistenter Wissenschaftlerkern als Leibnizsozietät, der die wissenschaftliche Arbeit und den wissenschaftlichen Anspruch der alten Gelehrtensozietät fortführen wollte und sich in deren akademiehistorische Tradition stellte. Von allen Varianten für die Zeit „danach" dürfte die Variante Weiterbestehen als Leibnizsozietät , wie Walther vermerkte, „in der Senatsverwaltung nicht vorausgedacht worden sein" (Walther 131).

Es gehört zum Ausklang, darauf zu verweisen, dass die Gründung der Sozietät von vielen Akademiemitgliedern als eine hoffnungsvolle neue Möglichkeit erlebt wurde, sich nach den Widrigkeiten von Evaluation, Abwicklung, Entlassung und Arbeitslosigkeit in ihrer wissenschaftlichen Existenz wieder bestätigen zu können durch Mitarbeit in einer nunmehr staatsfernen unabhängigen, sich selbst verwaltenden, wenngleich völlig von Hilfsmitteln jeder Art entblößten Wissenschaftlervereinigung.

Literatur

Dahme/Haberlandt 1992: Christian Dahme/Helmut Haberlandt: Arbeitsgruppe „Wissenschaft" des zentralen Rundes Tisches. In: hochschule ost 5/1992, 44-58
Fischbeck 1992: Guntolf Herzberg/Klaus Meier: Karrieremuster. Variationen zum Versuch, das eigene Leben zu verstehen. Hans-Jürgen Fischbeck, Physiker. Aufbau Taschenbuch Verlag 1992, S. 334-371
Jahrbuch 1994: Jahrbuch 1990/91 der Akademie der Wissenschaften der DDR und der Koordinierungs- und Abwicklungsstelle für die Institute und Einrichtungen der Akademie der Wissenschaften der DDR (KAI-AdW). Berlin 1994
Klenner 1994: Hermann Klenner, Wissenschaftswende an der Akademie. In: Jahrbuch 1990/91 der Akademie der Wissenschaften der DDR und der Koordinierungs- und Abwicklungsstelle für die Institute und Einrichtungen der Akademie der Wissenschaften der DDR (KAI-AdW). Berlin 1994, S. 549-366
Klinikmann/Wöltge 1999: Horst Klinkmann / Herbert Wöltge (Hrsg.), 1992 – Das verdrängte Jahr.

Dokumente und Kommentare zur Geschichte der Gelehrtensozietät der Akademie der Wissenschaften für das Jahr 1992. trafo verlag Berlin 1999 (=Abhandlungen der Leibniz-Sozietät, Band.2).

Stark 1992: Guntolf Herzberg/Klaus Meier: Karrieremuster. Variationen zum Versuch, das eigene Leben zu verstehen. Isolde Stark, Althistorikerin. Aufbau Taschenbuch Verlag 1992, S. 74-107

Stark 1997: Isolde Stark, Der Runde Tisch der Akademie und die Reform der Akademie der Wissenschaften der DDR nach der Herbstrevolution 1989. Ein gescheiterter Versuch der Selbsterneuerung. In: Geschichte und Gesellschaft, 23. Jahrgang 1997, Heft 3, S. 423-445

Thaysen 2000: Uwe Thaysen (Hrsg.): Der Zentrale Runde Tisch der DDR. Wortprotokoll und Dokumente, Bd. I-V, Wiesbaden 2000

Walther 2005: Peter Th. Walther, Kleine Fehlerdiskussion. Eine moderat-polemische und essayistische Skizze mit Fakten, Interpretationen und Anregungen zu einer künftigen Studie zur Entwicklung der Akademien der Wissenschaften in Berlin 1989-1993. In: Sitzungsberichte der Leibniz-Sozietät 81(2005), 115-134

Wöltge 1995: Herbert Wöltge, Die unausrottbare societas in: Sitzungsberichte der Leibniz-Sozietät Bd 8(1995)8/9, S. 149ff.

zur Mühlen 2000: Patrik von zur Mühlen, Aufbruch und Umbruch in der DDR. Bürgerbewegungen, kritische Öffentlichkeit und Niedergang der SED-Herrschaft. Bonn: Dietz 2000. Reihe Politik- und Gesellschaftsgeschichte Bd 56, Historisches Forschungszentrum der Friedrich-Ebert-Stiftung